电气化铁道系列规划教材

微机远动（监控）技术

（修订本）

柯志敏　主　编

李学武　侯应旗　副主编

北京交通大学出版社

·北京·

内 容 简 介

本书根据高等教育突出对人才技术应用能力培养的需求,结合作者多年从事高等教育教学的经验,在总结我国微机远动技术研究、开发与应用的基础上,围绕电气化铁道装备水平的实际情况,突出介绍电气化铁道微机远动(监控)技术的基本概念、结构与功能,变电所综合自动化基本知识,数据信息的采集与处理技术,数据通信技术,远动装置软件系统开发技术等理论。以国产 APCS2000TD 型牵引供电远动系统为例,讲解典型微机远动系统的特点、构成和结构、功能,并结合铁路运行管理部门的实际工作情况,介绍远动装置运行管理、电力监控设备的运行与巡视、电力监控设备事故处理、电力监控设备的维修等维护常识。

本书可作为高等院校电气化铁道技术、铁道供电专业的教材使用,也可作为电气化铁道技术相关专业工程技术人员的培训、参考用书。

版权所有,侵权必究。

图书在版编目(CIP)数据

微机远动(监控)技术/柯志敏主编. —修订本. —北京:北京交通大学出版社,2012.5
(2021.4 修订)
(电气化铁道系列规划教材)
ISBN 978-7-5121-0967-4

Ⅰ.①微… Ⅱ.①柯… Ⅲ.①电气化铁道-远动技术-高等学校-教材 Ⅳ.①U224.9

中国版本图书馆 CIP 数据核字(2012)第 067251 号

微机远动(监控)技术
WEIJI YUANDONG (JIANKONG) JISHU

责任编辑:张利军

出版发行: 北京交通大学出版社　　　电话:010-51686414
　　　　　北京海淀区高梁桥斜街 44 号　邮编:100044
印　刷　者:北京鑫海金澳胶印有限公司
经　　销:全国新华书店
开　　本:185 mm×260 mm　印张:14.25　字数:356 千字
版 印 次:2021 年 4 月第 1 版第 1 次修订　2021 年 4 月第 7 次印刷
印　　数:10 001~12 000 册　定价:39.00 元

本书如有质量问题,请向北京交通大学出版社质监组反映。对您的意见和批评,我们表示欢迎和感谢。
投诉电话:010-51686043,51686008;传真:010-62225406;E-mail:press@bjtu.edu.cn。

前 言

微机远动（监控）技术是建立在自动控制理论、检测技术、计算机技术和现代通信技术基础上的一门多学科应用技术，它根据应用场合和完成其特定任务等方面的不同，有着繁多的种类，各自有着不同的特征。它技术先进、功能完备、应用灵活、运行可靠，在工业、电力、运输、航空航天、气象和原子能开发利用等领域得到广泛的应用，并发挥着越来越重要的作用。

我国电气化铁道广泛应用了微机远动（监控）技术，本书主要围绕电气化铁道装备水平的实际情况，结合我国高等教育的特点，突出介绍与技术应用相关的基本知识和案例。全书共分7章：第1章简述远动技术基本概念、远动系统的基本构成与分类、远动系统的技术要求与性能指标等；第2章介绍远动装置调度端与执行端的结构及功能、变电所综合自动化的相关基本概论；第3章介绍远动系统中有关数据信息的采集与处理，包括模拟量的采集与处理、VFC式数字采集系统、模拟量输出电路、开关量输入/输出电路、脉冲量计数电路、输入/输出（I/O）接口等内容；第4章介绍数据通信的基本概念、计算机网络的组成与结构、计算机网络的类型及特征、网络体系结构、数据传输技术等相关理论；第5章介绍远动装置软件系统的开发技术、数据库设计、调度端软件体系、执行端软件及微机监控系统组态软件等理论；第6章介绍国产APCS2000TD牵引供电远动系统的特点、结构和功能等；第7章介绍远动装置运行管理、电力监控设备的运行与巡视、电力监控设备事故处理、电力监控设备的维修等维护常识。

本书由柯志敏担任主编，负责全书的统稿工作，李学武、侯应旗担任副主编。其中，第1、2、3章由柯志敏编写，第4章由耿长清编写，第5章由侯应旗编写，第6章由张桂林编写，第7章由李学武编写。本书在编写过程中征求了电气化铁道行业专家的意见，并得到了许多同仁的大力支持和帮助，在此一并表示深切的谢意。

由于远动技术发展迅速，加之编者水平有限，书中错误和不足之处在所难免，恳请专家和读者批评指正。

编 者
2021年4月

目 录

1 远动技术概论 ·· 1
  1.1 基本概念 ··· 1
    1.1.1 什么是远动技术 ·· 1
    1.1.2 遥控、遥测、遥信和遥调的定义 ··· 2
    1.1.3 远动技术的发展与应用 ··· 2
    1.1.4 牵引供电系统应用远动技术的意义 ·· 3
  1.2 远动系统的基本构成与分类 ·· 4
    1.2.1 远动系统的基本构成 ·· 4
    1.2.2 远动系统的分类 ·· 5
    1.2.3 布线逻辑式远动装置与计算机远动装置 ·· 6
    1.2.4 电气化铁道远动系统的特点 ··· 8
  1.3 远动系统的技术要求与性能指标 ·· 9

2 调度端与执行端的结构及功能 ·· 12
  2.1 调度端的结构及功能 ··· 12
    2.1.1 调度端的基本结构 ·· 12
    2.1.2 调度端的功能 ··· 14
    2.1.3 分布式（远动）调度自动化系统 ··· 15
    2.1.4 计算机远动系统的工作模式 ··· 19
  2.2 执行端的基本结构及功能 ·· 20
    2.2.1 执行端的基本结构 ·· 20
    2.2.2 执行端的功能 ··· 21
    2.2.3 执行端的分类 ··· 22
  2.3 变电所综合自动化概述 ··· 24
    2.3.1 基本概念及发展过程 ·· 24
    2.3.2 采用综合自动化技术的优越性 ·· 26
    2.3.3 综合自动化系统的基本功能 ··· 28
    2.3.4 变电所综合自动化系统的特点 ·· 30

3 数据信息的采集与处理 ·· 33
3.1 模拟量的采集与处理 ·· 33
3.1.1 模拟量输入电路的组成 ·· 34
3.1.2 电量变送器 ·· 35
3.1.3 采样及采样保持电路 ·· 38
3.1.4 模拟低通滤波器 ·· 44
3.1.5 多路转换开关 ·· 45
3.1.6 模/数（A/D）转换器 ·· 47
3.2 VFC 式数字采集系统 ·· 52
3.2.1 VFC 式数字采集系统概述 ·· 52
3.2.2 VFC 芯片——AD654 芯片 ·· 53
3.2.3 A/D 式数据采集系统与 VFC 式数据采集系统的比较 ·· 56
3.3 模拟量输出电路 ·· 56
3.3.1 D/A 转换器的工作原理 ·· 56
3.3.2 D/A 转换器的性能指标 ·· 58
3.3.3 D/A 转换器的芯片 ·· 58
3.4 开关量输入/输出电路 ·· 60
3.4.1 开关量的隔离与抗干扰 ·· 60
3.4.2 开关量的采集、检测与变位识别 ·· 62
3.4.3 开关量输入/输出电路 ·· 64
3.5 脉冲量计数电路 ·· 66
3.5.1 电能脉冲计量法 ·· 66
3.5.2 脉冲量计数电路实例 ·· 67
3.6 输入/输出接口 ·· 68
3.6.1 I/O 接口的作用 ·· 68
3.6.2 输入/输出信息的传送方式、组成及典型接口 ·· 68
3.6.3 CPU 对输入/输出数据的控制方式 ·· 70
3.6.4 输入/输出接口常用的芯片 ·· 73

4 数据通信技术 ·· 78
4.1 数据通信概述 ·· 78
4.2 计算机网络的组成与结构 ·· 80
4.2.1 计算机网络的组成 ·· 80
4.2.2 网络的子网结构 ·· 81
4.2.3 网络的拓扑结构 ·· 82
4.3 计算机网络的类型及特征 ·· 84
4.3.1 按网络的覆盖范围分类 ·· 84
4.3.2 按资源共享方式分类 ·· 85

4.3.3　按网络对传输介质的利用方式分类 ………………………………………… 85
4.4　网络体系结构 ……………………………………………………………………… 86
　　4.4.1　OSI 体系结构 ………………………………………………………………… 86
　　4.4.2　TCP/IP 参考模型 ……………………………………………………………… 90
4.5　数据传输技术 ……………………………………………………………………… 91
　　4.5.1　术语和概念 …………………………………………………………………… 92
　　4.5.2　数字数据 ……………………………………………………………………… 92
　　4.5.3　模拟数据数字化 ……………………………………………………………… 93
　　4.5.4　数据编码 ……………………………………………………………………… 94
　　4.5.5　数据传输方式 ………………………………………………………………… 98
　　4.5.6　单工通信、半双工通信和全双工通信 ……………………………………… 99
　　4.5.7　信道与数据传输速率 ………………………………………………………… 100
4.6　数据交换技术 ……………………………………………………………………… 102
　　4.6.1　传统交换技术的演进 ………………………………………………………… 102
　　4.6.2　分组交换原理 ………………………………………………………………… 103
4.7　多路复用 …………………………………………………………………………… 106
　　4.7.1　频分复用传输 ………………………………………………………………… 107
　　4.7.2　时分复用传输 ………………………………………………………………… 108
　　4.7.3　码分复用传输 ………………………………………………………………… 108
　　4.7.4　波分复用传输 ………………………………………………………………… 109
4.8　传输介质 …………………………………………………………………………… 110
　　4.8.1　双绞线 ………………………………………………………………………… 110
　　4.8.2　同轴电缆 ……………………………………………………………………… 111
　　4.8.3　光缆 …………………………………………………………………………… 112
　　4.8.4　无线传输介质 ………………………………………………………………… 113
4.9　差错控制方法 ……………………………………………………………………… 114
　　4.9.1　差错的产生原因及其控制 …………………………………………………… 115
　　4.9.2　奇偶校验码 …………………………………………………………………… 116
　　4.9.3　循环冗余码 …………………………………………………………………… 117

5　远动装置软件系统 …………………………………………………………………… 121
5.1　软件开发技术 ……………………………………………………………………… 121
　　5.1.1　软件技术基础 ………………………………………………………………… 121
　　5.1.2　软件开发技术 ………………………………………………………………… 128
5.2　微机监控系统的数据库设计 ……………………………………………………… 136
　　5.2.1　牵引供电监控系统的数据模型 ……………………………………………… 137
　　5.2.2　牵引供电监控系统的数据结构 ……………………………………………… 138
　　5.2.3　牵引供电监控系统的数据库设计及生成 …………………………………… 139

5.3 微机监控系统的调度端软件 ·· 141
　　5.3.1 调度端软件的基本功能 ·· 142
　　5.3.2 调度端软件的结构 ·· 142
5.4 微机监控系统的执行端软件 ·· 147
　　5.4.1 执行端的软件结构 ·· 147
　　5.4.2 执行端的数据结构 ·· 148
　　5.4.3 执行端的输入/输出软件 ·· 150
5.5 微机监控系统的组态软件 ·· 152
　　5.5.1 实时数据库生成软件 ·· 154
　　5.5.2 画面生成软件 ·· 155
　　5.5.3 报表生成技术 ·· 157
　　5.5.4 控制组态软件 ·· 158

6 国产 APCS2000TD 牵引供电远动系统实例 ································· 162
6.1 APCS2000TD 牵引供电远动系统的特点 ·· 162
6.2 APCS2000TD 牵引供电远动系统的构成和结构 ·· 164
　　6.2.1 系统构成 ·· 165
　　6.2.2 调度端设备的配置及性能要求 ·· 166
6.3 APCS2000TD 牵引供电远动系统的功能 ·· 177
　　6.3.1 调度操作监视管理功能 ·· 177
　　6.3.2 系统维护管理功能 ·· 185
　　6.3.3 监控系统的复示功能 ·· 188

7 远动装置运行维护常识 ··· 189
7.1 运行管理 ·· 189
　　7.1.1 工作人员配置及其职责 ·· 189
　　7.1.2 电力监控管理规程和制度 ·· 190
　　7.1.3 电力监控管理工作应备的记录和技术资料 ································ 192
　　7.1.4 电力监控系统（SCADA）应备的工具和备件 ·························· 194
7.2 电力监控设备的运行与巡视 ·· 195
　　7.2.1 电力监控中央级设备巡视的要求和内容 ···································· 195
　　7.2.2 电力监控站级设备巡视的要求和内容 ·· 201
7.3 电力监控设备事故处理 ·· 203
　　7.3.1 SCADA 系统事故（故障）的特点 ··· 203
　　7.3.2 主控制盘（RTU）柜故障的分析与处理 ···································· 203
　　7.3.3 TCI（前置机）柜故障的分析与处理 ·· 205
　　7.3.4 SCADA 系统故障抢修卡片 ··· 207
7.4 电力监控设备的维修 ·· 209

7.4.1 安全注意事项 …………………………………………………………… 209
7.4.2 维护操作注意事项 ………………………………………………………… 210
7.4.3 一般维护检查说明 ………………………………………………………… 211
7.4.4 站级设备的维护保养 ……………………………………………………… 211
7.4.5 中央级设备的维护保养 …………………………………………………… 213

参考文献 …………………………………………………………………………… 218

1 远动技术概论

1.1 基本概念

1.1.1 什么是远动技术

现代社会生产过程的集约化、自动化程度不断提高，人们从事生产的领域也越来越广泛，所以人们不断谋求对生产过程中处于分散状态（或远程、危险）的生产设备的运行实施集中监视、控制和统计管理。经过长期生产实践的积累，配合科学技术的发展水平，远动技术逐渐成为一门相对独立的应用学科。

远动技术是建立在自动控制理论、检测技术、计算机技术和现代通信技术基础上的一门多学科应用技术。远动技术集控制、通信、计算机技术于一体，在工业、电力、运输、航空航天、气象和原子能开发利用等领域得到广泛的应用，并发挥着越来越重要的作用。远动系统（telecontrol system）根据应用场合和完成其特定任务等方面的不同，有着繁多的种类，各自有着不同的特征。较为简单的远动系统可能是完成一个很简单的对单一对象的控制，而较复杂的远动系统可能是一个很大的对多个被控对象的集群控制。

例如，在电气化铁道牵引供电系统中应用远动技术后，设立在中心城市的电力调度所即可通过远动系统完成对铁路沿线数百公里（甚至上千公里）范围内的各个牵引变电所、分区亭和开闭所的信息交互与传输，实现对牵引变电所、分区亭和开闭所中的电气设备运行状态进行实时控制与监视，其示意图如图 1-1 所示。一方面，根据调度工作的需要，牵引变电所将断路器等电气设备的位置信号、事故信号及主要运行参数等信息能迅速、正确、可靠地反映给调度所；另一方面，调度所在了解到各被控对象的电气设备运行情况并进行判断处理后，即可对牵引变电所（包括分区亭和开闭所等）下达命令，直接操作某些设备（对象），完成实时控制的任务。

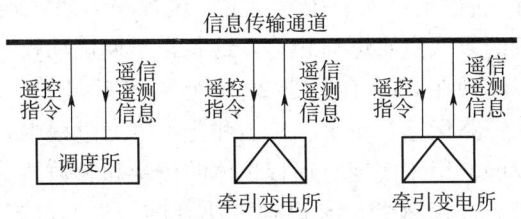

图 1-1 电气化铁道远动系统示意图

一般来讲，远动系统应该具备遥控、遥测、遥信和遥调方面的"四遥"功能。所以，远动技术也可以定义为：一种实现对远距离生产过程或设备进行控制、测量与监视的综合技术,即调度所与各被控对象之间实现遥控、遥测、遥信和遥调技术的总称。

1.1.2 遥控、遥测、遥信和遥调的定义

远动系统中遥控、遥测、遥信和遥调等"四遥"功能有其特定的范围和含义,一般情况下,其功能定义如下。

1. 遥控

遥控(remote control)是指从控制端(调度所)向远距离的被控对象发送位置状态变更的操作命令,实行远距离控制操作。在远动技术的应用中,这种命令只取有限个离散值,通常较多情况下只取两种状态指令,例如电力系统中各个变电所中的开关电器设备的"合闸""分闸"指令;某个物体位置的"升位""降位"指令;某个机械设备上电磁阀门的"开启""关闭"指令等。

2. 遥测

遥测(telemetering)是指从控制端(调度所)对远距离的被控对象的工作状态参数进行测量,被控对象实时将工作运行的参数传送给控制端(调度所),例如电气化铁道牵引变电所中的馈线负载电流、母线的工作电压、系统的有功功率和无功功率等电气参数及接触网故障点位置等非电气参数;航天飞机舱体内的温度、气压等参数。

3. 遥信

遥信(telesignal)是指从控制端(调度所)对远距离的被控对象的工作状态信号进行监视,被控对象实时将设备状态信号传送给控制端(调度所),例如在电力系统中变电所的开关电器设备所处的"分闸"或"合闸"位置信号、设备运行的报警信号或继电保护装置的动作信号等。

4. 遥调

遥调(teleadjusting)指从控制端(调度所)对远距离的被控对象的工作状态或参数进行调整,例如调节牵引变电所牵引变压器的二次输出电压,调节某一设备中驱动电机的转速等。

目前,我国电气化铁道牵引供电系统中需要进行设备工作状态或参数调整的对象不多,所以其远动系统一般主要要求具备遥控、遥测、遥信功能。

1.1.3 远动技术的发展与应用

1. 远动技术的发展

远动技术的出现起于19世纪,人们在劳动生产过程中远离危险物体,但又需要对危险物体实施操作,如用遥控的方式点燃爆炸物等,这就是早期远动技术的例子。

远动技术的发展集中体现在20世纪。自20世纪30年代开始,随着社会生产力的发展,远动技术被应用于电力、铁路运输、军事、矿山和化工生产过程中,这一时期的远动技术侧重于遥控、遥测技术的发展,用于实现对远程物体的控制和参数测量。

到20世纪50年代后,全球科学技术得到飞速发展,人们的活动领域不断扩大,如宇航、卫星、原子能发电、深海作业等,远动技术也就被更广泛地应用于气象、航空航天、机器人、核能工业、海洋作业、环境保护等领域。而且,在这一时期,计算机及计算机网络技术、微电子技术、控制技术和通信技术得到迅速发展及应用,使远动技术得到革命性的改革

与创新，出现了计算机远动技术。

从远动装置的技术装备角度来看，远动系统前后经历了继电器、晶体管（分立元件）、集成电路和计算机远动系统等4个阶段，相应的远动系统也被称为第一代、第二代、第三代和第四代远动系统。第一代、第二代、第三代远动系统统称为布线逻辑远动系统，第四代即为计算机远动系统。目前，电气化铁道远动系统均为计算机远动系统。

电气化铁道远动技术的发展趋势集中在计算机高可用性技术的应用、基于IEC61970系列标准的数据结构和数据交换的应用、远动系统专用网络的使用等方面，即电气化铁道远动技术迎来了网络化的时代。由于它简单可靠并且充分利用了广域网技术，因此发展潜力巨大。目前，中国电力科学研究院电网所科东公司、东方电子和南京自动化研究所在这方面的研究在国内处于领先地位。

2. 远动技术在国内的应用

我国电力系统由东北、华北、华东、华中、华南、西北、山东7个大电网组成，国家电力管理调度体系分为国家级总调度、大电网级网调度、省级电网省调、地区电网地调和县级电网调度等五级。庞大的电网区域与复杂的管理体系，必须依靠现代化的管理手段，才能实现电力系统的安全、优质和经济运行。

我国电网调度自动化的研制工作开始于20世纪50年代，实际应用开始于20世纪70年代中期。1978年我国第一套电网在线监控与调度系统在京津唐电网投入运行；1985年后，能源管理/安全监控与数据采集（EMS/SCADA）系统陆续在华北、华中、东北、华北四大电网投入建设并运行。到目前为止，我国电网调度自动化有了较大的发展，基本实现了五级调度自动化。

我国电气化铁道牵引供电远动系统自20世纪60年代开始研制，20世纪80年代开始得到广泛应用。20世纪60—70年代，铁道科学院与唐山铁道学院联合研制的第一套晶体管元件布线逻辑式的远动装置在宝鸡到凤州铁路的3个牵引变电所、2个分区亭进行了试运行；20世纪70年代末，第一套晶体管问答式通信方式远动装置在西安铁路局宝鸡开闭所投入运行；20世纪80年代开始，随着我国电气化铁道建设的快速发展，计算机远动装置被大量采用，前后在京秦线、陇海线、京广线、兰武线、贵昆线、成渝线、宝中线、西康线等投入运行。

目前，我国电气化铁道远动系统的技术装备已经达到了较为先进的水平，南京自动化研究所、许昌继电器集团公司、西南交通大学等单位形成了集电气化铁道远动技术研究、开发、生产、服务于一体的技术团队。

1.1.4 牵引供电系统应用远动技术的意义

远动系统在电气化铁道供电系统中的应用，其主要目标是解决牵引供电系统的运行与调度管理工作。实现电气化铁道供电系统远动化具有实际的意义。

（1）实现对铁路沿线供电设备的集中监视，提高安全经济运行水平。正常状态下，实现合理的系统运行方式；事故时，及时了解事故的发生和范围，加快事故的处理。

（2）实现对铁路沿线供电设备的集中控制，提高劳动生产率。调度人员可以借助远动装置进行遥控或遥调，在牵引变电所、分区亭、开闭所实现无人化或少人化值班，并提高运行操作质量，改善运行人员的劳动条件。

(3) 实现对牵引供电系统运行的统一调度，提高系统运行的管理水平，从而保证供电质量，提高供电可靠性，合理使用电能。

(4) 建立一个良好的通信网络平台，有利于实现牵引变电所综合自动化技术的运用。目前，变电所综合自动化技术得到飞速发展，除提高设备运行自动化外，同时提高了防火、防盗等安全防护功能。

1.2 远动系统的基本构成与分类

1.2.1 远动系统的基本构成

远动系统的基本作用就是实现调度端对被控端设备的监视与控制操作，所以远动系统的组成应包括调度端（或控制端）、通信信道和执行端（或被控端）三部分，如图 1-2 所示。

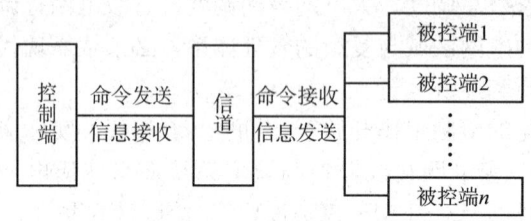

图 1-2 远动系统组成示意图

1. 调度端（或控制端）

调度端是远动系统遥控、遥调指令信息的产生部分，也是被控端设备对象遥测、遥信信息的接收部分。

电气化铁道牵引供电远动系统调度端安装在中心城市的调度控制中心，例如郑州铁路局所管辖范围内的京广铁路线、陇海铁路线及新荷线电气化铁道牵引供电远动系统的调度端就安装在郑州调度控制中心。在远动系统中，为配合调度端工作，调度控制中心还配备有模拟屏、打印机、工程师终端、VDU 显示设备（含键盘、鼠标器等人机接口）、通信处理器及不间断电源（UPS）等设备。

调度端的主要任务就是对被控端送来的信息进行加工、处理（如有功功率、无功功率、电能量等），并根据需要进行各种报表、记录的打印、存储、显示，对事故信号进行报警，以及由操作员通过人机接口向各被控对象发出操作命令等。

采用计算机技术的远动系统也称远方监控与数据采集系统，也称为 SCADA（supervisory control and data acquisition system）。其主要功能是依靠软件编程来实现的，突出优势在于信息数据处理、人机对话和自动巡回检测等。

2. 执行端（或被控端）

执行端是远动系统遥控、遥调指令信息的接收与执行部分，也是被控端设备对象遥测、遥信信息的采集与发送部分。

电气化铁道远动系统执行端分布安装在被控对象的所在地，其主要功能则是采集牵引变电所内各开关量的状态、电气量的参数并及时上送调度端，以及执行控制端发来的各种操作命令等。执行端为实现远动系统的功能完善，一般还具备被控设备对象发生事件的顺序记录、自恢复和自检测功能。

在 SCADA 中，执行端也称远方终端装置（RTU）。计算机远动系统的执行端主要包括计算机、数据采集电路、显示器和打印机等设备，其主要功能依靠软件编程来实现。

3. 通信信道

远动系统中信道的主要功能是承担控制端与被控端之间的信息数据、命令的传输。通常，把从控制端向被控端发送的数据称"下行"数据；反之，把从被控端向控制端发送的数据称为"上行"数据。

从结构上讲，远动系统与一般自动化系统之间最大的区别就在于信道的存在。远动系统由于调度端与执行端之间的距离较远，信道存在易受外来干扰的弱点，从而降低了命令的准确性和整个系统的可靠性。当所需传送的命令愈多、系统愈复杂时，信道的结构也就愈复杂，这个弱点也就愈突出，并且信道的成本也愈高。因此，需要有一系列的措施来保证系统正常、可靠和经济地运行。一般情况下，远动系统中会采取将被传达的命令转换成适合于在信道中传送的最好信息形式进行传输，如模拟信号数字化技术、纠错编码技术、数字加密技术、基带传输技术、同步技术等。这种形式往往与一般自动化系统中命令的形式有很大的区别，因此在远动系统中就需要一些特殊的转换设备来转换命令。例如，设在调度中心的控制端要将遥控、遥调命令送到被控端去执行时，首先要将遥控或遥调命令经抗干扰编码编成数字信号，以防止信号在传输过程中受到各种干扰而发生差错，提高传输的可靠性。其次，除光纤数据传输外，如果利用电话线路作为信号传输的通道时，由于数字脉冲信号易受到线路的电感、电容的影响而使脉冲信号产生很大的衰减和变形，所以要用通信设备部分的调制器把数字脉冲信号变成适合于传输的信号，如变成正弦信号传输，则相应地要求在执行端通信设备中用解调器把正弦信号还原成原来的数字信号，再经抗干扰译码进行检错，检查出错误的码组就拒绝执行，正确时则遥控、遥调译码后分别执行。

在电气化铁道供电远动系统中，由于系统分布距离远而使通信部分的投资费用增大，而控制端调度中心和牵引变电所等被控端之间需要传送的信息又较多，为了使同一信道传送更多的信息，充分发挥信道的作用，就需要在信息传输中采用信道多次复用的办法。目前有两种制式，简称为频分制和时分制。在频分制中，各种远动信号是用不同频率的信号来传送的，例如用频率 $f_1, f_2, \cdots, f_n$ 分别代表 n 种不同的信号，这些不同频率的信号可以在同一信道中同时传送；而且，为了使传送的各种远动信号互不干扰，在发送端和接收端都设有通带频率滤波器。在时分制中，待传的远动信号是按规定的时间先后顺序，依次在信道中逐个传送，如有几个断路器位置状态信号需要传送，可以先送第一个断路器位置状态信号，再依次送第二个、第三个，等等。

近年来，随着计算机网络通信技术的不断发展，特别是网络通信设备技术的标准化与规范化，以及光纤通信技术的应用，远动系统中通信信道的许多问题得到了解决和改善，为计算机远动技术的应用与发展打下了坚实的基础。

1.2.2 远动系统的分类

远动系统在整体归类上一般按照不同的信息传送方式、不同的工作方式、控制对象的不同分布形式、具有的不同功能等方面进行分类。

1. 按照远动系统中信息传送方式的不同分类

在远动系统中，各种信息、命令从一端传送到另一端去控制执行、显示或记录。目前，远动技术的信息传送方式分为两大类：循环传送方式和查询传送方式。循环传送方式是以被控端的远动装置为主，周期性地采集数据，并且周期性地以循环的方式向调度端发送数据，即由被控端传送遥测、遥信量给调度端；查询传送方式是以调度端为主，由调度端发出查询命令，被控端按发来的命令而工作，被查询的站向调度端传送数据或状态信息。

2. 按照远动系统工作方式的不同分类

远动装置按照工作方式的不同一般可以分为以下 3 类。

(1) 1∶1 工作方式。1∶1 工作方式是指在被控端装一台远动装置，在调度端对应地也装一台远动装置。

(2) 1∶N 工作方式。1∶N 工作方式是指调度端一台远动装置对应着各被控端的 N 台远动装置。

(3) M∶N 工作方式。M∶N 工作方式是指调度端 M 台装置对应被控站 N 台装置。

3. 按照远动系统所采用信道的不同分类

(1) 按信道的性质分类。远动系统按照传送信号的信道是利用有线信道还是无线信道，可分为有线远动系统和无线远动系统。无线远动系统多应用于航空航天、军事等领域，而在工业、运输、电力等领域更广泛使用的是有线远动系统。

(2) 按信道的数量分类。远动系统可以按照信道的数量是随着控制对象的数量而增加还是与被控对象数量的多少无关来分类，一般可分为少信道远动系统和多信道远动系统。

4. 按照远动系统所控制对象分布的不同分类

远动系统可以根据被控对象的分布状态来分类，即分为分散型远动系统和集中型远动系统、固定目标远动系统和移动目标远动系统、链式远动系统和辐射式远动系统等。

5. 按照远动系统所采用的元件、功能的不同分类

远动系统可以根据装置采用的元件是有接点还是无接点分为有接点远动系统和无接点远动系统；远动系统按照远动功能是用硬件实现还是靠软件实现，可分为布线逻辑式远动系统和软件化远动系统；远动系统还可以按照是否有一个远程自动调节系统而分为开式远动系统和闭式远动系统等。

1.2.3 布线逻辑式远动装置与计算机远动装置

在远动系统中，布线逻辑式远动系统的功能主要是依靠硬件设备来实现的，而计算机远动系统的功能主体是依靠软件来实现的，其功能实现示意图如图 1-3 所示。

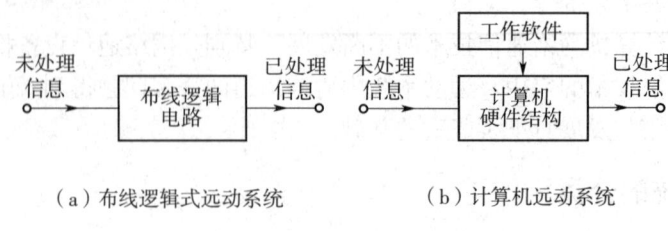

(a) 布线逻辑式远动系统　　(b) 计算机远动系统

图 1-3　远动功能实现示意图

布线逻辑式远动系统功能的实现是通过装置中逻辑电路的时序电路，由它控制具有远动功能的逻辑电路按一定的时序要求进行工作，将等待处理的遥信、遥测信息或要发送的遥控、遥调命令经各功能逻辑电路的处理变换为适合于显示遥信、遥测信息和适合于发送的遥控、遥调指令。由于处理过程完全由逻辑电路来实现，所以其投入运行的远动装置如果需要实现功能的变更，则必须更改逻辑电路设计，这也就限制了布线逻辑式远动系统功能应用的灵活性。在这一点上，计算机远动系统具有明显的优势。

计算机远动系统功能的实现是基于硬件设备的基础上，应用软件系统引导并控制处理信息。当需要改变处理要求时，只需对软件程序进行修订。即使需要增加硬件，由于各部分电路是通过数据总线相互连接的，扩展也很方便。因此，计算机运动装置更具有灵活性和可扩展性。目前，随着微型计算机技术的发展和普及，电气化铁道牵引供电运动装置广泛采用计算机远动装置。

1. 计算机远动系统的发展

从硬件设计上看，计算机远动系统的发展经历了芯片级设计、板级或模块级设计、系统级设计等 3 个阶段。

芯片级设计是指用户根据系统功能实现的要求选用不同类型的微处理器芯片、存储器芯片和输入输出芯片等独立元件联成的系统；板级或模块级设计则是直接采用单板机或软硬件结合的多功能集成模块构成用户系统；系统级设计是直接使用具有完整的硬件和软件结构的微型机系统，适当配置一些接口电路，即可更方便地构成一个满足用户要求的系统。显而易见，随着微型计算机生产技术的发展，微机运动装置硬件的设计越趋简单。

2. 计算机远动系统的基本结构与功能

以微型计算机为工作主机，以完成常规"四遥"功能为目标的监视控制和数据采集系统简称为微机远动系统。其基本构成包括主计算机、人机对话设备、工程师终端、模拟屏、被控端 RTU 等，如图 1-4 所示。

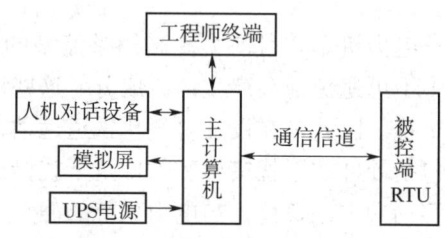

图 1-4　计算机远动系统示意图

（1）主计算机。主计算机是微机远动装置的核心，其工作方式由软件进行控制，具有很强的功能适应性。其主要功能除完成远动系统的"四遥"功能外，还能进行许多运算处理工作，例如对遥信信号进行变位判别、事故顺序记录、程序控制等。同时，它还能进行信息的加工处理和转发，即调度端远动装置既能接收遥测、遥信信号，又能发送遥测、遥信信号，与传统的概念略有区别。这种转发功能是布线逻辑式远动装置难以实现的。

除此之外，微机远动装置还可进行一些实时计算，如对多个牵引变电所的功率进行总和统计、输电线线损计算、误码率统计及各种图形报表的显示、打印等。

（2）人机对话设备。人机对话设备包括键盘、鼠标器、显示器、打印机等，工作人员通过这些设备实现对遥信、遥测等信息的浏览，发送遥控、遥调命令，编制打印各种不同的图形、报表等。同时，也可以通过复示终端提供操作人员的在线培训、防误操作及辅助决策等功能。

（3）工程师终端。工程师终端用于实现对远动系统的调试、诊断与功能修改等功能，通过工程师终端，可以完成对远动系统运行参数的校核与修订。

（4）模拟屏。在电气化铁道牵引供电远动系统中，模拟屏作为辅助设备，用于显示各个被控端牵引变电所电气设备运行状态的遥信信息和牵引供电系统运行参数（如电流、电压、功率等）的遥测信息。

（5）UPS电源。用于为主计算机提供不间断工作电源。

（6）被控端RTU。牵引供电远动系统中的RTU一般设在铁路沿线的各变电所、开闭所或分区亭内，它们与调度端主计算机之间的信息通过远动通道来传输。RTU的主要功能则是采集变电所内各开关量的状态、电气量的参数并及时上送调度中心，以及执行控制中心发来的各种操作命令等。

随着我国电气化铁道的迅速发展，供电系统的运行、调度、管理工作日益复杂，要做到安全、经济、降低损耗，就需要建立一个能对牵引供电系统主要设备进行监视、测量、调整、控制、管理及与其他系统（如行车调度自动化系统、红外轴温监控系统等）联网以实现数据共享的调度自动化综合监控系统，这是电气化铁道微机远动系统的发展方向。

1.2.4　电气化铁道远动系统的特点

电气化铁道牵引供电系统（traction power supply system）是电力系统的一个特殊用户，它的特殊性决定了电气化铁道的远动系统与电力系统中的远动系统既有共性，也有区别。它们的基本功能和作用是一样的，但系统结构、网络拓扑及一些具体技术和要求又不尽相同。

1. 牵引负荷的特殊性

牵引供电系统的负荷——电力机车，目前大多采用整流型的交-直流传动。由于采用晶闸管整流，因而在整流过程中不可避免地会产生谐波成分。这些谐波对与接触网相距不远的远动通道有相当严重的谐波干扰。因此，在设计电气化铁道远动系统时，必须采取强有效的措施来克服这种通信干扰（包括硬件抗干扰措施和软件抗干扰措施）。

同时，电力机车是一个移动冲击性负荷，与电力系统的静止负荷相比，电气量变化幅度大，更容易造成牵引供电网故障，也要求电气化铁道远动系统具有更高的可靠性和实时性，以便及时、准确地将故障信息送到控制中心进行处理，并及时进行相应的操作控制，以缩短事故的影响时间。

2. 牵引供电系统布局的特殊性

在电力系统中，各变电所、发电厂（站）的地理布局大多为辐射状的分散布局，因此其相应的电力远动系统的通道结构也多为星形辐射状结构。在牵引供电系统中，各变电所、分区亭、开闭所则是沿铁路线分布，其通信线路呈相应的分布。因此，电气化铁道远动通道为适应这种特点，大多采用链形结构、环形结构、总线形结构，有时也要包含星形结构。对于链形、环形结构，必须考虑到信号的中继转发、实时性及误码累积等问题，这在星形结构中是不需要特别考虑的。

3. 远动系统功能和容量的特殊性

电气化铁道牵引供电远动系统与电力远动系统也有所不同。在电力系统中，侧重的是对遥测量的采集和监视，要求遥测数量大、采集精度高而对遥控开关的控制数量少、操作频率低。在牵引供电系统中，由于每天都需要对接触网进行停电检修，因此对变电所开关的操作频繁，开关数量多，且可靠性要求极高，以确保行车安全和检修人员人身安全。

4. 远动系统通信信道的特殊性

从通信媒介上看，电力系统多采用电力线载波作为远动通道，而电气化铁道远动系统多采用音频实回线、载波电缆或光纤作为远动通道，这是因为电气化铁道的电力线（接触网）存在大量的谐波，这些谐波的存在严重影响到用电力线作为传输通道的通信质量，从而影响到远动系统的可靠性。

同时，电气化铁道远动系统的管辖范围内常包括多个变电所、分区亭等，电力线是分段不同相供电的。在不同相的交会处，电力线是不连通的，载波无法有效地在这些交会处传输。因此，电气化铁道远动系统都不采用电力线载波的方式。

1.3 远动系统的技术要求与性能指标

远动系统在社会生产、军事、航空航天领域中的应用已经成为日常工作的关键性要素，其系统运行的性能指标的优劣直接影响到系统应用的成效。对不同领域应用的远动系统来讲，其性能指标会有所不同，有一定的差异性，但一般说来，任何一种远动系统在设计、选型时，为保证系统具备良好的工作可靠性，应该考虑以下几个方面的技术要求。

（1）系统应该具备较低的信息传输差错率。远动系统在信息传输过程中，会因为受到设备自身或外界干扰源的干扰而出现信息传输错误。信息传输过程中的这种不可靠性通常用信息的差错率来表示：

$$差错率 = \frac{信息出现差错的数量}{传输信息的总数量} \times 100\%$$

信息传输中的差错率包括误比特率、误码率和误字节率，且常用误码率表示。在通常情况下，差错率要求在信噪比大于 15 dB 时，误码率小于 10^{-5}。

（2）系统应该具备较稳定的硬件设备工作状态。要保证远动系统设备的工作稳定性，就必须做到其硬件设备在技术要求所规定的工作条件下，能够保证实现其技术指标的能力。远动系统的工作稳定性直接与装置本身的可靠性有关，装置设备的一次误动或是失效都有可能引起严重的后果，造成生命和财产的损失。

系统设备的可靠性一般用平均故障间隔时间，即两次偶然故障的平均间隔时间来表示。通常可以用"可用率"来表示。

$$可用率 = \frac{运行时间}{运行时间 + 停用时间} \times 100\%$$

要提高远动系统运行的"可用率"，就要注意保证做到以下几个方面。

① 针对系统应用的不同领域，制定合理的设计方案，应尽可能简化设备硬件，模块电路力求简单，并充分利用好软件的功能，提高系统运行的综合性能。

② 远动装置由许许多多的组件所构成，包括通信设备、计算机设备、检测电路模块等，只有选用高质量的硬件产品，提高产品的加工技术水平，才能保证远动装置设备自身的产品质量。

③ 远动装置的工程安装与调试质量也影响到设备运行工作的可靠性，要注重加强对远动系统设备安装施工过程的质量管理与控制，提高工程质量。

④ 远动系统设备工作运行的温度、湿度和卫生环境条件必须得到满足，并为其提供可靠的工作电源。

⑤ 要定期对系统设备进行巡视、维护与检修，保证预防设备故障的出现。

目前，我国自行设计生产的远动装置一般平均故障间隔时间要求控制端达到 5 000 h 以上，被控端达到 8 000 h 以上。

(3) 系统要具备一定的容量及功能，并保证信息传输的"实时性"。远动装置的容量是指遥控、遥测、遥信及遥调功能所实现的对象数量。远动装置在设计初期就必须了解实际用户对系统容量的要求，同时应考虑到遥控、遥测、遥信及遥调功能的可扩展性。随着计算机及网络技术的发展，远动装置除满足实现"四遥"功能外，还要根据社会生产的需求完成生产过程中的事件记录、数据处理、信息转发、安全监视等功能。

远动系统信息的"实时性"是提高生产效率、加速事故处理、及时了解被控对象运行工作状态等方面情况的关键，这也是对系统显而易见的要求。"实时性"常用信息"响应时间"来衡量，它是指从信息发送端事件信息发出到信息接收端正确地收到该事件信息的这一段时间间隔。例如，在电气化铁道供电系统的远动装置中，一般遥控、遥信信息的"响应时间"是一次平均传输时间 0.1 s~2 s，遥测信息的"响应时间"是小于 3 s。

(4) 远动装置要具备较强的抗干扰能力。远动装置在运行过程中所受到的干扰主要指电磁干扰。其受到外界或自身设备干扰的因素很多，如雷电干扰、无线电波干扰、静电干扰、设备操作过程中的电磁干扰等。远动系统中最易受到干扰的部位是信道，而信道所受到的干扰主要是外界干扰源的干扰和在多路传输时信道间的路际干扰。信道在受到干扰后，所传输的信息就会发生错误。如图 1-5 所示，发送的信息 $f(t)$ 在通过通信信道的过程中，受到干扰信息 $n(t)$ 的侵扰，使正确传输的信息 $f(t)$ 变化为错误信息 $f(t)+n(t)$。在遥信信息中，错误的信息无法显示正确的被控对象状态，错误的遥控信息会造成操作错误。

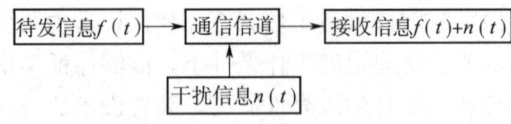

图 1-5　通信信息受干扰示意图

远动系统的抗干扰能力是指在有电磁干扰的情况下，远动系统仍能保证技术指标的能力。增加抗扰度的方法大致来说有两种：其一是在信道输入端适当变换信号的形式，使其不易受干扰的影响；其二是在接收端变换环节的结构上加以改善，使其具有消除干扰的滤波和补偿能力。

(5) 远动系统应具备较强的兼容性，并做到维护使用方便。远动系统应具备较好的兼容性，选型设计时要考虑设备的规范化、系列化，要注重采用模块化结构，以便于硬件维护与检修。

　　远动系统的主要性能指标对同一系统往往并非同时能够满足，其中存在着矛盾，因此需要权衡利弊，予以选择。

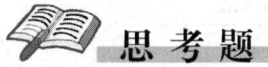 思 考 题

1. 什么是远动技术？
2. 遥控、遥测、遥信和遥调的定义是什么？
3. 电气化铁道应用远动技术有什么意义？
4. 远动系统的基本构成包含哪几个部分？各部分的作用是什么？
5. 简述远动系统的分类。
6. 布线逻辑式远动系统与计算机远动系统的根本区别是什么？
7. 电气化铁道远动系统有什么特点？
8. 远动系统在设计、生产及应用过程中应注意哪些方面的技术性能要求？

2 调度端与执行端的结构及功能

> **引言**：本章主要介绍计算机远动系统调度端与执行端的基本结构及功能、分布式远动（调度）系统的结构及主要设备的功能、变电所综合自动化技术的基本理论。通过学习，读者应注重掌握以下内容：
> ● 调度端的基本结构与配置；
> ● 调度端的功能；
> ● 分布式远动（调度）系统的结构、特点及主要设备的功能；
> ● 执行端（RTU）的基本结构、功能及分类；
> ● 变电所综合自动化的优越性、基本功能及特点。

随着电气化铁道的快速发展，计算机远动技术为提高牵引供电系统调度管理综合自动化水平，为快速分析、查找、切除故障点，提高系统智能化水平，确保系统安全、可靠、高效运行提供了有力的技术支持。

电气化铁道计算机远动系统的基本结构主要由三大部分组成，即装设于调度所（中心）的调度端（控制端）、装设于铁路沿线牵引变电所（分区亭、开闭所等）的远方执行端（RTU装置，被控站）及从铁路通信系统中分离出来的远动通道。调度端和执行端以远动通道为桥梁有机配合，共同实现对牵引供电设备的遥控、遥信、遥测、遥调及数据报表统计、记录事故分析等远动及调度功能。本章着重讲解调度端和执行端的基本结构及功能，介绍牵引变电所综合自动化技术的相关基本概念，以便进一步了解远动技术的发展方向。

2.1 调度端的结构及功能

2.1.1 调度端的基本结构

调度端是计算机远动系统乃至牵引供电系统的调度指挥中心，其配备的调度管理自动化系统为实现牵引供电系统调度管理意图提供了强有力的技术支持。调度端的基本结构包括主机服务器、通信前置处理机、调度员操作工作站、数据维护工作站、工程师终端、打印机、模拟屏等，如图2-1所示。

（1）主机服务器（MC）：主要用于数据和网络服务、定时任务管理，一般应用双机冗余配置，以提高设备运行的可靠性。冗余的设备可有冷备用和热备用两种备用工作方式。所谓冷备用，是指作为备用的服务器设备不运行指定的应用软件或干脆就关电待命，待主服务器设备故障或根据需要切换时再投入运行；所谓热备用，是指作为备用的服务器设备运行指定的应用软件监视主服务器设备，一旦发现主服务器设备故障，即自动切换运行主用程序，接替主服务器设备工作，或收到双机切换命令后自动切换为主服务器设备工作方式，原主服务器设备切换为备用服务器工作方式，或退出运行。

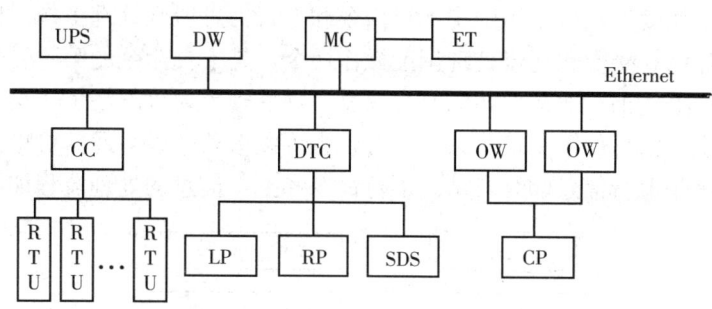

图 2-1 调度端基本结构示意图

（2）调度员操作工作站（OW）：主要用于操作人员实施调度作业，一般以人机界面对话的方式进行，操作直观、方便、可靠，易实现调度意图和效果。

（3）数据维护工作站（DW）：主要用于实现远动系统基础数据库（静态数据库）的人机接口，操作直观、方便，易实现数据的生成与管理，并监视调度端系统设备状态。

（4）通信前置处理机（CC）：主要用于将调度端设备与远动通道线路连接，是调度端与执行端的信息纽带。一般配备两套通信前置处理机，互为备用，以提高运行可靠性。

（5）打印设备：调度端一般配备有流水打印机（LP）、报表打印机（RP）、拷屏打印机（CP）等打印设备，用于数据及相关信息资料（如事故记录、操作记录等）的打印。

（6）模拟屏（MNP）：主要用于显示供电系统中各个执行端所有被控对象设备（断路器、隔离开关等）的接线电路、运行状态、运行参数及时钟、安全运行天数等，配备灯光、音响告警装置，对值班工作人员处理远动信息具有非常实际的意义。

（7）数据终端通信控制器（DTC）：主要用于实现打印设备、模拟屏等设备与主机服务器的网络连接，一般采用串口通信方式进行。

（8）工程师终端（ET）：是主机系统的一部分，用于主机应用软件的开发。在主机系统运行过程中，可通过工程师终端命令观察开发人员或维护人员所关心的运行进程、通信数据、部分处理结果提示及一些异常信息提示。

（9）电源系统（UPS）：主要用于为调度端所有设备提供不间断工作电源。

以现代计算机网络通信技术为基础的调度端调度管理自动化系统以主机服务器为核心，通过以太网（Ethernet）与调度员操作工作站、数据维护工作站、通信前置处理机、数据终端通信控制器等设备进行数据交换，并对各设备的工作状态进行监视管理；流水记录打印机、报表打印机、模拟屏等慢速设备与数据终端通信控制器（DTC）进行串口通信，由 DTC 统一管理，通过 DTC 上网与主机服务器互联；调度员操作工作站通过打印共享器共享拷屏打印机资源。

主机服务器、数据维护工作站、调度员操作工作站、通信前置处理机配以相应操作系统（如主机的 UNIX 操作系统、工作站及通信机的 Windows NT 系统等）及监控应用软件，充分利用外围设备及数据资源,实现遥控、遥信、遥测、遥调"四遥"功能及数据报表统计、事故记录分析等调度自动化管理功能。

计算机远动调度端数据源于调度台调度员的操作命令及被控站(RTU)采集到的被控对象的有关数据上送信息。前者的远动操作命令亦称下行命令,后者的上送有效信息部分亦称上行信息。整个调度端主机系统围绕下行命令和上行信息展开处理工作。操作工作站作为主要的人机交互界面,接受和初步处理调度操作命令,是下行命令的第一受理者;通信前置处理机通过远动通道查询获取被控站的有关信息,预处理后通过网络传送给主机处理,因此可以说通信机是上行信息的第一接待站。同时,也可以形象地说,通信机也是下行命令的出口,操作工作站又是上行信息的终点站。下行命令和上行信息的处理流程如图2-2所示。

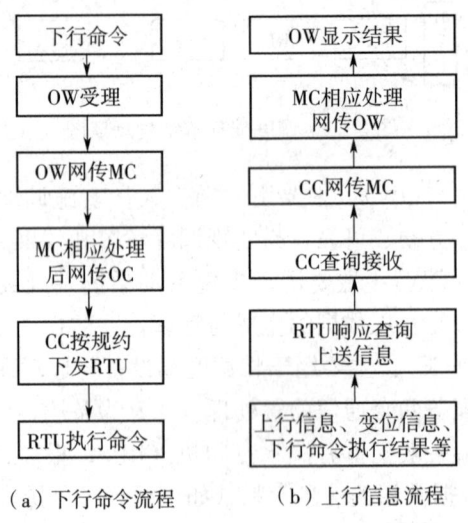

图2-2 下行命令和上行信息的处理流程

2.1.2 调度端的功能

计算机远动系统的多功能化、智能化发展方向,除计算机及网络技术的发展支持外,其各项功能的实现主要依靠软件支持。计算机远动系统调度端的主要功能如下。

(1) 数据收集功能。调度端收集各执行端RTU发送来的数据,如模拟量、数字量、状态量、脉冲量。

(2) 数据处理功能。在调度端上对各执行端RTU送来的数据进行处理、运算、判断,如有功功率、无功功率、电量累加、越限告警,连续模拟量输出记录(如电压曲线、负荷曲线)等。

(3) 控制与调节功能。通过人机对话界面,生成并下发命令到各个RTU,实现对被控对象(如断路器、隔离开关等)的遥控操作、系统接地故障查找、开关事故变位、事故画面优先显示、声光告警、事件顺序记录、事故追忆、调节功率因数等功能。

(4) 人机对话功能。在调度端收集整理与处理RTU上送数据;显示有关数据、变电所实时电气主接线图、实时数据、负荷曲线、电压棒形图、电流棒形图;实现数据库实时修改、图形报表修改;发送遥控、遥测命令及校对命令;完成制表打印,定点打印供电系统负荷、电能、运行报表、召唤记录、操作报表、异常及事故等方面的资料。

随着电气化铁道牵引变电所综合自动化技术的发展和应用，计算机远动调度端的功能也越来越强大，能够获得更多的信息，准确掌握供电系统的运行状况，不断提高供电系统的可控性，逐步实现牵引变电所无人值班。

2.1.3 分布式（远动）调度自动化系统

新一代调度自动化系统是分布式网络化系统，共享一套数据库管理系统、人机交互系统和分布式支撑环境。系统的各网络节点可以集成在同一节点上，也可分散驻留于不同节点，配置灵活，每个单独的系统都可独立运行。

1. 系统的主要结构

分布式系统的调度端一般为局域网系统，主要由数据服务器、WEB 服务器、调度员工作站、维护工作站、通信前置机及打印机、模拟屏（大屏幕显示器）等外设组成，如图 2-3 所示。

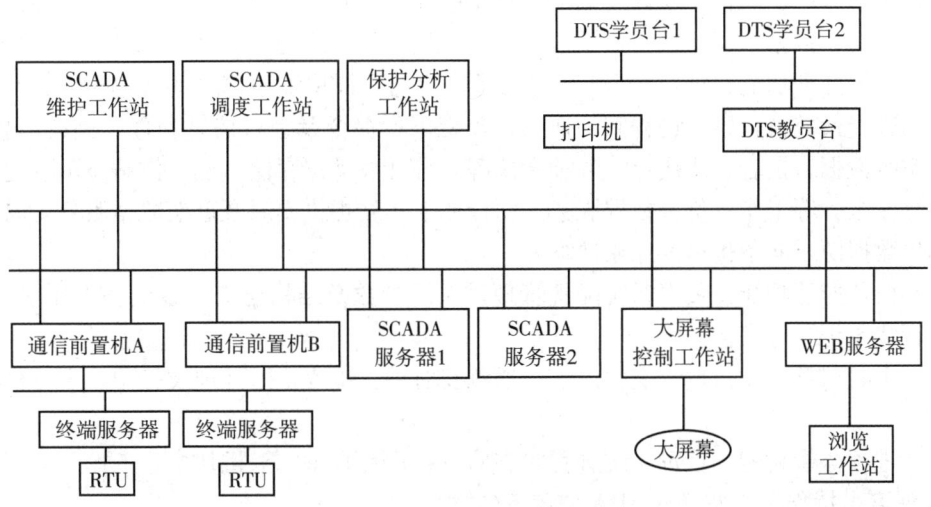

图 2-3 分布式远动系统调度端的结构

2. 系统的特点

由于系统采用分布式网络化系统结构，所以，与传统远动装置相比较，它具有以下特点。

（1）集 SCADA 系统和 DTS（调度员培训系统）系统于一体，提高了系统的实用性。

（2）功能节点可分散、可集中，配置灵活。

（3）主网结构采用双 LAN，提高了网络通信的可靠性。

（4）按功能和信息流向分组、分层，分类更加规范。

（5）主、备数据库服务器（SQL server）通过第三网络接口连接至企业 MIS，实现与外部系统的开放数据访问。

（6）关键节点均采用主备结构的双机热备冗余配置，当一个节点出现故障时，另一个节点升级为主服务器。

(7) 通信前置系统的通信接口设备可扩充性好，而且可以用通道之间的软件切换来替代传统的硬件切换，提高了可靠性。

(8) 通信前置网、实时双网和DTS网既互相分离又互相联系，在同一节点上同时运行SCADA和DTS应用功能。

3. 主机系统（SCADA服务器）

主机系统主要用于数据和网络服务及定时任务管理，进行数据的后台处理，管理实时数据和部分历史数据，负责网上节点资源的分配、管理和网络信息交换，进行网络信息汇总、组织和派发，为数据工作站、操作工作站、保护分析工作站等提供初加工数据，执行系统演示及模拟培训等。

服务器的主要配置一般由64位以上处理器、16倍速以上光驱、1 GB以上内存、36 GB以上硬盘、100 Mbps以上以太网卡、磁带机、人机接口设备等组成，并配备UNIX操作系统等相应的软件。

主机系统的主要功能有以下几个方面。

（1）网络服务功能：实现调度端网络资源的配置与管理，负责与通信前置处理机、调度员操作工作站、数据工作站、学员学习台等上网设备的网络通信管理及信息交换。

（2）数据处理功能：负责与RTU远动通信规约、模拟屏通信规约及与PC机的网络通信协议的解释及转换，以及进程间的通信；负责下行命令及上行信息处理，完成信息分解、数据（实时数据、报表、曲线点、各种记录等）统计、动态存储、送工作站显示、送模拟屏显示、打印服务等工作；负责数据服务，向操作工作站提供实时及近期数据服务，向数据工作站提供数据源，向备机提供原始数据。

（3）设备监管功能：负责系统配置管理，系统参数及结构定义，各设备工作状态监测，系统运行状态记录等工作。

（4）定时服务功能：负责定时遥信、遥测及对钟，报表定时处理及打印，定时检测设备等工作。

（5）进程监管功能：负责系统进程状态监测、进程自举、双机切换等工作。

4. 调度员操作工作站（SCADA调度工作站）

调度员操作工作站是实施调度作业的人机界面，并集中反映调度意图和效果，监视牵引供电设备的运行状态。调度端一般配备多个操作工作站，每个操作工作站采用双重配置，互为备用，保证做到在实施远动操作尤其是遥控（包括单控、程控）操作时互锁，从而提高操作的正确率。

操作工作站由高可靠性的工业控制用PC机（配网卡）、大屏幕彩色显示器及鼠标、键盘等人机接口设备组成，并配备Windows NT操作系统等相应的软件。

操作工作站主要具有以下功能。

（1）网络通信功能：完成与主机交换信息，包括各种操作命令和上行远动信息、设备工作状态信息等。

（2）操作管理功能：完成远动操作、本地操作和命令管理等工作。

① 远动操作。远动操作包括单控、程控、遥信全召、遥测全召、遥调、召故测仪数据、故障信号复归等操作。

单控即对被控站内某一被控对象（如开关设备）进行的状态控制，如对开关的分合闸、重合闸的投撤等。单控分两步进行，第一步是被控对象的选择，在单控命令下用鼠标选中被控对象图标，程序检查控制条件满足后向 RTU 下发单控选择命令，RTU 控制单元通过硬件及逻辑检查予以确认，回送选择成功，否则回送选择失败；选择成功后，调度员可选"执行"或"撤销"下发第二步命令，RTU 相应处理并将结果报送调度端。单控分两步进行是为了提高可靠性和避免误操作。

程控是若干单控操作的有序组合，以卡片的形式预先设定。每个卡片有相应的程控条件，而具体的被控对象也有其控制条件。当这些条件都逐次满足时，程控才能顺利完成。程控分为站内程控和站间程控两种，前者的被控对象分布在同一被控站内，后者的被控对象分布在两个及两个以上被控站中，控制逻辑较前者复杂。要进行程控操作时，从远动操作菜单中选"程控"。从卡片提示窗选所需卡片时，注意查看该卡片的操作条件及卡片具体执行内容是否能达到预期目的。卡片选定后，程序检查控制权及程控条件是否满足，决定是否下发控制命令。程控命令开始选择和执行前，在显示器和模拟屏上对应被控站与卡片相关的被控对象不对位闪光，亦即图标闪烁的对象即将进行操作。

程控一般有两种方式，即程控方式 1 和程控方式 2。程控方式 1 是程序依据卡片内容依次自动进行单控操作。每一单控选择成功后，下发执行令前有两种确认方式：一是自动确认，由程序直接下发执行命令；二是人工确认，由操作员选"执行"或"撤销"后下发命令。前者控制任务完成较快，后者从设备安全角度考虑，防止误操作。程控开始后，在显示器上有手形图标指向正在操作的对象图标，完成一个该对象图标变色停闪一个，手形图标指向下一对象图标，直至卡片任务完成。程控过程中，如有必要可随时中止执行。若被控站内发生事故，程控也将自动中止。程控方式 2 是在被控站 RTU 输入有与调度端同样的程控卡片，调度端下发程控命令时，告诉 RTU 执行几号卡片，RTU 按卡片内容自动执行控制任务，将变位信息返回调度端。其程控执行过程时间短，较方式 1 快，但卡片不易修改。程控用于较为复杂的控制任务，比如变电所倒进线、倒主变、全所停电、馈线停送电等作业。

遥信全召是调度端下发该令，由 RTU 将所辖遥信（位置遥信和非位置遥信）状态上报，以便刷新因通信中断等因素可能引起的状态不一致。遥信全召可由调度员随机下令，也可由主机程序定时召遥信。

遥测全召与遥信全召命令相似，只是 RTU 要上报的是被控站的遥测量，如进线电压、主变电流、馈线电流等供电运行参数。

遥调操作类似于单控操作，操作对象为主变原边电压，操作方式为调档（上调一档或下调一档）。当主变输出母线电压过高或过低时，采用遥调。

召故测命令由调度员选中该命令下发 RTU，RTU 将故测参数上报。

故障信号复归是一种无返回遥控。当被控站发生事故上送报警信号后，调度员得知并做及时处理，将报警信号复归，停止报警。

② 本地操作。本地操作包括各种画面的调出与切换、统计报表（日报、月报、年报、跳闸报、越限报、故测报等）的调出与切换、电量曲线的选择显示、记录（包括操作记录、事故记录、预告记录等）的调出显示、对模拟屏的一些操作（如验灯、验警、音警复归、闪光复归等）、手动置位开关状态、打印设备（流水打印机、报表打印机）状态标志设置、随机打印报表、记录命令操作、控制权切换、拷屏等操作。

③ 命令管理。命令管理主要针对远动操作，完全由软件完成。命令管理主要是对远动

命令进行记忆、超时监视并给出相应提示和处理。

（3）上行实时信息处理功能：上行实时信息处理包括对上行远动信息进行分解、对网络协议及RTU通信规约进行转换处理、实时信息的存贮和显示。

5. 通信前置处理机

通信前置处理机是为处理大量远程数据通信而设置的，作为远动数据通道接口实现调度端与执行端之间的连接，是调度端与执行端的信息纽带。每个调度端可配备两套通信前置处理机，互为备用。通信前置处理机由高可靠性的工业控制用PC机（配以太网卡、多串口卡等）、彩色显示器、鼠标和键盘等人机接口设备组成，并配备Windows NT操作系统等相应的软件。

通信前置处理机的主要功能有以下几个方面。

（1）网络通信功能：负责完成与主机系统主站下发的下行命令和各RTU上行信息的交换工作，发布通信设备状态信息等。

（2）查询RTU功能：负责完成对所辖各个RTU进行信息轮询（Poling），查问有无遥信、遥测变位信息及操作信息需要上送。RTU如有信息要上送，则应答该信息，否则退回正常应答。

（3）上、下行信息转发功能：负责完成对收到信息的筛选、RTU通信规约与网络规约的转换、信息转发等功能。

（4）信道监视功能：负责完成对信道的配置、信道状态的监测和误码统计显示等工作。

（5）模拟RTU功能：负责完成对RTU进行软件模拟，用于主站调试、演示及用户培训等工作。

6. 数据维护工作站（SCADA维护工作站）

数据维护工作站是系统基础数据库（静态数据库）的人机接口，主要实现数据编辑、画面编辑、数据库界面（如报表等）生成管理、调度端系统设备状态的监视显示等功能。数据维护工作站由高可靠性的工业控制用PC机（配网卡）、大屏幕彩色显示器、鼠标和键盘等人机接口设备及打印机等设备组成，并配备Windows NT操作系统及数据库管理等软件。

数据维护工作站的主要功能有以下几个方面。

（1）数据编辑器功能：数据编辑器是系统开发人员和维护工程师对系统特征数据库进行在线创建、增、删、改、查等操作的重要软件工具之一，它是在结构化设计的基础上实现的。

（2）画面编辑器功能：画面编辑器是数据工作站软件的重要组成部分之一，也是开发人员和维护工程师的重要应用软件工具之一。通过画面编辑器可以实现以下功能。

① 新输入一幅画面。
② 对已有画面进行修改、编辑。
③ 对画面上的每个对象点输入其属性。
④ 输入画面遥测量显示属性。
⑤ 输入画面拓扑结构。

画面编辑器通过网络从主机系统服务器动态读入有关数据，通过"画面存盘"或"退出编辑"将修改后的数据库经网络传回主机，由主机转给相应调度员操作工作站，从而实现对画面的在线动态修改。画面的修改不影响整个系统的运行。

（3）系统监控器功能：系统监控器是数据维护工作站的重要软件之一，通过它可以对组成远动调度系统调度端的主要设备及远方 RTU 的工作状态进行监视，并对主站部分设备及远方 RTU 发出少许命令。系统监控器可一直运行监视整个系统的运行状态，为维护工程师提供方便。

（4）数据库界面生成管理功能：利用数据库管理软件，通过对主机服务器网传来的实时运行数据库和数据维护工作站保存的历史数据库的选项进行搜索整理，可生成用户所需的各种界面，如统计报表、分析记录等，便于用户对所辖牵引供电系统的综合自动化管理。

2.1.4　计算机远动系统的工作模式

计算机远动系统的各项功能是依靠编写好的软件程序来实现的，任何一项功能程序都是系统开发工程师按照对被控对象的实际管理需求来编写的，远动系统工作主机服务器在日常运行过程中只负责按软件程序的设计实现其功能。工作主机在执行各种远行功能时必须遵循一套流程原则，这种流程原则就是工作模式。

1. 程序启动及允许响应迟延

计算机运动装置的特点是用程序来实现远动功能的，而远动装置为保证信息的实时性，其数据信息的发送与接收应周而复始地循环工作，所以计算机远动各功能软件的运行就带有周期性。其主干程序原则上可以用位驱动脉冲来同步，但目前大多采用信息字的节拍来同步。每一种体现远动功能的程序都是在一定的条件下启动，每一种条件的出现都相当于对主机服务器发出请求。执行某一种相应远动功能的程序和请求，在主机只有一台的情况下，往往会发生当主机没有处理完上一个远动功能程序时，又有新的请求出现的现象。一般情况下，主机系统要等待到正在执行的程序执行完毕后，才响应新的任务请求。这样，一项新的请求有时需要等待一段时间才能得到主机的响应，这种等待时间就是"响应迟延"。

为了保证远动系统功能的正常实现，对于任何远动装置来说，无论发送端还是接收端，当接口向主机发出请求送取数据信息的信号后，得到主机响应的时间不能过长，即不能超过"最大允许响应迟延"。计算机远动系统的"最大允许响应迟延"一般不大于所接收信息一位码元的时间，响应迟延越小，对主机的性能要求越高。为延长主机接收信道信息的最大允许迟延，可用增加通道缓冲器的办法来解决。

2. 工作模式

1）踏步同步和中断工作模式

为了解决主干程序与发送节拍同步的问题，可采用踏步同步方式，使程序的长度控制在其执行的周期小于信道发送一个信息的周期之内。每当运行的功能程序到达主干程序结束点时，主机就重复检查信道发送信息时刻 T 是否到来的标志，直到查到一个信道发送信息的标志后，立即执行主干程序。这种方式要求编制的程序中最大的分支程序的执行周期小于信道发送信息的节拍。周期信息发送节拍与主干程序的时间的参差由踏步操作来调整，以达到同步的目的。

踏步同步模式的缺点是程序主循环执行时间必须小于信道发送一个远动信息字的周期。这样为了保证在任何情况下都能满足这个要求，设计执行一个程序主循环时间的长度时，必须留有充分的时间裕度。这些裕度就形成了"时间碎片"，这些时间碎片的积累是很可观的，它非常浪费主机的可利用工作的时间。

主机如果要利用留出的踏步时间，进行一些其他数据处理工作时，可以采用中断模式。中断模式要求信道发送信息标志可以利用电路上的硬件措施，中断正在执行的程序，并优先插入最大允许响应迟延的，即优先度高的"发送程序"。

2) 程序的扫查

在一个程序循环的时间内，当主机做完一个程序之后，接下去按固定次序逐个调查是否执行下一个程序，这个过程叫做程序扫查。当主机在依次扫查所有各程序的循环过程中，如果要判断是否需要执行的程序很多，而实际需要执行的程序又不多时，可以采用这种扫查方式。由于远动装置分时工作的特点，在主机执行指令速度一定的情况下，装置的处理能力是否饱和，决定于每一程序主循环中最大可能执行的程序个数及执行这些程序需要的总时间是否大于一个远动信息的发送周期。

2.2 执行端的基本结构及功能

执行端（RTU）是电气化铁道计算机远动系统的重要组成部分，主要负责对牵引供电系统的数据采集和操作命令的执行。执行端远动设备装设于铁路沿线牵引变电所、分区亭或开闭所内。

2.2.1 执行端的基本结构

远动系统执行端的主要设备包括 RTU、CRT 显示器、打印机等设备。

RTU 是执行端的核心设备，从外观上看，主要包括控制柜、变送器柜和连接电缆三大部分。控制柜和变送器柜采用自立式结构、钢柜架、双开门，且具有足够的机械强度确保设备安装后无晃动、盘架无变形，同时可装备检测用照明灯。柜内端子排的设计应确保运行、检修、调试方便，与电缆连接可靠。

RTU 设备的内部硬件主要以工业控制计算机为核心，配备数据存储器及各种接口电路。其基本结构主要包括以下几部分，如图 2-4 所示。

(1) 控制处理子系统：RTU 中的计算机一般采用字长不低于 16 位的工业控制用微处理器，并配有足够的内存容量及实时数据采集、管理软件和相应的数据库，以实现对各 I/O 模块的实时管理及数据处理。

(2) 遥控输出子系统：接收调度端送来的遥控命令信息，并通过遥控出口继电器执行，直接与执行端被控对象的配电盘接口；输出接口界面采取光电隔离措施，并对遥控输出接口进行监测。

(3) 遥信输入子系统：通过信息采集接口电路与配电盘直接接口，采集来自现场被控对象的实时状态信息，包括位置遥信和非位置遥信；遥信输入采用无源接点方式，输入接口界面采取光电隔离措施及防止被控对象接点抖动的干扰。

(4) 模拟量输入接口：用于实现遥测数据信息的采集，接收来自模拟量变送器设备的信息，核心设备 A/D 转换板可采用智能板；模拟量输入可采用电流型或电压型，输入接口界面采取一定的抗干扰及隔离措施。

(5) 电度量输入接口：接收来自电度量变送器设备的信息，用于电度测量，输入接口界面也要采取一定的抗干扰及隔离措施。

（6）故障点参数接口：接收来自接触网故障点标定设备（故测仪）的信息，以及向该设备传送有关控制信息；接口方式一般采用 RS232 串行接口或并行数据接口。

（7）通信接口子系统：采用冗余结构双重接口配置方式，采取抗干扰编码等措施确保可靠通信；主要用于完成远动数据的发送和接收。

（8）电源子系统：为 RTU 内各模板及 RTU 附属设备提供不间断工作电源；一般可接入交流或直流两种外部电源，并设置过电压保护，确保 RTU 设备的安全。

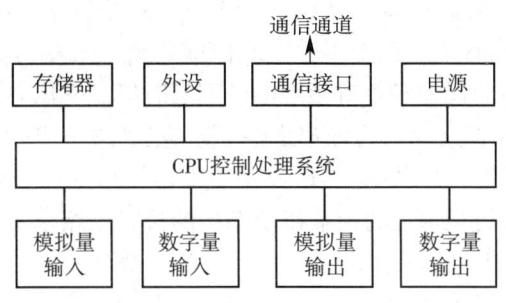

图 2-4　RTU 内部基本结构组成示意图

2.2.2　执行端的功能

远动系统执行端的主要功能体现在其核心设备 RTU 上，RTU 以微计算机为核心，配合各种功能性接口电路，用来完成遥控接收、输出执行、遥测、遥信量的数据采集及发送的功能。其主要功能有以下几个方面。

（1）状态量信息采集功能。通过遥信输入子系统的接口电路，把变电所中被控对象（如断路器、隔离开关等）的状态转变为二进制数据，存储在计算机的某个内存区。

（2）模拟量测量值采集功能。通过模拟量输入接口、电度量输入接口把变电所的一些电流量、电压、功率等模拟量，经互感器、变送器、A/D 转换器变成二进制数据，存储在计算机的某个内存区。

（3）与调度端通信功能。RTU 把采集到的各种数据组成一帧一帧的报文通过信道送往调度端，同时可以接收调度端送来的命令报文。RTU 与调度端的通信规约一般有应答式（polling）、循环式（CDT）、对等式（DNP）等 10 余种，每个 RTU 必须具备有其中的一种。同时，RTU 应具备通信速率的选择功能，还应有支持光端机、微波、载波、无线电台等信道通信转换功能。通信中有一个重要的工作就是对发送的数据进行抗干扰编码。对接收到的数据则要进行抗干扰译码，如果发现有误则不执行命令。

（4）被测量越死区传达功能。所谓被测量越死区传达，就是指 RTU 自动将每次采集到的模拟量与上一次采集到的模拟量旧值进行比较，若差值超过一定的限度（死区），则将新数据送往调度端，否则认为采集数据无变化，不传送新数据信息。RTU 的这种功能可以大大地减少数据信息的传输量，减轻远动通信信道的负担。

（5）事件顺序记录功能。事件顺序记录（sequence of events，SOE）指对某个开关（被控对象）状态发生变位的开关设备编号、位置状态、变位时间等进行实时记录。事件顺序记录有助于调度人员及时掌握被控对象发生事故时各开关和保护动作的状况及动作时间，以区分事件顺序，做出运行对策和事故分析。

时间分辨率是事件顺序记录的重要指标。在事件顺序记录中，时间分辨率是指顺序发生多个事件后，两个事件之间能够辨认的最小时间，一般分为 RTU 内与 RTU 之间两种。

① SOE 的 RTU 内时间分辨率。RTU 内时间分辨率是指在同一 RTU 内，顺序发生多个事件后，两个事件之间能够辨认的最小时间。在计算机远动（调度自动化）系统中，SOE 的站内时间分辨率一般要求小于 5 ms，其大小由 RTU 的时钟精度及获取事件的方法决定。

② SOE 的 RTU 之间时间分辨。SOE 的 RTU 之间分辨率，即站间分辨率，是指各个 RTU 之间顺序发生多个事件后，两个事件之间能够辨认的最小时间，它取决于远动系统时钟的误差、通道通信延时的误差和主机系统的处理延时等。SOE 的 RTU 之间的时间分辨率一般要求小于 10 ms。RTU 之间时间分辨是整个远动系统的一项重要的性能指标。

（6）遥控命令执行功能。RTU 具有接收调度端遥控命令、校对命令信息、进行遥控操作的功能。遥控命令的执行是通过遥控输出子系统的接口电路来完成的，可以对变电所中的单个或多个断路器、隔离开关进行"合闸"或"分闸"操作。

（7）系统对时功能。SOE 的 RTU 站间时间分辨率是一项重要性能指标，因此它要求各 RTU 的时钟与调度端主机服务器的时钟严格同步，这就要求执行端具备系统对时功能。

要实现系统对时功能，一般采用的时钟同步的措施有以下两种。

① 采用全球定位系统（GPS）。在远动系统的调度端与执行端设备的安装所在地配备 GPS 接收机、天线、放大器等 GPS 信号接收装置，并通过接口与主机服务器、RTU 相连，利用全球定位系统（GPS）提供的时间频率进行同步对时。这种对时方法精确度高，SOE 站间时间分辨率指标有保障，但设备投入费用会提升。

② 采用系统自带软件对时。一般来说，通信中的 CDT、DNP、Modbos 等规约中均提供了软件对时手段，RTU 可以利用这些通信规约的支持采用软件对时。采用软件对时的方法简单、方便，不需要增加硬件设备，但由于受到通信速率的影响，对时精确度较小，需要采取修正措施。

（8）自恢复和自检测功能。RTU 作为远动系统的数据采集单元，必须保证不间断地完成与调度端的通信，但由于 RTU 安装在变电所内，极易受到强大的电磁干扰，从而发生程序受干扰或通信瞬时中断等异常情况；有时，RTU 也会因工作电源瞬时掉电而造成死机，使调度端无法收到执行端的信息。因此，要求 RTU 具有自恢复和自检测功能，保证 RTU 在遇到上述情况时能够在最短时间内自动恢复，并重新开始运行程序。

（9）人机交互与管理功能。

① 通过 RTU 上安装的键盘、LED（或 LCD）显示器实现人机交互，使 RTU 采集的信息在当地就可以进行浏览显示，同时还可通过键盘操作完成输入遥测量的转换系数和修改保护整定值等管理功能。

② 通过在 RTU 上外挂 CRT 与打印机，可以赋予变电所值班人员浏览与打印 RTU 信息的权限，提高工作效率。

2.2.3　执行端的分类

在体系结构上，变电所内的 RTU 可以分为集中式 RTU 和分布式 RTU 两大类。分布式

RTU 又可以分为功能分布式 RTU 和结构分布式 RTU 两大类。在采样方式上，RTU 又可分为直流采样 RTU 和交流采样 RTU 两类。在组屏方式上，RTU 还可分为集中组屏和分散布置两类。在结构上，RTU 还可分作机柜式 RTU、壁挂式 RTU 和单元模块化 RTU 等几类。

1. 集中式 RTU 装置

集中式微机远动装置 RTU 的典型体系结构如图 2-5 所示。图 2-5 中，CPU 为系统中唯一的智能模块，它负责管理其他非智能模块，并通过两个 RS232C 串行口，经调制解调器 modem（载波通信用）分别和两个调度主机通信，另一个 RS-232C 串行口用于外接 CRT 实现自检。

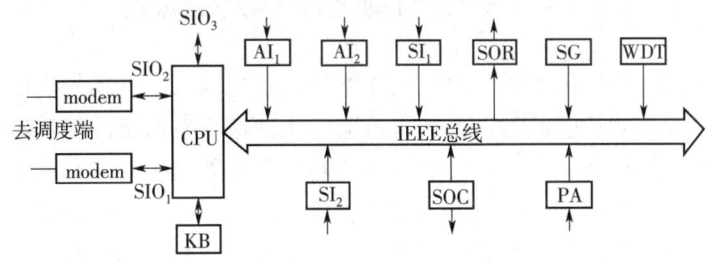

图 2-5 集中式微机远动装置 RTU 的结构

SI 为遥信模块，由若干个子模块（即 SI_1、SI_2 等）构成；AI 为遥测模块，由若干个子模块（即 AI_1、AI_2 等）构成；PA 为电能脉冲量采集模块；SOC 为遥控模块；SOR 为遥调模块；KB 为键盘与显示器模块；SG 为开关组态模块；WDT 为监视定时器模块。各模块之间均以并行总线相联系。因并行总线不允许传输太长的距离（通常小于 30 cm），所以集中式 RTU 均是布置于一个机箱或机柜中。因此，集中式 RTU 的主要特征为单 RTU、并行总线和集中组屏。

集中式 RTU 采用的并行总线一般有以下 3 种。

(1) 796 总线（multibus）。

(2) STD 总线。

(3) PCI 总线。

采用 PCI 总线构成 RTU 可以利用工业控制 PC 机的资源，且可直接采用众多的 PC 总线接口板，既可降低成本，又可提高可靠性。利用工业控制 PC 机的键盘、显示器、磁盘、打印机等资源，可以很容易地构成当地功能系统。

2. 分布式 RTU 装置

集中式 RTU 装置因采用单处理器，CPU 负荷过重，往往不能满足被控系统自动化的不断发展的要求。例如，随变电所设备规模的增加，要求 RTU 能够采集更多的开关量、模拟量和电度量，能够进行更多路的遥控和遥调，能够与更多的调度主机建立联系，此外对事件顺序记录（SOE）的站内分辨率的要求也不断提高。同时，采用总线的集中式 RTU 装置也不便于采集不在同一现场的被控设备参数。而多 CPU 结构、各模块间以串行总线相互联系的分布式微机远动装置则能很好地实现以上功能。

分布式微机远动装置的特点是多 CPU、串行总线、智能模块，既可以柜集中组屏，又可以分散布置。分布式微机远动装置较集中式微机远动装置具有以下优点。

（1）布置灵活，便于采集地理上分布较散的信号。

（2）连线简单，可靠性高。

（3）便于扩容，容量可以增大。

（4）便于采用交流采样方式。

（5）便于实现多规约转发和一发多收。

但是，分布式微机远动装置的最小配置成本较集中式微机远动装置高，因而在小配置情况下，不如集中式微机远动装置经济。

2.3 变电所综合自动化概述

随着我国国民经济的快速增长，电气化铁路的装备技术水平也得到前所未有的发展，传统的远动系统"四遥"功能已经远远不能满足电气化铁道供电系统的管理需求。因此，在计算机远动技术、微机保护装置、自动装置等装备基础上发展起来的变电所综合自动化技术在电气化铁道供电系统的调度管理中引起了越来越多的重视，并逐渐得到了广泛应用。这里主要介绍变电所综合自动化的基本概念、发展过程、优越性、基本功能和特点。

2.3.1 基本概念及发展过程

随着微电子技术、计算机技术和通信技术水平的不断进步，变电所综合自动化技术也得到了迅速发展，目前已成为新建与改造牵引变电所的主导技术。变电所综合自动化是指利用先进的计算机技术、现代电子技术、通信技术和信号处理技术，实现对变电所主要设备和牵引网馈线的自动监视、测量、控制、保护及与调度端通信等综合性自动化功能。变电所综合自动化系统，即利用多台微型计算机和大规模集成电路组成的自动化系统，可以收集到所需要的各种数据和信息，利用计算机的高速计算能力和逻辑判断能力，监视和控制变电所的各种设备。

综合自动化技术的发展过程大致可分为以下几个阶段。

1. 分立元件的自动装置阶段

20 世纪 80 年代以前，为了提高电气化铁道供电系统的安全与经济运行水平，各种功能的自动装置被陆续研制出来，如自动重合闸装置、备用电源自投装置、接触网故障点位置探测装置和各种不同原理的继电保护装置等。这些装置主要采用模拟电路，由晶体管等分立元件组成。各装置独立运行，互不相干，且体积大、耗电多、维修周期短、缺乏智能性，没有故障自诊断能力，运行中若出现故障，不能提供告警信息。因此，需要有更高性能的装置来代替。

2. 微机型智能自动装置阶段

1971 年，世界上第一片微处理器在 Intel 公司问世之后，许多厂家纷纷开始研制，逐渐形成了以 Intel、Motorola、Zilog 为代表的三大系列微处理器生产商。20 世纪 80 年代，微处理器技术开始引入我国，并很快被应用于电力系统（包括电气化铁道供电系统）的各个领域，由晶体管等分立元件组成的自动装置逐步由大规模集成电路或微处理器所代替，出现了微机型继电保护装置、微机监控和微机远动装置等。由微处理器构成的自动装置具有智能化和计算能力强的显著优点，且装置本身具有故障自诊断能力，大大提高了测量的准确性、监控的可靠性和自动化水平。但是，仍有许多不足，例如：各装置尽管功能不同，其硬件配置都大体相同；除微机系统本身外，都具有对各种模拟量的数据采集系统和输入/输出接口电路，并且所采集的数据量和所要控制的对象有许多也是相同的，显得设备重复设置；各装置的功能虽然得到了一些扩展，还不能解决变电所运行中存在的所有问题；多数装置间仍然是各自独立运行，不能相互通信与资源共享。解决这些问题的唯一途径就是研制出经过重新优化组合的、具有综合自动化功能的集合型装置，这便是变电所综合自动化装置的由来。

3. 变电所综合自动化装置阶段

在欧美工业发达国家，变电站综合自动化的研究工作始于20世纪70年代，英国、法国、意大利等国家于20世纪70年代末装设的远动装置都是微计算机型的。在亚洲，日本在微处理器应用于电力系统方面的工作虽然晚于欧美，但后来居上，于1975年在关西电子公司和三菱电气有限公司的协助下开始研究用于配电变电站的数字控制系统，1979年通过现场试验，1980年开始商品化生产。20世纪80年代以后，研究变电站综合自动化系统的国家和大公司越来越多。例如，德国西门子公司、德国ABB公司、美国西屋公司、法国阿尔斯通公司等都有自己的综合自动化系统产品。

我国变电站综合自动化的研究工作开始于20世纪80年代中期，最初的变电站自动化系统实际上是在远动系统RTU的基础上加上以一台微机为中心的当地监控系统，如图2-6所示，不但未涉及继电保护，就连原有的传统的控制屏台也都还保留着。这是国内变电站自动化技术的初级阶段。

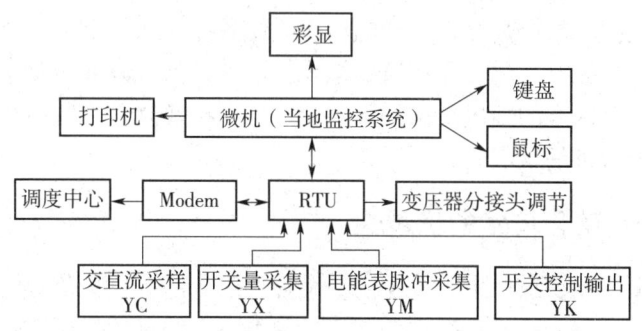

图2-6 以RTU为基础的变电所自动化系统示意图

20世纪80年代后期，进行变电站综合自动化技术研究的高等学校、科研单位、生产厂家逐渐增加。进入20世纪90年代，由于数字保护技术（即微机保护装置）的广泛应用，使变电站自动化技术取得了实质性进展。20世纪90年代初研制的变电站自动化系统是在变电站控制室内设置计算机系统作为变电站自动化的核心，另设置一个数据采集和控制部件，用以采集数据和发出控制命令。微机保护单元箱除保护部件外，每柜有一个管理单元，其串行口与变电站自动化系统的数据采集及控制部件相连，传送保护装置的各种信息和参数，整定和显示保护定值，投/停保护装置。此类集中式变电站自动化系统与初级阶段相比有了很大的进步。图2-7所示即是此类系统的典型示意图。

20世纪90年代中期，随着计算机技术、网络技术及通信技术的飞速发展，同时结合变电站的实际情况，各类分散式变电站自动化系统相继研制成功和投入运行。分散式变电站自动化系统的特点是，现场单元部件分别安装在中低压开关柜或高压一次设备附近。这些部件可以是集保护和测控功能为一体的综合性装置，用以处理各开关单元的继电保护和测控功能，也可以是现场的微机保护和测控部件分别保持其独立性，在变电站控制室内设置计算机系统，对各现场元部件进行通信联系。通信方式可采用串行口，近几年更多地采用了网络技术。遥信、遥测量的采集及处理，遥控命令的执行和继电保护功能等均由现场单元部件独立完成，并将这些信息通过网络送至后台主计算机，而变电站自动化的综合功能均由后台计算机系统承担。此类分散式变电站自动化系统的结构与集中式变电站自动化系统的结构相比又有了一个质的飞跃。

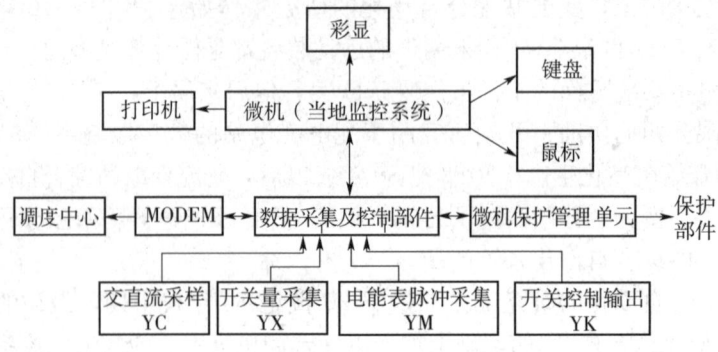

图 2-7 集中式变电站自动化系统示意图

如今，变电站综合自动化技术更加成熟。以太网的 Internet 技术、Web 技术的嵌入式应用又给综合自动化技术的提高注入了新的活力，使其技术水平上了一个新的台阶。其产品的功能和性能也越来越完善，电气化铁道的综合自动化产品可以涵盖整个铁路局所管辖的所有变电所、开闭所、分区亭的馈电线保护、主变压器保护及测量控制系统，已经成为电气化铁道供电系统调度与管理的核心技术。

2.3.2 采用综合自动化技术的优越性

牵引变电所是电气化铁道供电系统中的一个重要组成部分，担负着电能转换和电能重新分配的重要任务，对铁路运输的安全和经济运行起着举足轻重的作用。随着电气化铁道的发展，其供电系统规模越来越庞大，调度中心需要获得更多的信息，以准确掌握供电系统中各个变电站的运行状况。同时，为了提高供电系统的可控性，要求更多地采用远方集中监视和控制，并逐步采用变电所无人值班管理模式。显然，传统变电所已远远不能适应新时期下供电系统管理模式的需求。

较前期变电所中一般采用的设备装备技术水平低、功能简单，二次设备中的继电保护和自动装置、远动装置等设备均采用电磁式或晶体管式原理结构，设备体积大，主控室、继电保护室占地面积较大，结构复杂，可靠性低，维护工作量大。例如，电磁型继电器易发生触点粘连，晶体管式保护装置工作点易受环境温度影响等，且装置本身没有故障自诊断能力，只能靠一年一度的整定校验或等到继电保护装置发生拒动或误动后才能发现问题。随着国民经济的持续发展，铁路运输在日常社会生产活动中的重要性不断提高，对电气化铁道的供电质量的要求也越来越高。所以，铁道供电系统要做到优质、安全、经济运行，必须及时掌握系统的运行状况，以便采取一系列的自动控制和调节手段。传统的远动系统主要用以实现"四遥"功能，在调度端不能获得更多的控制、监测信息，不利于系统的安全、稳定运行。

由于传统变电所的技术装备存在上述缺点，采用更先进的以计算机远动系统为基础，融合微机保护装置、自动装置和安全监视装置为一体的变电所综合自动化技术便成为变电所装备技术发展的一种必然趋势。

总体来看，实现变电所综合自动化的优越性主要有以下几个方面。

（1）提高供电质量。由于变电所综合自动化系统的功能中包括电压、无功自动控制功能，故对于具备有载调压变压器和无功补偿电容器的变电所，可根据实际运行工况进行实时调整与控制，从而大大提高电压合格率，且可使无功更合理，降低牵引网中的电能损耗。

（2）提高变电所的安全、可靠运行水平。传统的变电站二次设备专业分工过细，不利于综合监视运行情况和及时发现隐患，一旦发生事故，恢复供电的时间较长。实现综合自动化后，传统的专业分工完全被打破，利用计算机统一对收集到的数据和信号进行全面的分析与处理，这样可以尽早地发现问题和处理事故，尽快地恢复供电。变电所综合自动化装置都是由微机组成的，其配置灵活，灵敏度和可靠性高，调试方便，可用计算机在线监视继电保护运行参数及其工作状况，必要时可以从远方（远动系统调度端）对某套保护参数重新进行整定。微机保护除了能迅速发现被保护对象的故障并将其切除外，还具有故障自诊断功能，使得变电所一次设备和二次设备的工作可靠性大大提高。

（3）提高电力系统的运行管理水平。变电所实现综合自动化后，监视、测量、控制、记录等工作都由计算机自动进行，既提高了测量的精度，又避免了人为的主观干预，运行人员通过观看 CRT 显示器屏幕信息便可掌握变电所主要设备和整个供电系统的运行工况和运行参数。变电所综合自动化系统可以收集众多的数据和信号，利用微机的高速计算和逻辑判断能力，及时将综合结果反映给值班人员并通过信道送往调度中心。各种实时数据与历史数据均可在计算机上随时查阅，各种操作都有事件顺序记录，调度员不仅能及时掌握各变电所的运行情况，还可对它进行必要的远距离调节和控制，大大提高了运行管理水平。

（4）降低造价，减少总投资。由于采用微计算机及通信技术，可以实现资源共享和信息共享，变电所综合自动化系统大大减轻了电压互感器、电流互感器的负担，降低了电能损耗，并节省大量的控制电缆。综合自动化装置硬件电路多采用大规模集成电路，结构紧凑，体积小，与常规二次设备相比占用空间减少数倍，可以大大缩小变电所的占地面积。随着技术水平的不断进步，微计算机的性能价格比不断上升，综合自动化系统的功能和性能会逐渐更加完善和提高，造价会越来越低，最终可以大大减少变电所的总投资。

（5）促进无人值班变电所管理模式的实行。变电所综合自动化装置均有故障自诊断能力，系统内部有故障时能自检出故障部位；微机保护和自动装置的定值可在线读出检查结果或远距离重新整定；监控系统的抄表、记录等工作可自动化进行。因此，变电所实现综合自动化后减少了许多维护工作量和维修时间及值班人员的劳动，为实现无人值班提供了可靠的技术条件。采用常规的二次设备，只要装有 RTU 远动装置同样可实现无人值班。但变电所综合自动化系统可以适应更高的要求，显著提高无人值班变电站运行的可靠性和技术水平。综合自动化系统内部各单元间通过网络连接，实现资源共享，可以向调度中心提供更丰富的信息。调度中心也可远距离修改各微机保护子系统和各自动装置的定值，检查各子系统的运行状态，这是常规变电所无法达到的。因此，无人值班变电所采用综合自动化方式是今后的发展方向。综合自动化促进了无人值班变电所管理模式的实行，无人值班变电所也为综合自动化的实现和发展提供了广阔的空间。

当然，变电所实现综合自动化也会带来一些新的问题。例如，对长期从事传统监控装置维护、运行的人员来说技术较难掌握，一旦出现问题就不得不依靠供货商来解决；综合自动化装置的硬件更新换代非常快，所选用的设备可能很快就变成落后产品；监控软件有时会存在难以发现的缺陷等。随着综合自动化技术的不断进步和运行维护人员素质的不断提高，这些问题会逐步得到解决，变电所综合自动化技术必将发挥它应有的巨大作用。

2.3.3 综合自动化系统的基本功能

变电所综合自动化系统面向的功能内容较广，目前基本认为应包括：完成电气量的采集和电气设备的状态监视、控制和调节；实现变电所正常运行的监视和操作，保证其运行的安全性和可靠性；发生故障时完成瞬态电气量的采集和故障记录，并迅速切除故障和完成恢复运行的正常操作；将变电站采集的各种信息和数据实时传送至远方调度中心或当地监控中心。

变电所综合自动化是一门多学科的综合应用技术，它以微型计算机为基础，实现了对变电所传统的继电保护、控制方式、测量手段、通信和管理模式的全面技术改造，实现了牵引供电系统运行管理的一次变革。仅从变电所自动化系统的构成和所完成的功能来看，它是将传统变电站的监视控制、继电保护、自动控制和远动等装置所要完成的功能组合在一起，用一个以计算机硬件、模块化软件和数据通信网构成的完整系统来代替。在变电所综合自动化系统的研究与开发过程中，对其应包括哪些功能和要求曾经有不同看法。经过几年来的实践和发展，目前这些看法已趋于一致。归纳起来，牵引变电所综合自动化系统的基本功能主要有以下几个方面。

1. 继电保护功能

变电所综合自动化系统中的继电保护主要包括接触网（馈线）保护、变压器保护、电容器保护等。微机保护是综合自动化系统的关键环节，它的功能和可靠性如何，在很大程度上影响了整个系统的性能，因此设计时必须给予足够的重视。

2. 操作控制功能

变电所综合自动化系统应能取代常规的操作机构，取代常规的电磁式和机械式防误闭锁设备，取代常规（布线逻辑式）远动装置等。无论是无人值班还是少人值班变电所，操作人员都可通过监控主机屏幕对断路器和隔离开关设备进行分闸、合闸操作，对变压器分接头位置进行调节控制，对电容器组和电抗器组进行投、切控制；同时，要能够接受遥控操作命令，进行远方操作。为防止计算机系统故障时无法操作被控设备，在设计上还应保留人工直接分、合闸手段。

3. 测量与监视功能

综合自动化系统应取代常规的测量装置，如变送器、指针式仪表等；取代常规的告警、报警装置，如中央信号系统、光字牌等。

变电所的各段母线电压、馈线电压、电流、有功及无功功率等参数均属模拟量，将其通过模拟量输入通道转换成数字量，由计算机进行识别和分析处理，最后所有参数均可在自动化装置的面板上或当地监控主机上随时进行查询。在变电所的运行过程中，监控系统对采集到的电压、电流、频率、主变压器油温等量不断地进行越限监视，如有越限立即发出告警信号，同时记录和显示越限时间和越限值；出现电压互感器或电流互感器断线、差动回路电流过大、控制回路断线等情况时也发出报警信号；另外，还要监视自控装置本身工作是否正常。

4. 事件顺序记录与故障录波和测距功能

事件顺序记录（SOE）包括断路器合跳闸记录、保护动作顺序记录等。微机保护或监控系统的采集环节必须有足够的内存，以确保当后台监控系统或远方监控主站通信中断时不丢失事件信息，并应记录事件发生的时间。变电所的故障录波和测距可采用两种方法实现：一是由微机保护装置兼做故障记录和测距；二是配置专用的微机故障录波仪，并能与监控系统通信，牵引变电所一般采用第一种方法。

5. 人机联系功能

变电所采用微机监控系统后，操作人员或调度员只要面对监控主机的屏幕，通过操作鼠标或键盘，即可观察和了解全站的运行工况和运行参数，对全站的断路器或隔离开关等进行分、合操作，彻底改变了传统的监控方式。人机联系的主要内容有显示画面与数据、输入数据、控制操作等。对于无人值班变电所，也必须设置必要的人机联系功能，以便当巡视或检修人员到现场时，能通过液晶显示或监控主机显示器观察到站内各设备的运行工况和运行参数；对断路器的控制应具有人工当地紧急操作的设施。

6. 电压、无功综合控制功能

变电所综合自动化系统必须具有保证安全、可靠供电和提高电能质量的自动控制功能。电压是电能质量的重要指标之一，因此电压、无功功率综合控制也是变电所综合自动化系统的一个重要组成部分。在牵引供电系统中，电压和无功功率的调整对牵引网的安全稳定运行水平和降低电能损耗有极大的影响。因此，很多重要位置的变电所要对电压和无功功率进行综合调控，使变电所的总体运行技术指标保持在最佳水平。

7. 备用电源、变压器自投控制功能

电气化铁道是国家一级负荷用电单位，变电所均要求设双路进线（双电源）。同时，为提高供电质量和供电可靠性，变压器也采用主备方式运行。备用电源、变压器自动投入是保证供电系统连续可靠供电的重要措施。因此，备用电源、变压器自投已成为变电所综合自动化系统的基本功能之一。

8. 通信功能

变电所综合自动化系统的通信功能包括系统内部的现场级间的通信和自动化系统与上级调度中心的通信两部分。现场级间通信主要解决综合自动化系统内部各子系统与监控主机和各子系统之间的数据通信和信息交换问题，其通信范围是变电所内部。对于集中组屏的综合自动化系统，实际是主控室内部的通信；对于分散安装的自动化系统，其通信范围是主控室与子系统的安装地点之间。其通信方式有串行通信、并行通信、局域网络和现场总线等多种方式。

由于综合自动化系统必须兼有 RTU 的全部功能，故应该能够将所采集到的模拟量和开关状态信息，以及事件顺序记录等远传至调度端；同时，应该能够接收调度端下达的各种操作、控制、修改定值等命令。这部分通信实际上就是计算机远动系统的通信功能。

图 2-8 为分层分布式系统集中组屏的综合自动化系统结构示意图，所构成的各功能模块、子系统完全体现了以上功能的需求。

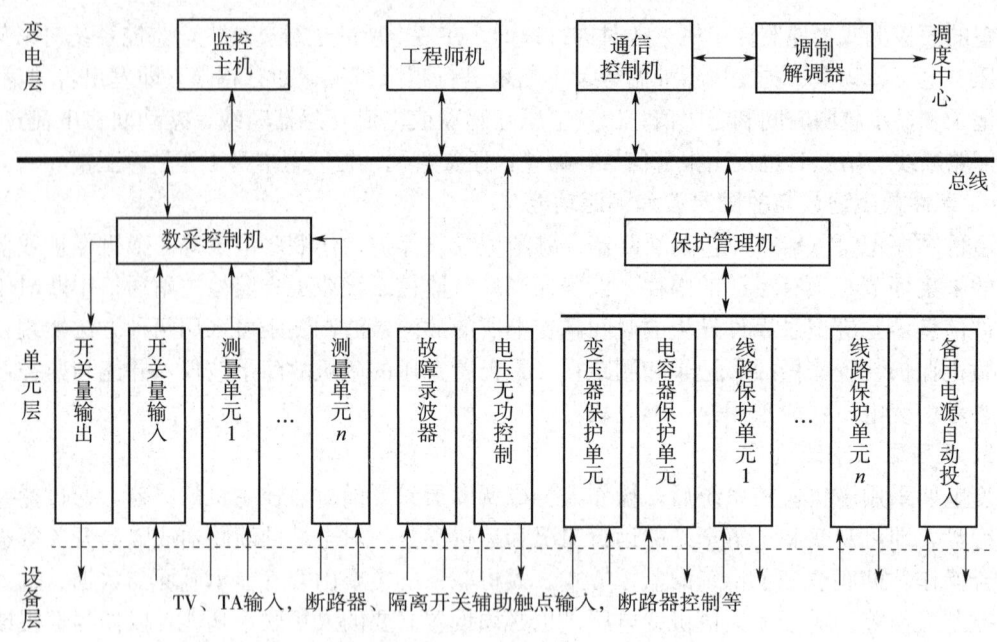

图 2-8 集中组屏的综合自动化系统结构示意图

2.3.4 变电所综合自动化系统的特点

变电所综合自动化系统的特点主要有以下几个方面。

1. 功能综合化

变电所综合自动化系统是一个技术密集、多种专业技术相互交叉、相互配合的系统，是以微电子技术、计算机硬件和软件技术、数据通信技术为基础发展起来的。传统变电所内全部二次设备的功能均综合在此系统中。监控子系统综合了原来的仪表屏、控制屏、模拟屏、远动装置、中央信号系统等功能；保护子系统代替了电磁式或晶体管式继电保护装置。此外，还可根据用户的需要，将微机保护子系统和监控子系统结合起来，综合故障录波、故障测距、自动重合闸、备用电源自投等自动装置功能。这种综合性功能是通过局域通信网络中各微机系统硬、软件的资源共享来实现的。

需要指出的是，对于中央信号、测量和控制操作等功能的综合是监控系统的全面综合，而对于一些重要的微机保护及自动装置则可能只是接口功能的综合。微机保护装置一般仍然保持其功能的独立性，但通过对保护状态及动作信息的远方监视及对保护整定值的查询修改、保护的退投、录波远传和信号复归等远方控制来实现对外接口功能的综合。这种监控方式既保证了一些重要保护和自动装置的独立性和可靠性，又提高了整体的综合自动化水平。

2. 分层、分布化结构

变电所综合自动化系统内各子系统和各功能模块由不同配置的单片机和微型计算机组成，采用分布式结构，通过网络、总线将各子系统连接起来。一个综合自动化系统可以有多个微处理器同时并行工作，实现各种功能。另外，按照各子系统功能分工的不同，综合自动化系统的总体结构又按分层原则来组成。典型的分层原则是将变电所自动化系统分为两层，即变电所层和间隔层，由此构成了分层、分布式结构。

3. 操作监视屏幕化

变电所实现综合自动化后，不论有人值班还是无人值班，操作人员不是在变电所内就是在主控站（调度中心）内，面对彩色大屏幕显示器进行变电所的全方位监视与操作。常规方式下的指针表读数，被屏幕数据所取代；常规庞大的模拟屏，被监控主机屏幕上的实时主接线画面取代；常规在断路器安装处或变电所控制屏上进行的开关分、合闸操作，被监控主机屏幕上的鼠标操作或键盘操作所取代；常规的光号牌报警信号，被监控主机屏幕画面闪烁和文字提示或语言报警所取代。通过计算机的监控主机显示器可以监视牵引供电系统各变电所的实时运行情况和控制所有的开关设备。

4. 运行管理智能化

变电所综合自动化的另一个特点是运行管理智能化。智能化不仅表现在常规的自动化功能上，如自动报警、自动报表、电压和无功自动调节、事故判别与记录等方面，更重要的是能够实现故障分析和恢复操作智能化，以及自动化系统本身的故障自诊断、自闭锁和自恢复等功能。这对于提高变电所的运行管理水平和安全可靠性是非常重要的，也是常规的二次系统无法实现的。常规的二次系统只能监视一次设备，而本身的故障必须靠维护人员来检查和发现。综合自动化系统不仅检测一次设备，还每时每刻都在检测自身是否有故障，充分体现了系统的智能化。

5. 通信手段多元化

计算机局域网络技术和光纤通信技术在综合自动化系统中得到了普遍应用，因此系统具有较高的抗电磁干扰能力，能够实现高速数据传送，满足了实时性要求，而且组态灵活，易于扩展，可靠性高，大大简化了常规变电站各种繁杂的电缆。

6. 测量显示数字化

变电所实现综合自动化后，微机监控系统彻底改变了传统的测量手段，常规指针式仪表全被监控主机显示屏上的数字显示所代替，而原来的人工抄表记录则完全由打印机打印、制表所代替。这不仅减轻了值班员的劳动，而且大大提高了测量精度和管理的科学性。

总之，实现综合自动化可以全面提高变电所的技术水平和运行管理水平，必然成为新建和改造变电站的主导技术。

思 考 题

1. 计算机远动系统调度端的基本结构包括哪几个部分？
2. 一般说来，远动系统调度端的功能有哪些？
3. 新一代分布式远动（调度）自动化系统有什么特点？
4. 调度端主机服务器应具备什么功能？
5. 调度端调度员操作工作站应具备什么功能？
6. 调度端数据维护工作站应具备什么功能？
7. 调度端通信前置处理机应具备什么功能？
8. 什么是计算机远动的工作模式？
9. 在远动通信中，什么是"最大允许响应迟延"？
10. 执行端RTU的基本结构包括哪几个部分？

11. 远动系统执行端应具备哪些功能？
12. 什么是事件顺序记录？
13. 事件顺序记录中的时间分辨率的定义是什么？RTU 内时间分辨率和 RTU 间时间分辨率有什么区别？
14. 集中式 RTU 和分布式 RTU 有什么区别？相比较而言，分布式 RTU 有什么特点？
15. 变电所综合自动化技术有什么优势？
16. 变电所综合自动化系统应具备哪些功能？
17. 变电所综合自动化技术有什么特点？

3 数据信息的采集与处理

> **引言**：本章重点介绍模拟量输入/输出电路的组成及原理，VFC 数字采集系统的基本知识；A/D 转换器的原理；数字量输入/输出电路的组成及原理；脉冲量的采集方法及原理；I/O 接口技术等计算机远动系统中相关的数据信息采集与处理方面的理论知识。通过学习，读者应该主要掌握以下要点：
> - 模拟量输入/输出电路的组成及各部分的作用；
> - 采样与采样保持电路的工作原理；
> - 模拟低通滤波电路的结构及原理；
> - 多路转换开关的作用、类型及特点；
> - A/D 转换器的结构及原理；
> - VFC 数字采集系统的原理及优点；
> - A/D 转换器的原理；
> - 开关量的隔离及检测识别技术；
> - 开关量输入/输出电路的组成及原理；
> - I/O 接口的作用、信息传输方式、信息组成等的基本知识；
> - CPU 对 I/O 接口数据的控制方式。

在计算机远动系统（包括变电所综合自动化）中，各种开关设备工作状态的遥信数据采集与处理，供电系统负荷电流、工作电压、有功功率和无功功率、电度量等遥测数据的采集与处理，遥控命令信息的处理等工作是非常重要的。这些数据信息主要涉及模拟量和数字量，系统在完成数据信息采集与处理时，一般使用模拟量输入/输出、数字量输入/输出等功能性模块电路。本章主要介绍模拟量输入/输出、数字量输入/输出电路的组成、原理及性能要求等相关的理论知识，使读者对远动系统中的各种数据信息采集与处理系统的结构及原理有一定的了解。

3.1 模拟量的采集与处理

牵引供电系统所需测量的遥测量包括电流、电压、功率、频率、相角等，电流、电压主要以正弦交流信号模拟量的形式表示，微机远动系统在测量电量值时，首先应将模拟量数字化，然后将数字化的电量计算得到电流、电压值，同时可以计算出频率、相角和功率。由于计算机只能识别数字量，所以模拟量信号必须通过模拟量输入电路，转换成相应的数字信号，才能输入到计算机中进行处理。

3.1.1 模拟量输入电路的组成

模拟量输入电路一般主要包括电压形成、低通滤波（ALF）、采样保持（S/H）、多路转换（MPX）及模数转换（A/D）等功能电路模块。图 3-1 为 A/D 式模拟量数据采集系统的结构框图。

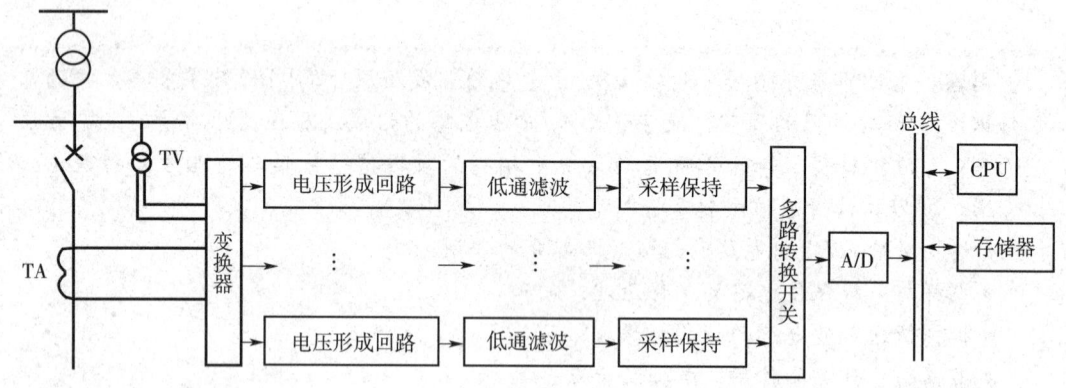

图 3-1　A/D 式模拟量数据采集系统的结构框图

1. 电压形成回路

在变电所中，远动装置要从变电母线、牵引网馈线等设备上连接的电流互感器（TA）、电压互感器（TV）或其他变换器上取得模拟量信息。但这些互感器或变换器的二次数值、输入范围对典型的微机 RTU 电路却不适用，需要降低和变换，具体决定于模拟量输入电路所用的 A/D 转换器的电压等级。通常 A/D 转换器的输入有以下几种电压等级：双极性的为 $0\sim\pm2.5\,V$、$0\sim\pm5\,V$、$0\sim\pm10\,V$；单极性的为 $0\sim5\,V$、$0\sim10\,V$、$0\sim20\,V$ 等。

交流电压的变换一般采用电压变换器（或采用从电压变送器获取信号）；交流电流的变换一般采用电流中间变换器（或从电流变送器获取信号），也可以采用电抗变换器，两者各有优缺点。电抗变换器有阻止直流、放大高频分量的作用，因此当一次存在非正弦电流时，其二次电压波形将发生严重的畸变。电抗变换器的优点是线性范围较大，铁芯不易饱和，有移相作用，也可抑制非周期分量。电流中间变换器的最大优点是只要铁芯不饱和，则其二次电流及并联电阻上的二次电压的波形可基本保持与一次电流波形相同且同相位，即它的传变可使原信号不失真。这一点对微机远动装置来讲是很重要的，可以保证提高遥测数据的精确度；但电流中间变换器的铁芯在非周期分量的作用下容易饱和，变换线性度较差，动态范围也较小。

电压形成电路除了起电量变换作用外，另一个重要作用是将一次设备的 TA、TV 的二次回路与微机远动 RTU 中的 A/D 转换电路完全隔离，从而保证 RTU 的工作安全，提高抗干扰能力。

2. 低通滤波（ALF）回路

前置模拟信号的低通滤波器一般由 R、C 元件组成。其作用是阻止频率高于某一数值的信号进入 A/D 转换电路，防止模拟量信息采样时造成混叠误差。

3. 采样保持（S/H）器

由于输入的模拟信号是连续变化的，而 A/D 转换器要完成一次转换是需要时间的。采样保持电路的作用就是在 A/D 转换器进行采样期间，在一个极短时间内测量模拟信号在该时刻的瞬时值，并在模数转换器转换为数字量的过程内保持不变，以保证转换精度。

4. 多路转换开关（MPX）

在变电所中，要监测或控制的模拟量不止一个，例如变电所有多条馈线要采集电流、电压信号，为了节省投资，可以用多路转换开关，使多个模拟信号共用一个 A/D 转换器进行转换。

5. A/D 转换器

A/D 转换器是模拟量输入电路中的核心器件，其作用是将模拟输入量转换成数字量，以便计算机进行读取及处理。

3.1.2 电量变送器

电量变送器是一种将输入的交流被测电量变换成直流电量输出的设备。这种直流电量的输出值一般均为标准值，如 0～5 V、0～1 mA，以便与远动巡回检测及计算机等设备配套使用，也可以直接通过电缆与测量表计相连接，实现就地测量。

在远动装置的模拟量输入电路中，当电压形成电路模块采用变送器进行测量时，首先将被测电量经电量变送器变换成直流信号，然后将直流信号送入采样保持器、A/D 转换器，CPU 从 A/D 转换器内读出转换后的数字量。下面着重讨论几种电量变送器的基本原理。

1. 交流电流变送器

交流电流变送器的主要任务就是将交流电流（由电流互感器 TA 二次送来）变换成额定为 5 V 的直流电压。交流电流变送器的原理接线图如图 3-2 所示。

由牵引供电系统的电流互感器 TA 的次级引来的电流，经过电流变换器后，把被测的交流电流转换成为交流电压，再由桥式电路 VD_1～VD_8 整流成直流后滤波输出。图 3-2 中 R_1 为 U_A 的固定分流电阻。电阻 R_2 和 VD_9～VD_{12} 组成非线性补偿电路。

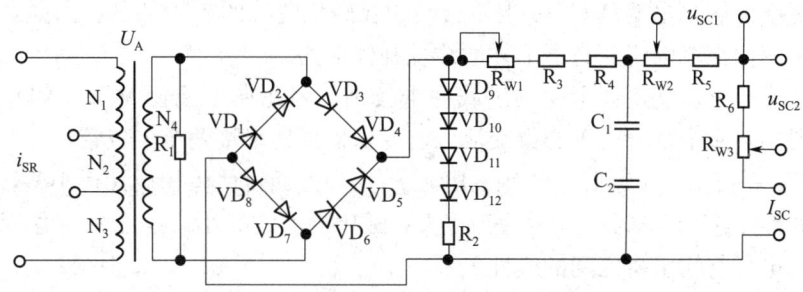

图 3-2　交流电流变送器的原理接线图

图 3-2 中 N_1、N_2、N_3 为电流变换器的初级绕组抽头，可供改变输入量使用，N_4 为次级绕组。电流变换器既可使输入回路与变送器回路在电气上隔离开，又可使输入电流降低。电阻 R_1 为 U_A 的固定分流电阻，改变 R_1 将会改变输出直流电流、电压的大小并影响线性度，因此在一般情况下 R_1 电阻不允许改变。二极管 VD_9～VD_{12} 和电阻 R_2 组成二极管的非

线性补偿电路,电压低时,补偿回路内阻大分流小;电压高时,补偿回路内阻小分流大。全波桥式整流电路由二极管 $VD_1 \sim VD_8$ 组成,考虑到交流电流变送器应能耐受 16 倍额定电流的冲击,此时电流变换器次级感应电压可高达 220 V 左右,所以每个桥臂采用两个锗二极管串联。要求这两个锗二极管正向电阻尽可能小,反向电阻大于 500 kΩ,反向击穿电压大于 220 V,否则不仅会有被击穿的可能,也会在一定程度上影响线性度。

为了满足变送器的输出阻抗不小于 40 kΩ 的要求,所以在线路中接有电位器 R_{W1} 和电阻 R_3、R_4,并将电流变换器的次级电压相应提高到 60 V。当电流输出端所接负载为 0~3 kΩ 时,调整电位器 R_{W1},可使输出直流电流为 1 mA。当有电流流过电位器 R_{W2}、电阻 R_5 及电位器 R_{W3}、电阻 R_6 时,可分别产生 5 V 的电压降,用来作为两组直流电压输出。当两组电压输出端与外接负载并联以后,可调整电位器 R_{W2} 和 R_{W3},分别使两组输出直流电压仍为 5 V。

2. 交流电压变送器

交流电压变送器的主要任务就是将交流电压(由电压互感器 TV 二次送来)变换成额定值为 5 V 的直流电压。交流电压变送器的原理接线如图 3-3 所示。

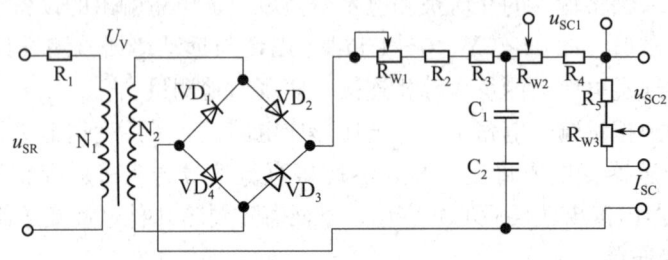

图 3-3 交流电压变送器的原理接线图

由电压互感器 TV 次级引来的电压接至 u_{SR} 端,经电压变换器 U_V 降压,桥式电路 $VD_1 \sim VD_4$ 整成直流后滤波输出。它的电路结构和工作原理基本上与交流电流变送器相同,而不同之处有以下几个方面。

(1) 交流电压变送器一般被测交流电压变化的范围总是在额定值的 ±20% 左右,不可能在过低的情况下使用,也就是 U_V 一般不会使用在磁化曲线的起始部分。因此,交流电压变送器就不必采用像交流电流变送器那样的线性补偿电路。

(2) 由于交流电压变送器承受的过载冲击较小,因此在二极管 $VD_1 \sim VD_4$ 组成的全波桥式整流电路中,每个桥臂就不必像交流电流变送器那样串接两个二极管。

(3) 在 U_V 原边串一个起降压作用的电阻 R_1,一方面可使体积设计得小些,另一方面可用来改变 U_V 初级电流的大小,也就是改变 U_V 磁化电流的大小,这在一定程度上可调整输出直流电流、电压与输出量之间的线性关系。

3. 功率变送器

功率变送器是用来测量工频电路中的有功和无功功率,把被测电功率变换成和它成线性关系的直流电压。每个功率测量部件为一个时间差值乘法器,它由磁饱和振荡器、恒流电路、桥式开关电路、电压变换器、电流变换器等组成。单相功率变送器的原理框图如图 3-4 所示,而三相功率变送器通常是将两个单相功率测量部件安装在一个装置内,用二元件法来测量三相功率的。图 3-5 为三相功率变送器的原理框图。

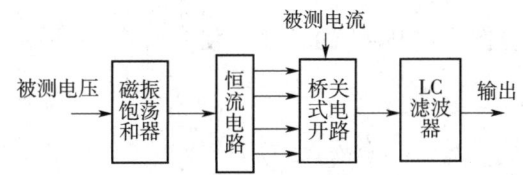

图 3-4 单相功率变送器原理框图

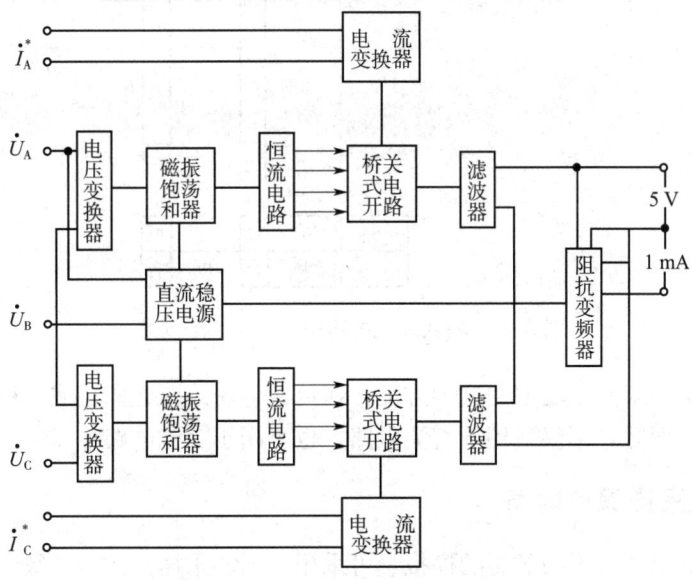

图 3-5 三相功率变送器原理框图

可以用图 3-6 所示的桥式开关电路方案来说明单相功率的测量原理。桥式开关 S_1、S_1' 和 S_2、S_2' 以一定顺序轮流接通和断开。S_1 和 S_1' 接通时，S_2 和 S_2' 断开，电流 I 流经仪表 A，方向自左向右。延续时间 T_1 后转为 S_1 和 S_1' 断开，S_2 和 S_2' 接通，于是流经 A 的电流改变方向，成为自右向左；延续 T_2 时间后又转为 S_1 和 S_1' 接通，S_2 和 S_2' 断开，如此不断循环。周期 $T = T_1 + T_2$。流过仪表的电流 i_a 的波形如图 3-6 所示。

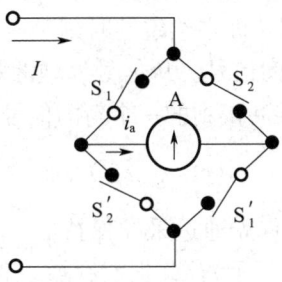

图 3-6 桥式开关电路

流过仪表的平均电流 I_a 为：

$$I_a = \frac{IT_1 - IT_2}{T_1 - T_2} = I\frac{T_1 - T_2}{T} \tag{3-1}$$

如果让这些开关的动作受电压 U 的控制,使 $\dfrac{T_1-T_2}{T}=KU$,那么 $I_a=I\dfrac{T_1-T_2}{T}=KUI=KP$ 就和功率成正比了。

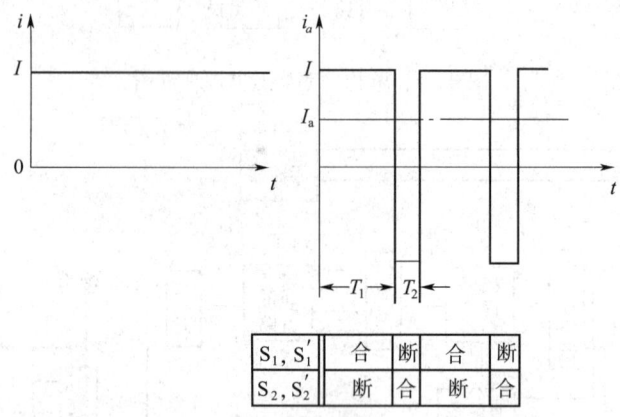

图 3-7 桥式开关电路中电流 I_a 的波形图

用桥式开关电路来测量功率的这种方案,在负荷电流改变方向,或电压改变极性的情况下仍然可以适用。而且,不仅适用于直流电路,也可用于交流电路。

3.1.3 采样及采样保持电路

对交流电流、电压等不同类型的模拟量可采用不同的采样方式。一般说来,采样方式可分为直流采样和交流采样两种类型。直流采样是指将现场不断连续变化的模拟量先转换成直流电压信号,再送至 A/D 转换器进行转换。目前广泛采用交流采样,下面对其进行介绍。

1. 采样

计算机只能对数字信号进行处理,故对输入的模拟信号应进行采样,以获得用数字量表示的时间序列。此过程即为量化过程,量化包括两个过程:第一个过程是把时间上连续的信号按一定的时间间隔变成时间的离散序列,称之为时间取量化;第二个过程是逐一将这些离散时间的信号电平转换为二进制数表示的数字量,称之为幅值取量化。

时间取量化的过程称之为采样,即在给定的时刻对连续信号进行测量。采样是将一个连续的时间信号 $x(t)$ 变成离散的时间信号。从信号处理的观点看,采样的过程可以看成用采样序列 $s(t)$ 与连续信号 $x(t)$ 相乘后得到的一个新的信号 $x_0(t)$,即:

$$x_0(t) = x(t)\,s(t) \tag{3-2}$$

采样过程是将模拟信号 $x(t)$ 首先通过采样保持器,每隔 T_s 对输入信号的即时幅度采样一次(定时采样)(如图 3-11 所示),并把它存放在保持电路里,供 A/D 转换器使用。经过采样以后的信号称为离散时间信号,它只表达时间轴上一些离散点(0, T_s, $2T_s$, …, nT_s)上的信号值 $x(0)$, $x(T_s)$, $x(2T_s)$, …, $x(nT_s)$,从而得到一组特定时间下表达数值的序列。

2. 采样方式

下面简略介绍在数字采集中采用的等时间间隔采样的方式。假设输入信号为带限信号

(已通过理想低通滤波),使用采样频率满足采样定理的要求。

1) 单一通道的采样方式

根据采样点的位置及采样间隔时间与输入波形在时间上的对应关系,采样方式可以分为异步采样和同步采样。

(1) 异步采样。异步采样也称定时采样。等间隔采样周期 T_s 永远保持固定不变,即 $T_s=$ 常数。采样频率 f_s 不随模拟输入信号的基波频率 f_1 变化而调整,人为地认为模拟输入信号的基波频率不变。此种情况下,采样频率 f_s($=1/T_s$)通常取为供电系统工频 f_0 的整数倍 N,但是供电系统运行中,基波频率 f_1 可能发生变化而偏离工频,事故状态下偏离甚至很严重,采样频率 f_s 相对于基频 f_1 不再是整数倍数关系,这使得 N 个采样值不再是模拟输入信号的一个完整的周期采样,即采样脉冲和输入信号时间位置发生异步,这会造成数据转换中的误差。所以,当供电系统运行频率偏离 50 Hz 较小时,可以采用此种采样方式,因其实现方法较简单。

(2) 同步采样。同步采样又分为两种方式,即跟踪采样和定位采样。目前计算机远动装置主要采用跟踪采样。跟踪采样的采样周期 T_s 不再恒定,而是使采样频率 f_s 跟踪系统基频 f_1 的变化,始终保持 $f_s/f_1=N$ 为不变的整数。这种采样方式通常是通过硬件或软件测取基频周期 T_1 的变化,然后动态调整采样周期 T_s 来实现。采用跟踪采样技术后,数字滤波能彻底消除基波频率变动引起的转换误差。

2) 多路通道的采样方式

在计算机远动系统中,通常需要采集多个模拟量输入信号,所以需要做到多个采集通道的协调工作。按照对各通道信号采样的相互时间关系,可以采用以下 3 种采样方式。

(1) 多路通道同时采样。在每一个采样周期对所有采样的各个通道的量在同一时刻一起采样,叫做同时采样。同时采样的实施技术有两种(如图 3-8 所示)。一种是每一通道都设置 A/D 转换器,同时采样后同时进行 A/D 转换。但由于 A/D 转换器价格较贵,功耗较大,这样做在经济上不合算。另一种同时采样,但全部通道合用一个 A/D 转换器,即同时采样,依次进行 A/D 转换。此种方式在目前的远动系统中应用较广泛。

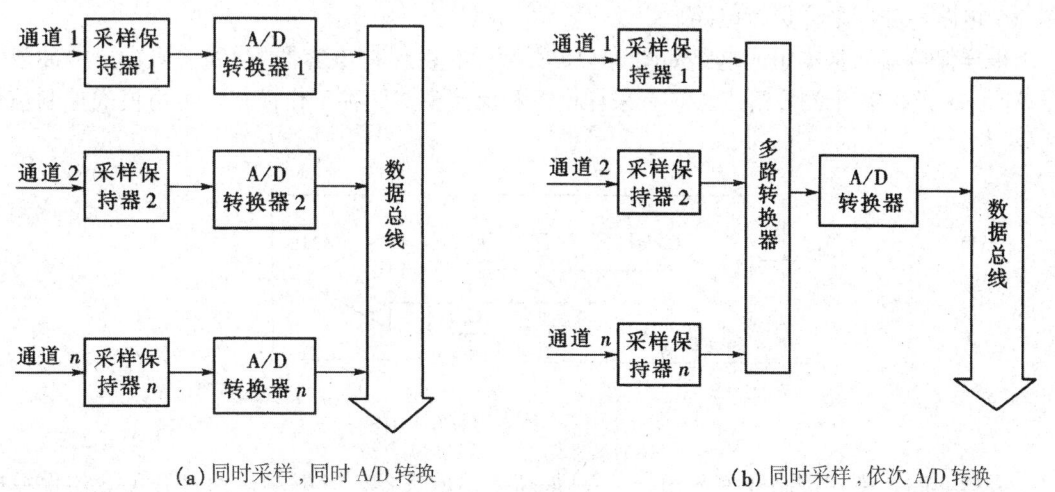

图 3-8 同时采样方式

为了保证对各通道的模拟输入信号进行同时采样，可将各通道上采样保持器的口地址设置为同一个口地址。而对于同时采样、分时依次 A/D 转换方式，A/D 转换器的数量可以增设至两个或两个以上，以此来提高 A/D 转换过程的速度，缩短数据采集时间。

(2) 多路通道顺序采样。在每个采样周期内，对上一个通道完成采样及 A/D 转换后，再开始对下一个通道进行采样，叫做顺序采样，其结构示意图如图 3-9 所示。

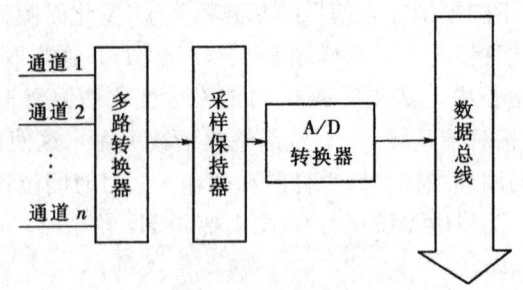

图 3-9 多路通道顺序采样方式

顺序采样必然会给各通道采样值带来时间差。由于目前采用的采样器与 A/D 转换器的速度远大于系统基波变化速度（20 ms/周波），所以顺序采样利用这种快速性来近似地满足同时性要求。当然，这只适合采样及 A/D 转换速度快，并且对同时性要求不高的场合。顺序采样的优点是只需一个公用的采样保持器，并且对其技术要求较低。

(3) 多路通道分组同时采样。将所有输入通道分成若干组，在组内各通道同时采样，各组间人为地增加一个时延，在完成同一组的模拟输入信号采样后，再对其他组的模拟输入信号进行采样，这种方式叫做分组同时采样。

3. 采样保持器

1) 采样保持器的工作原理

把在采样时刻上所得到的模拟量的瞬时幅度完整地记录下来，并按需要准确地保持一段时间，叫采样保持。采样保持的功能是由采样保持器实现的，即把采样功能和保持功能综合在一个电路，亦即采样保持电路。

采样保持器的基本组成电路如图 3-10 所示。它由保持电容器 C_h 和输入输出缓冲放大器 A_1、A_2 及控制开关 S 组成。它有采样模式和保持模式两种工作模式，可由模式控制信号选择。

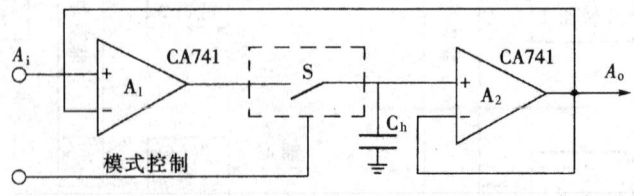

图 3-10 采样保持器结构图

采样期间，模式控制开关 S 闭合，A_1 是高增益放大器，它的输出通过开关 S 给保持电容器 C_h 快速充电，使采样保持器的输出随输入变化。S 接通时，要求充电时间越短越好，

以使 C_h 迅速达到输入电压值。S 的闭合时间应满足使 C_h 有足够的充电或放电时间。显然，采样时间越短越好，因此应用 A_1，它的输入阻抗很大，而输出阻抗很低，使 C_h 上的电压能迅速跟踪输入端电压的变化。

保持期间，模拟控制信号使开关 S 断开。为了提高保持能力，应用 A_2，它的输入阻抗高，输出阻抗很低，理想情况下，电容器将保持充电时的最高值。采样保持过程如图 3-11 所示。

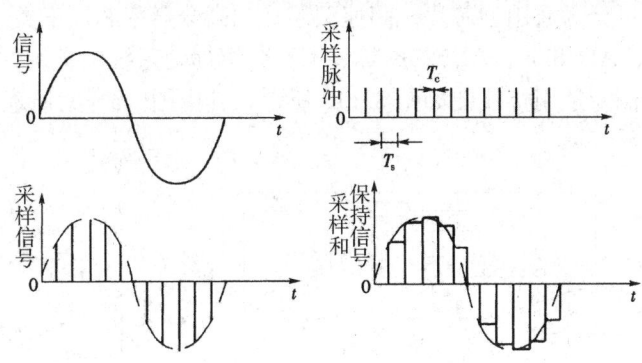

图 3-11　采样保持过程示意图

T_c—采样脉冲宽度；T_s—采样周期

2) 采样保持器的作用

A/D 转换器完成一次转换过程是需要时间的，这段时间称转换时间。不同类型的 A/D 转换芯片，其转换时间不同。因此，对变化较快的模拟信号来说，如不采取措施，将引起转换误差。显然，A/D 转换器的转换时间越慢，对同样频率的模拟信号的转换精度的影响就越大。为了保证转换精度，可采用采样保持器，以便在 A/D 转换期间，保持采样输入信号的大小不变。为了保证转换时的误差在 A/D 转换器的量化误差内，则模拟信号的频率不能过高。

分析可知，若 A/D 转换器的转换时间为 100 μs，则允许输入信号的最高频率只能是 0.4 Hz，A/D 转换时间越长，不影响转换精度所允许的最高频率就越低。但模拟信号的频率是由生产的物理量的性质决定的，例如供电系统中电压和电流的变化频率为 50 Hz。因此，为了在满足转换精度要求的条件下，提高信号允许的工作频率，可以采用采样保持器，在 A/D 转换期间，保持采样输入信号大小不变。

3) 对采样保持电路的要求

(1) 使电容器 C_h 上电压按一定的精度跟踪 A_i 所需的最小采样宽度 T_c（或称截获时间），对快速变化的信号采样时，要求 T_c 尽量短，以便可用很窄的采样脉冲，这样才能得到准确地反映某一时刻的输入值。

(2) 保持时间要长。

(3) 模拟开关的动作延时、闭合电阻和开断时的漏电流要小。

(1) 和 (2) 两个指标一方面决定于所用 A_1、A_2 的质量，另一方面也和电容器 C_h 的电容量有关。就截获时间而言，C_h 的电容越小越好，但就保持时间而言，C_h 的电容越大越好。因此，应根据使用场合的特点，在二者之间权衡后选择合适的 C_h 的电容值。

4. 常用采样保持器集成芯片

目前，采样保持电路大多集成在一块芯片中，但其中不包括电容器 C_h（一般由用户根据需要选择并外接）。这一方面是因为用集成电路构成电容器困难；另一方面是为增加设计的灵活性，可根据不同的应用场合选用不同电容量的电容器。保持电容器一般选用聚苯乙烯或聚四氟乙烯电容器。其电容值的选择应综合考虑精度、采样频率、下降误差、采样/保持偏差等参数。

采样保持芯片可分为通用型芯片、高速型芯片和高分辨率芯片三类。常用的通用型芯片有 LF198、LF398、AD582K、AD583K 等。下面介绍远动系统中常用的 LF398 采样保持芯片的原理。其原理图及适用接线图如图 3-12 所示，其中图（a）为原理结构图，图（b）为应用接线图。

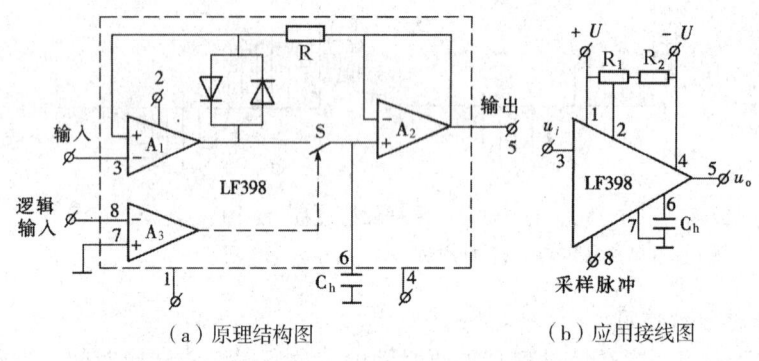

（a）原理结构图　　　　（b）应用接线图

图 3-12　LF398 结构及应用接线图

LF398 的电路主要由两只高性能的运算放大器 A_1、A_2 构成的跟随器组成。其中 A_2 是典型的跟随器接法，其反相端与输出端相连。由于运算放大器的开环放大倍数极高，两个输入端之间的电位差实际上为零，所以输出端对地电压能跟踪输入端对地电压，也就是保持电容器 C_h 两端的电压。在采样状态时，S 接通，A_1 的反向输入端从输出端经电阻器 R 获得负反馈，使输出跟踪输入电压。在保持阶段，S 断开，A_2 的输出电压不再变化，但模拟量输入却仍在变化，A_1 不再能从 A_2 的输出端获得负反馈，为此在 A_1 的输出端和反相输入端之间跨接了两个反向并联的二极管，配合电阻器 R 起到隔离第二级输出与第一级的联系，而直接从 A_1 的输出端经过二极管获得负反馈，以防止 A_1 进入饱和区。在保持结束后，S 闭合后，重新进入采样状态。

电容器 C_h 上的电容量大小选择取决于维持时间的长短，当选用 $C_h = 0.01\ \mu F$ 时，信号 0.01% 精度的获取时间为 $25\ \mu s$，保持器电压下降率为 $3\ mV/s$。若 A/D 转换时间为 $100\ \mu s$，则保持器电压下降率为 $300\ \mu V/s$。

无论采用何种采样方式，一般来说采样保持器是必需的。对于顺序采样方式和同时采样方式中的 A/D 变换器方案，采样保持器的保持时间不需要很长，仅为保证 A/D 对该通道完成交换的时间。但在顺序采样方式中，采样次数频繁，且往往是在 A/D 交换完毕后立刻开始下一通道的采样，所以希望最小采样时间尽量短。对于同时采样方式中单 A/D 变换器方案，要求保持时间较长，尤其对于最末一个通道，它要保持到所有通道 A/D 交换完毕，故应特别注意保持精度。

5. 采样频率的选择

在图 3-11 中，采样间隔 T_s 的倒数称为采样频率 f_s。采样频率的选择是微机系统硬件设计中的一个关键问题，应综合考虑，合理选择。采样频率越高，要求 CPU 的速度越高。因牵引供电远动系统是一个实时系统，数据采集系统以采样频率不断地向 CPU 输入数据，CPU 必须要来得及在两个相邻采样间隔时间 T 内处理完每一组采样值所必须做的各种操作和运算，否则 CPU 将跟不上实时节拍而无法工作。相反，采样频率过低将不能真实反映被采样信号的情况。

采样信号 $x_s(t)$ 怎样才能正确反映原始信号 $x(t)$ 呢？或者说，要具备什么样的条件才能利用 $x_s(t)$ 恢复原始信号 $x(t)$，采样定理回答了这个问题。

根据采样定理，如果被采样信号中所含最高频率成分为 f_{max}，则采样频率 f_s 必须大于 2 倍的 f_{max}，否则将造成频率混叠，即由于采样频率不高，当被采样的信号中有较高频率的信号，进行频谱分析时，高频信号的一部分叠回或混淆到分析频率内造成了混叠误差。

设被采样信号 $x(t)$ 中含有的最高频率为 f_{max}，若将 $x(t)$ 中这一频率成分 $x_{f_{max}}(t)$ 单独画在图 3-13 (a) 中，从图 3-13 (b) 可以看出，$f_s = f_{max}$ 时，采样所看到的为一直流成分；而从图 3-13 (c) 可以看出，当 f_s 略大于 f_{max} 时，采样所看到的是一个低频信号。可见，采样频率过低，采样时所得到的信息不能反映原信号中所包含的所有信息。为了避免混叠误差，波形采样时必须满足采样定理。

假设波形每周期采样 N 点，则采样频率为 N/T_1（T_1 为基波形的周期）。根据采样定理，不出现混叠时，波形中含有的最高频率不应大于 $N/2T_1$，则所含谐波的最高次数不得超过 $N/2$，即每周期采样点为 N 时，如果波形所含谐波的最高次数不超过 $N/2$ 时，则不出现混叠误差。

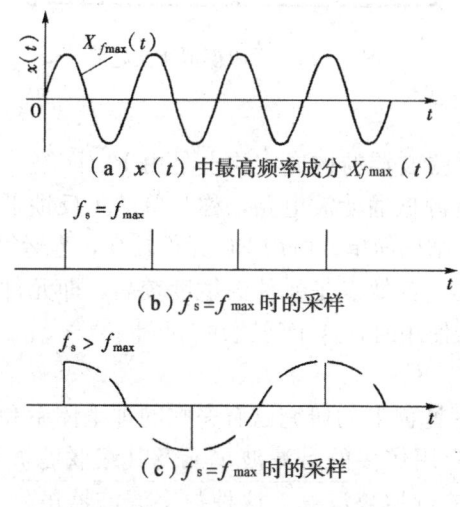

图 3-13 频率混叠示意图

值得一提的是，当波形即使不能满足采样定理，也可用较少的采样点数保证某些次频率的波不受混叠误差的影响。例如，当波形中含 60 次以下的谐波时，若每周采样点为 80 点时，就可使 20 次以下的谐波不受混叠误差的影响；当波形采样时，满足了采样定理的最低要求，再增大采样频率，对谐波分析的精度影响很小。

3.1.4 模拟低通滤波器

由于牵引负荷的特殊性,牵引网正常运行时负荷中含有大量高次谐波,空载机车的投入,机车变压器将产生励磁涌流,涌流中含有大量二次谐波,整流式的电力机车和电动车运行时都含有大量的三次谐波。除此以外,牵引网的负荷中还含有更高次的谐波。一般来讲,遥测量主要含有正弦基波、二次、三次的谐波,因此在进行模拟电量信号分析时可以对信号进行滤波处理,然后再计算其电量值的大小。

模拟电量信号的滤波有模拟滤波和数字滤波两种。一般说来,在信号采样前首先对信号进行模拟滤波,采样变换后的数字量可进行数字滤波。

1. 模拟滤波器

电量的测量主要是测量其基波和低次谐波量,滤去高次谐波分量,因而我们多采用低通滤波器(ALF),模拟滤波器通常可分为无源滤波器和有源滤波器两种类型。这里介绍两种简单的低通滤波器。

1) RC 低通滤波器

最简单易实现的低通滤波器的模拟滤波电路如图 3-14 所示,其原理是二阶 RC 低通滤波器,其构成为电阻 R 和电容 C。其特点是:结构简单、可靠性高、能耐受较大的过载和浪涌冲击。对于测量信号只利用基波测量来说,具有很好的实用价值。

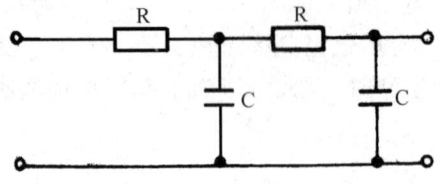

图 3-14 无源模拟滤波电路

2) 有源低通滤波器

如图 3-15 所示,有源滤波器的构成实质上是由 RC 网络与运算放大器构成的滤波电路,这是一种常用的二阶有源低通滤波电路,称为单端正反馈低通滤波器。它的主要优点有:仅用一个运算放大器,结构简单,所用 RC 元件较少,当运算放大器频率特性偏离滤波器频率特性时不易引起振荡。其缺点是元件灵敏度较高,即元件参数变化对滤波器影响较大,但作为前置低通滤波器使用时,这个问题并不严重。

2. 数字滤波器

在数字信号领域,数字滤波器的研究已有完整的理论体系和成熟的设计方法。在电气化铁道远动技术中,一般应用较多的是滤波单元及其级联滤波器,设计上具有计算简单的特点,只需对数字信号进行加减运算。这种数字滤波器虽然对某些整数次和非整数次的谐波滤波效果不好,但对于正常运行情况下、多数电量是整次谐波的电量具有较好的滤波能力。

数字滤波器按照滤波器的设计方法不同可以分为差分滤波器、加法滤波器和加减滤波器。与模拟滤波器相比较,数字滤波器具有滤波精度高、灵活性高、可靠性高、调试方便等优点。

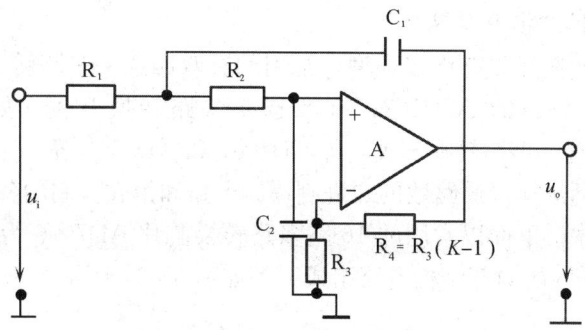

图 3-15 有源滤波电路

3.1.5 多路转换开关

1. 多路转换开关的作用

在实际的数据采集模块中，被测量或被控制量往往可能是几路或几十路。多路转换开关（multiglexer）的作用就是在模拟输入通道中实现"多选一"的功能，即其输入是多路待转换的模拟量，每次只选通一路，输出只有一个公共端接至 A/D 转换器。当然，多路转换开关可移至 A/D 转换器前，此时每个模拟输入信号前面应有一个采样保持器。对于模拟量输出通道，其多路转换开关应是"一到多"，此时每个模拟量输出信号回路都要有一个保持器，如图 3-16 所示。

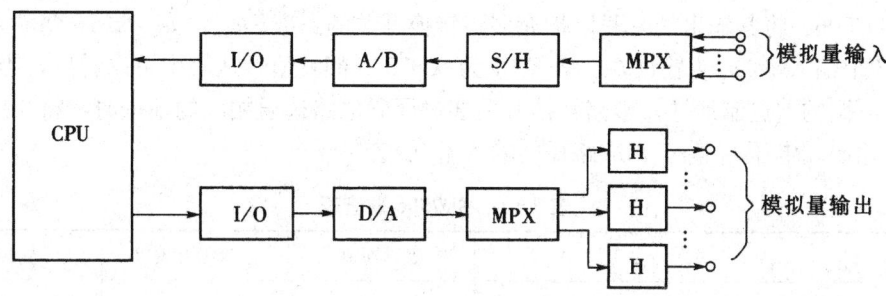

图 3-16 多回路分时共用 A/D、D/A 转换器

2. 多路转换开关的类型和特点

多路转换开关有两种类型：一类是机械式的，如干簧继电器、水银继电器和机械振子式继电器等；另一类是电子式的，如晶体管、场效应管和集成电路开关等。

干簧继电器是较为理想的有触点式开关。其优点是接触电阻小，触点断开时阻抗高，工作寿命长，工作频率可达 400 Hz 左右，适合于小信号中速度（10~400 点/s）的采样单元使用；其缺点是工作频率相对较低，而且体积比电子开关大，受剩磁的影响，有时继电器触点会发生吸合不放的现象。

电子式开关的优点是速度高（工作频率可达 1 000 点/s 以上）、体积小、寿命长；其缺点是导通电阻较大、驱动部分与开关元件不独立，影响小信号的测量精度。

3. 几种常用的多路转换开关芯片

集成电路的多路转换开关有许多类型，常用的有双四选一多路转换开关，如美国 RCA 公司的 CD4052、AD 公司的 AD7502；有 8 选一多路转换开关，如 CD4051、AD7051、AD7053 等；有 16 路选一多路转换开关，如 CD4067 和 AD7506 等。

多路转换开关包括选择接通路数的二进制译码电路和由它控制的各路电子开关，被集成在一个集成电路芯片中。下面以常用的 16 路多路转换芯片 AD7506 为例，说明多路转换开关的工作过程。AD7506 的内部结构电路组成框图如图 3-17 所示。

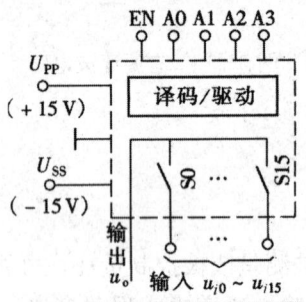

图 3-17 AD7506 的内部结构电路

A0、A1、A2、A3：四个路数选择线，CPU 通过并行接口芯片或其他硬件电路给它们赋以不同的二进制码，选通 S0～S15 中相应的一路电子开关闭合。将此路接通到输入端。EN 为使能端，只有在 EN 端为高电平时，AD7506 才工作。该端是为了可以用二片（或更多片）AD7506，将其输出端并联以扩充多路转换开关的路数。$u_{i0} \sim u_{i15}$ 共 16 路输入端，可以接入 16 个输入量。u_o 为输出端。表 3-1 为 AD7506 的真值，从表中可以看出，当 CPU 按顺序赋予不同的二进制地址，多路转换开关通过译码电路选通相应的地址时，将相应的路径接通，使输出端电压 u_0 等于相应路径的输入量 u_{in}。

表 3-1 AD7506 真值表

EN	A0	A1	A2	A3	选通通道	选通开关	输出 u_0
1	0	0	0	0	0	S0	$u_0 = u_{i0}$
1	0	0	0	1	1	S1	$u_0 = u_{i1}$
…	…	…	…	…	…	…	…
1	1	1	1	1	15	S15	$u_0 = u_{i15}$
0	×	×	×	×	禁止	无	无输出

多路转换开关按导通方向分为两种，即单方向和双方向。AD7501、AD7503、AD7506 是单方向的，即只能用于"多到一"的选通，常用于多路模拟量的输入通道。而 CD4051B、CD4067B 是双向的模拟多路转换开关，其模拟通道即可作为输入，也可作为输出。

图 3-18 为 CD4051B 的功能管脚图，其公共端 COM 只有 1 个，也相应可作为输出/输入（管脚为 3）。当芯片的使能端 INH＝0 时，芯片才能进行操作。表 3-2 为其真值表。

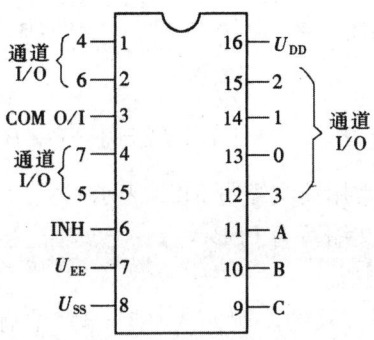

图 3-18 CD4051B 的功能管脚图

表 3-2 CD4051B 真值表

C	B	A	INH	"ON"	C	B	A	INH	"ON"
×	×	×	1	无	1	0	0	0	4
0	0	0	0	0	1	0	1	0	5
0	0	1	0	1	1	1	0	0	6
0	1	0	0	2	1	1	1	0	7
0	1	1	0	3					

模拟多路转换开关的特性直接影响输入/输出模拟量的精度，实际应用中应合理选择芯片。有关芯片的主要参数可参考有关手册。

3.1.6 模/数（A/D）转换器

A/D 转换器（analog to digital converter），简称 ADC，是一种能把输入模拟电压或电流变成与它成正比的数字量，以便计算机进行处理、存储、控制和显示。A/D 转换器的种类很多，但从原理上可以分为计数器式 A/D 转换器、双积分式 A/D 转换器、逐次逼近式 A/D 转换器、并行 A/D 转换器 4 种。

计数器式 A/D 转换器结构很简单，但转换速度也很慢，所以很少用。双积分式 A/D 转换器抗干扰能力强，转换精度也很高，但速度不够理想，常用于数字式测量仪表中。计算机远动系统遥测功能中广泛采用逐次逼近式 A/D 转换器作为模拟量输入接口电路，它的结构不太复杂，转换速度高。并行 A/D 转换器的转换速度最快，但因结构复杂而造价较高，故只用于那些转换速度要求极高的场合。

实际应用中，应主要根据使用的具体要求，按照转换速度、精度、价格、功能及接口条件等因素来决定选用哪种类型的 A/D 转换器。

1. A/D 转换器的一般原理

A/D 转换器可以认为是一个编码电路，它将输入的模拟量 U_A 相对于模拟参考量 U_R 经一编码电路转换成数字量 D 输出。一个理想的 A/D 转换器，其输出与输入的关系为

$$D = U_A/U_R \qquad (3-3)$$

式中：D——小于 1 的二进制数。

对单极性的模拟量，小数点在最高位前，即要求输入 U_A 必须小于 U_R，D 可表示为

$$D = B_1 \times 2^{-1} + B_2 \times 2^{-2} + \cdots + B_n \times 2^{-n} \tag{3-4}$$

于是式（3-3）可以写成

$$U_A = U_R(B_1 \times 2^{-1} + B_2 \times 2^{-2} + \cdots + B_n \times 2^{-n}) \tag{3-5}$$

式中：B_1——其最高位，常用英文缩写 MSB 表示；

　　　B_n——最低位，英文缩写为 LSB；

　　　$B_1 \sim B_n$ 均为二进制码。

由于编码电路的位数总是有限的，例如式（3-5）中有 n 位，而实际的模拟量公式 U_A/U_R 可能为任意值，因而对连续的模拟量用有限长位数的二进制数表示时不可避免地舍去比最低位（LSB）更小的数，从而模数转换编码的位数越多，即数值越细，所引入的量化误差就越小，或称为分辨率越高。

2. 逐次逼近式 A/D 转换器

1) 逐次逼近式 A/D 转换器的原理

逐次逼近式（也称逐位比较式）A/D 转换器，比积分型应用更为广泛。其原理框图如图 3-19（a）所示。它主要由逐次逼近寄存器 SAR、D/A 转换器、比较器、时序及控制逻辑等部分组成。它的实质是逐次把设定的 SAR 寄存器中的数字量经 D/A 转换后得到的电压 U_c，与待转换的电压 U_x 进行比较。比较时，先从 SAR 的最高位开始，逐次确定各位的数码应是"1"还是"0"。其工作过程如下。

如逼近步骤采用二分搜索法，对于四位转换器来说，最大可能的转换输出为 1111，第一步试探可先试最大值的 1/2，即试送 1000，如果比较器的输出为"1"，即偏小，则可以肯定最终结果最高位必定为 1，第二步应当试送 1100。如果第一步试送 1000 后比较器的输出为"0"，则可以肯定最终结果最高位必定是"0"，则第二步应试送 0100。如此逐位确定，直到最低位，全部比较完成。四位 A/D 转换器的逐次逼近过程如图 3-19（b）所示。转换结果能否准确逼近模拟信号，主要取决于 SAR 的位数和 D/A 的位数。位数越多，越能准确逼近模拟量，但转换时间也越长。

从上述工作原理可以看出，图 3-19（a）中输入模拟量电压的允许最大值等于对 D/A 转换器输入最大数字量（11111111）时 D/A 转换器的输出电压。如果输入电压超过允许最大值，则 A/D 转换结果将保持在最大值（11111111），从而造成平顶波，这种现象叫溢出。此外，这种原理原则上只适用于单极性输入电压。对图 3-19（a）所示的接法，输入电压必须为正，如果为负，则不论负值多大，比较结果必然是 00000000。但交流电流、电压都是双极性的，为了实现对双极性模拟量的模数转换，需要设置一个直流偏移量，其值为最大允许输入量的一半；将此偏移直流量同交变的输入量相加变成单极性模拟量后再接到比较器，接法如图 3-20（a）所示。显然双极性接法时允许的最大输入电压幅值将比单极性时缩小一半。如单极性时允许电压范围为 $0 \sim +10$ V，接成双极性时偏置电压取 $+5$ V，而输入双极性电压的最大允许范围为 ± 5 V。这可以从图 3-20（b）清楚地看出，加上偏置电压后，A/D 转换器的数字量输出实际反映的是 u_i 和偏置电压 $U_{偏}$ 之和。只要减去 $U_{偏}$ 所相当的数字量就能还原成用补码形式表示的同双极性输入对应的数字量输出。

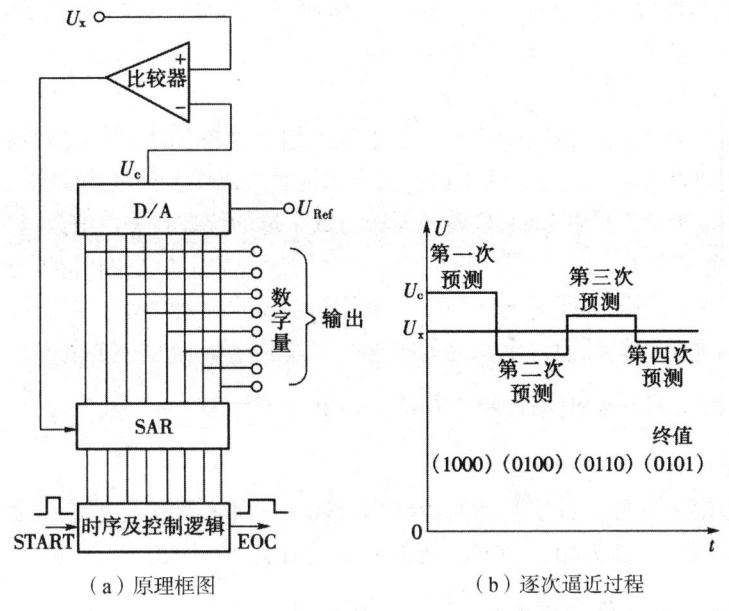

图 3-19 逐次逼近式 A/D 转换器的工作原理

从 A/D 转换器的输出减去偏移分量,而还原成不带偏移量的补码形式的操作,可以由 CPU 用软件来实现,也可以由硬件来完成,这只要在 A/D 转换器输出的 MSB 处加接一个反相器。就绝对值而言,8 位的 A/D 转换器其有效位只有 7 位,最高位是符号位。

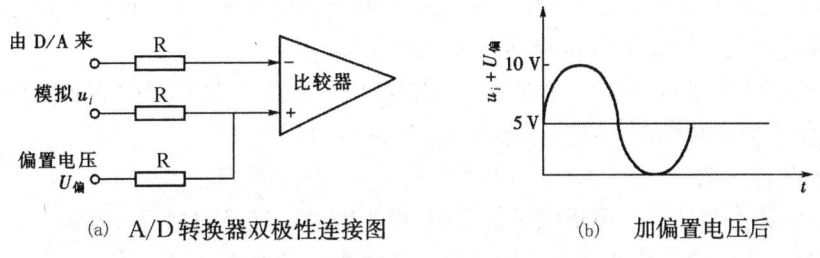

图 3-20 A/D 转换器双极性接线及电压波形图

2) 逐次逼近式 A/D 转换器的主要特点

(1) 转换时间固定,不随输入信号的变化而变化。

(2) 转换速度较快,一般在 1~100 μs 以内,分辨率可达到 18 位,特别适用于工业系统。

(3) 抗干扰能力相对积分式的差。例如,对模拟输入信号采样过程中,若在采样时刻有一个干扰脉冲叠加在模拟信号上,则采样时,包括干扰信号在内,都被采样和转换为数字量,这就会造成较大的误差,所以有必要采取适当的滤波措施。

3. A/D 转换器的性能指标

1) 分辨率(resolution)

它是反映 A/D 转换器对输入微小变化响应的能力,通常用数字输出最低位(LSB)所对应的模拟输入的电平值表示。N 位 A/D 能反映 $1/2^N$ 满量程的模拟量输入电压。由于分辨率直接与转换器的位数有关,所以一般也可简单地用数字量的位数来表示分辨率,即 N 位二进制数最低位所具有的权值就是它的分辨率。

2) 转换精度(conversion accuracy)

A/D 转换器的转换精度由模拟误差和数字误差组成。模拟误差是比较器、解码网络电阻值及基准电压波动等引起的误差。数字误差主要包括丢失码误差和量化误差,前者属于非固定误差,由器件质量决定,后者和 A/D 转换器输出数字量的位数有关,位数越多误差越小。

在 A/D 转换过程中,模拟量是一个连续变化的量,数字量是断续的量。因此,A/D 转换部位数固定以后,并不是所有的模拟电压都能用数字量精确表示。对于一个数字量的实际模拟输入电压和理想的模拟输入电压之差并非是一个常数,而是一个范围。通常以数字量的最小有效位(LSB)的分数值来表示绝对精度,例如 $\pm 1 \text{LSB}$、$\pm \frac{1}{2} \text{LSB}$、$\pm \frac{1}{4} \text{LSB}$ 等。绝对误差包括量化误差和其他所有误差。

整个转换范围内,任一数字量所对应的模拟输入量的实际值与理论值之差,用模拟电压满量程的百分比表示,即为相对精度。例如,满量程为 10 V 的 10 位 A/D 芯片,若其绝对精度为 $\pm \frac{1}{2} \text{LSB}$,则其最小有效位的量化单位 $\Delta E = 9.77 \text{ mV}$,其绝对精度为 $\frac{1}{2} \Delta E = 4.88 \text{ mV}$,其相对精度为 $\frac{4.88}{10 \times 10^3} = 0.048 \%$。

3) 转换速度(conversion rate)

转换速度是指完成一次 A/D 转换所需的时间的倒数,是一个很重要的指标。A/D 转换器型号不同,转换速度差别很大,通常 8 位逐次逼近式 A/D 转换器的转换时间为 100 μs 左右。

4) 电源灵敏度(Power Supply Sensitivity)

电源灵敏度是指 A/D 转换芯片的供电电源的电压发生变化时产生的转换误差,一般用电源电压变化 1% 时相当的模拟量变化的百分数来表示。

5) 输出逻辑电平

多数 A/D 转换器的输出逻辑电平与 TTL 电平兼容。在考虑数字量输出与微处理器的数据总线接口时,应注意是否要三态逻辑输出,是否要对数据进行锁存等。

6) 工作温度范围

由于温度会对比较器、运算放大器、电阻网络等产生影响,故只在一定的温度范围内才能保证额定精度指标。一般 A/D 转换器的工作温度范围为 0℃~70℃,军用品的工作温度范围为 -55℃~+125℃。

7) 量程

量程是指所能转换的模拟输入电压的范围,分单极性、双极性两种类型。例如,单极性量程为 0~+5 V、0~+10 V、0~+20 V,双极性量程为 -2.5~+2.5 V、-5~+5 V、-10~+10 V。

4. 常用的 A/D 转换芯片 AD574

1) AD574 的结构特点

AD574A 是美国 Anolog Device 公司的产品,是常用的综合性能较高的 A/D 芯片。它是 12 位逐次逼近式 A/D 转换器,28 脚双列直插式标准封装。

(1) AD574A 的转换时间为 25 μs，这和 ADC0809 的 100 μs 相比显然要小得多，但和同系列 3 μs 的 AD578 相比还是逊色不少。

(2) AD574A 内部集成有转换时钟、参考电压源和三态输出锁存器，故使用方便，也可和微机直接接口，而且无需外接 CLOCK 时钟。

(3) AD574A 的输入模拟电压既可以单极性也可以双极性，单极性输入时为 0～+10 V 或 0～+20 V，双极性输入时为 ±5 V 或 ±10 V 之间。

(4) AD574A 的数字量位数可以设定为 8 位，也可设定为 12 位。

2) AD574 的引脚功能

AD574 芯片引脚图如图 3-21 所示。各引脚的功能如下。

(1) 模拟量输入线（3 条）：$10U_i$ 为 10 V 量程的模拟电压输入线，单极性时为 0～+10 V，双极性时为 ±5 V；$20U_i$ 为 20 V 量程模拟电压输入线，单极性时为 0～+20 V，双极性时为 ±10 V；AC 为模拟电压公共线。

(2) 数字输入线（12 条）：D_0～D_{11} 为数字量输出线，D_{11} 为最高位；DGND 为数字量公共接地线，常和 AGND 相连后接地。

(3) 控制线（6 条）：$\overline{CS}$ 为片选线，低电平有效；CE 为片选使能线，高电平有效。$\overline{CS}$ 和 CE 共同用于片选控制：当 $\overline{CS}$ 为 0 时和 CE 为 1 时，选中本片工作；否则，本片处于禁止状态。

$R/\overline{C}$ 为读出/转换控制输入线。若使 $R/\overline{C}$ 为 0，则本片启动工作；若使 $R/\overline{C}$ 为 1，则本片处于允许读出数字量状态。

A0 和 $12/\overline{8}$ 这两条控制线能决定进行 12 位还是 8 位 A/D 转换，操作功能如表 3-3 所列。应强调的是：在启动 AD574A 进行 A/D 转换时，应先使 $R/\overline{C}$ 为低电平，然后再使 $\overline{CS}$ 和 CE 分别变为有效值。这样可以避免启动 A/D 转换前出现不必要的读操作。

STS 为转换状态输出线：STS 为高电平，表示 AD574A 处于 A/D 转换状态；若 STS 变为低电平，则 A/D 转换已完成。因此，STS 线可供 CPU 查询，也可作为外中断请求输入线。

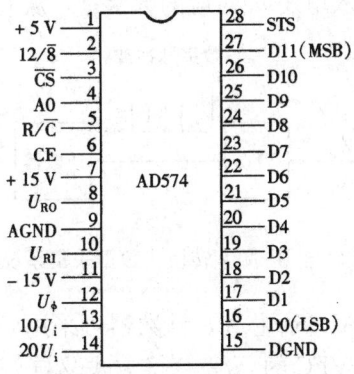

图 3-21 AD574 芯片引脚图

(4) 测试/调零线（3 条）：U_{RI} 为内部解码网络所需参考电压输入线；U_{RO} 为内部参考电压输出线。通常，U_{RI} 和 U_{RO} 之间可以跨接一个 100 Ω 的金属陶瓷电位计，用来调整各量程增益。U_ϕ 为补偿调整线，用于在模拟输入为零时把 ADC 输出数字量调整为零。

(5) 电源线（3 条）：1 引脚为 +5 V 电源线；7 引脚为 +12 V（或 +15 V）电流线；11

引脚为 −12 V（或 −15 V）电源线。

表 3-3 AD574 操作功能表

CE	$\overline{CS}$	R/$\overline{C}$	12/$\overline{8}$	A0	完成操作
1	0	0	×	0	启动 12 位 A/D 转换
1	0	0	×	1	启动 8 位 A/D 转换
1	0	1	接 1 脚（+5 V）	×	12 位并行输出有效
1	0	1	接地	0	高 8 位并行输出有效
1	0	1	接地	1	低 4 位并行输出有效
0	×	×	×	×	无操作
×	1	×	×	×	无操作

3.2 VFC 式数字采集系统

一般在 A/D 的变换过程中，CPU 要使采样保持电路、多路转换开关、A/D 转换器之间（特别是采用三块独立芯片连接应用时）控制协调好，因此接口电路复杂、成本高。在要求转换速度快、精度高，同时采样的模拟量较多的场合，ADC 变换方式就不很适用，这时可采用 VFC（电压-频率变换式）数字采集系统。

3.2.1 VFC 式数字采集系统概述

电压-频率转换式数据采集系统的构成如图 3-22 所示。

电压-频率转换中，VFC 芯片是该系统的核心芯片，其作用是把输入的模拟信号 u_i 转换成重复频率正比于输入电压瞬时值的一串等幅脉冲，由计数器记录在一个采样间隔内的脉冲个数，并根据比例关系算出输入电压 u_i 对应的数字量，从而完成模数变换。

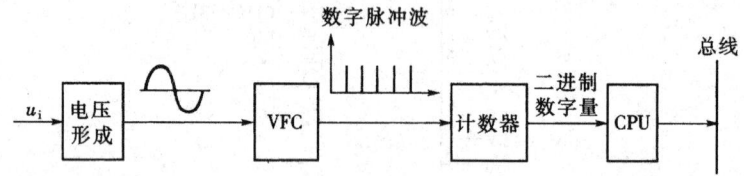

图 3-22 电压-频率转换式数据采集系统的构成图

图 3-22 中 VFC 可采用 AD654 芯片，计数器可采用 8031 或内部计数器，也可采用可编程的集成电路计数器 8253。VFC 的 A/D 变换方式及与 CPU 的接口，要比采用 A/D 芯片的 A/D 式变换方式简单得多，CPU 几乎不需对 VFC 芯片进行控制。

其优点可归纳如下。

(1) 工作稳定，线性好，电路简单。

(2) 抗干扰能力强。VFC 是数字脉冲式电路，因此它不受脉冲和随机高频噪声干扰，可以方便地在 VFC 输出和计数器输入端之间接入光隔器件。

(3) 与 CPU 的接口简单，VFC 的工作可以不需 CPU 控制。

（4）可以方便地实现多 CPU 共享一套 VFC 变换。

3.2.2 VFC 芯片——AD654 芯片

为了说明电压-频率转换式数据采集系统的工作原理，必须了解 VFC 芯片的原理。下面简要介绍 AD654 芯片的原理。

1. AD654 芯片的管脚及主要特点

图 3-23（a）是 AD654 芯片功能管脚图。AD654 是一种单片 V/F 转换器件。其内部由阻抗变换器 A、压控振荡器和驱动输出级回路构成，最高输出频率为 500 kHz，中心频率为 250 kHz。压控振荡器是一种由外加电压控制振荡频率的电子振荡器件，芯片只需外接一个简单的 RC 网络，外阻抗变换器 A 交换输入阻抗可达到 250 MΩ。振荡脉冲经驱动级输出可带 12 个 TIL 负荷或光电耦合器件，要求光隔器件具有高速光隔性能。

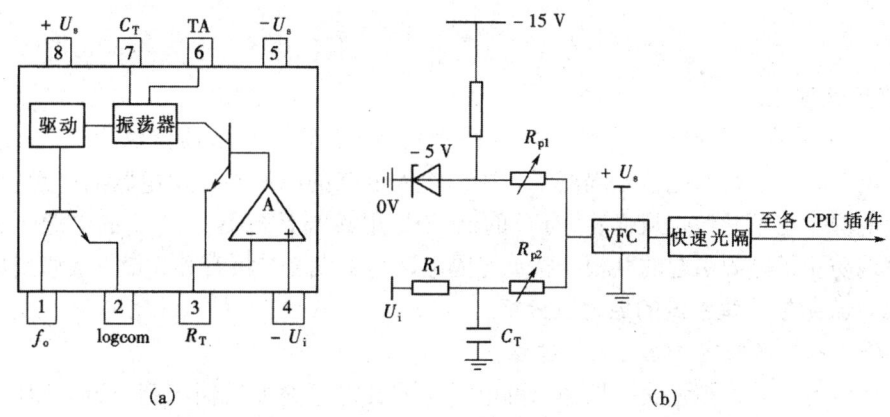

图 3-23 AD654 芯片功能管脚及应用接线图

2. AD654 芯片的工作原理

AD654 芯片的电压信号输入方式有两种，即正端输入和负端输入，大多采用负端电压输入方式，因此 4 端接地，3 端输入信号，见图 3-23（b）。U_s 电源为双端 ±15 V。由于 AD654 芯片只能转换单极性信号，当交流电压信号输入时，在输入端叠加一个 -5 V 偏置电压，该电压由 -15 V 电源经稳压电路得到。

外接电容 C_T（接入 6、7 引脚之间）的大小决定了 AD654 芯片的最高转换频率，但最高频率不能超过 500 kHz。其输出的最高频率与 C_T 及 R_T 的关系为

$$f_0 = \frac{U_i}{10R_T C_T} \tag{3-6}$$

式中：U_i——叠加输入后的输入电压；
R_T——输入回路等值电阻；
C_T——外接电容。

可见，f_0 与输入电压 U_i 呈线性关系，如图 3-24 所示。R_{P1} 用来调整偏置值，当输入电压 $U_i = 0$ 时，由于偏置电压 -5 V 加在输入端 3 上，输出信号为频率为 250 kHz 的等幅等宽的脉冲波，由于 VFC 的工作频率远高于工频 50 Hz，因此就某一瞬间而言，交流信号几乎

不变，变换输出的波形是一串频率不变的数字脉冲。各通道的平衡度及刻度比可用电位器 R_{P2} 来调整。R_1 和 C_1 设计为浪涌吸收回路，滤去随输入电压而来的高频浪涌，不是低通滤波器。通常整套装置的调整只有 R_{P1} 和 R_{P2} 可调，并在出厂时都已调好，一般可以不加调整，需要时也只要稍做一些调整即可。

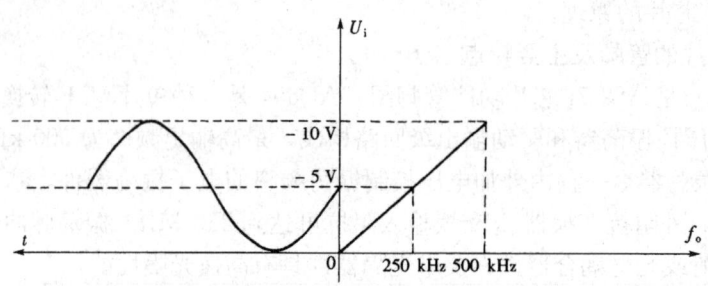

图 3 - 24 VFC 变换关系图

3. 光隔处理

VFC 变换后的数字脉冲信号经 6N137 快速光隔芯片送至计数器计数。6N137 芯片内部具有光隔电路，此电路既把信号隔离了，还将输入电路的电源与输出电路的电源完全隔离，既不共用电源，也不共地，从而将 VFC 的 ±15 V 电源与计数器、CPU 的电源 ±5 V 相隔离，有效地防止了电源引起的共模干扰。光隔电路是由发光二极管和光敏三极管组成。

4. VFC 式数据采集系统的原理及分析

1) VFC 式数据采集系统的工作过程

在运行状态下，模拟量交换器输出的电压与偏置电压叠加后输入到 VFC 芯片，其输出为一系列等幅脉冲信号，此脉冲信号经光-电隔离芯片后接至计数器的计数脉冲输入端（CLK 端）。若采用可编程定时器/计数器芯片 8253，其内部有三个 16 位计数器，计数器按递减方式计数，在计数过程中可发一条锁存命令，然后读计数器的值，且并不中断计数过程。

设计数器装入的初值为 1 000（为叙述方便且易于理解，以十进制数据表示），则每输入一个脉冲，计数器的值从初值减 1，经过采样间隔 T_s 时间，读下计数器的值，如读得的计数器值为 950，则说明在这个 T_s 期间，有 50 个（1 000－950）脉冲输入到计数器，再经过一个 T_s 间隔，再读一次计数器的值，如为 850，则说明这个 T_s 期间有 100 个脉冲输入。此过程一直进行下去，这就是采样过程。需要指出的是，存入循环存贮区内的数是每隔 T_s 期读得的当时计数器的值。这些值与输入的模拟信号无对应关系。在需要进行计算时，取相邻 N 个采样间隔的计数器值相减，其差值为 NT_s 期间的脉冲数，此脉冲数与 NT_s 期间内模拟信号的积分值具有对应关系。

2) 计算间隔 NT_s 的选择

D_K 为在 NT_s 期间内计数器计到的脉冲个数。此脉冲数对应于 NT_s 期间模拟信号的积分为

$$D_K = \text{INT}\left[K_f \int_{\tau_k - NT_s}^{\tau_k} u(t)\,dt\right] \tag{3-7}$$

式中：INT——表示取整；

K_f ——VFC 芯片的转换常数；

$u(t)$ ——输入芯片的模拟电压信号。

当 K_f 变化时，上式是对输入电压的移动积分，每一次相当于一个宽度为 NT_s 高为 1 的矩形函数 $H(t)$ 与输入电压 $u(t)$ 进行卷积分。由数字信号处理的知识可知，时间函数 $H(t)$ 的频谱 $H(f)$ 如图 3-25 所示。

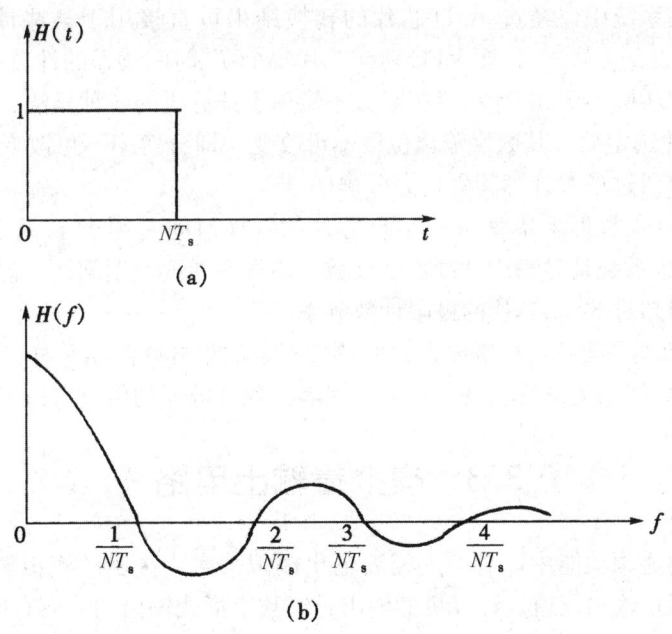

图 3-25　$H(t)$ 与 $H(f)$ 的对应函数图像

可见，它具有模拟低通滤波器的特性，其截止频率为 $1/NT_s = f_s/N$。由以上分析可知，尽管 VFC 式数据采集系统中没有像 A/D 式数据采集系统中那样设置模拟低通滤波器，但 VFC 数据采集系统中相当于有一个等效模拟低通滤波器。

根据采样定理，模拟低通滤波器的截止频率应小于等于采样频率的一半，即

$$\frac{1}{N}f_s \leqslant \frac{1}{2}f_s \tag{3-8}$$

可见，N 应选取大于等于 2 的值。式（3-8）表明，为使 VFC 数据采集系统得到的数字信号不失真地代表模拟信号，至少要用 $2T_s$ 期间的脉冲数计算。

3) VFC 式数据采集系统的分辨率

VFC 式数据采集系统的分辨率决定于两个因素：一是 VFC 芯片输出的最高频率；二是计算间隔 NT_s 的大小。在 NT_s 期间计数值的大小为

$$D_K = F_{max} NT_s \tag{3-9}$$

设 $T_s = 5/3$ ms，$F_{max} = 500$ kHz，考虑符号后为 ± 250 kHz，则 $F_{max} T_s = \pm 416$，$N = 2$，$D_K = \pm 833$，相当于常规 10.5 位的 A/D 芯片。当 $N = 4$ 时，$D_K = \pm 1\,666$，相当于常规 A/D 芯片的位数为 11.5 位。

可见，欲提高 VFC 式数据采集系统的分辨率，一是选择转换频率高的芯片，这要增加硬件开销；二是增大计算间隔 NT_s 的值，这只需要在软件中改变即可实现，但代价是增加了计算的延时。实际应用上应合理选择 NT_s 的值。

3.2.3 A/D 式数据采集系统与 VFC 式数据采集系统的比较

（1）数据采集系统中，经过 A/D 芯片的转换结果可直接用于某些计算机的算法需求（如微机保护装置的有关算法），而 VFC 转换芯片每个 T_s 时间读得的计数值不能直接用于计算机运算，必须取相隔 NT_s 的计数值相减后才能用于计算机的各种算法。

（2）A/D 芯片选定后，其数字输出位数不可改变，即分辨率不可改变，而在 VFC 式数据采集系统中，可通过增大计算间隔提高分辨率。

（3）对于 A/D 式数据采集系统，A/D 芯片的转换时间必须小于 T_s/n（n 为通道数），而 VFC 式数据采集系统是对输入脉冲不断计数，不存在转换速度问题，但应注意到 8253 芯片的脉冲频率不能超过 8253 芯片的极限计数频率。

（4）A/D 式数据采集系统中需要由定时器按规定的采样间隔给采样/保持芯片发出采样脉冲，而 VFC 式数据采集系统只需要按采样间隔读取计数器的值就可以了。

3.3 模拟量输出电路

在远动系统的遥调功能中，有时还需要输出模拟信号，去驱动模拟调节执行机构的工作，这就需要模拟量输出通道。计算机的输出是以数字形式输出的，而有些被控对象的执行要求提供模拟的电流或电压，这就需通过模拟量输出通道来实现。该通道的作用是把计算机输出的数字量转换成模拟量，主要由数/模（D/A）转换器来完成。

模拟量输出电路一般由接口电路、锁存器、D/A 转换器、放大驱动电路组成。这里主要介绍该电路核心元件 D/A 转换器的工作原理。

3.3.1 D/A 转换器的工作原理

D/A 转换器（Digital to Analog Converter），简称 DAC，是一种能把数字量转换成模拟量的电子器件。D/A 转换器输出的模拟量能随输入数字量正比地变化，以便使输出模拟量 u_0 能直接反映数字量 D 的大小，即

$$u_0 = DU_R \tag{3-10}$$

式中：U_R——常量，由参考电压决定；
    D——数字量，常为二进制。

数字量 D 的位数由 D/A 转换器芯片的型号决定，通常为 8 位、12 位等。D 为 n 位时的通式为

$$D = B_1 \times 2^{-1} + B_2 \times 2^{-2} + \cdots + B_n \times 2^{-n} \tag{3-11}$$

式中：B_1——D 的最高位；
    B_n——D 的最低位。

D/A 转换器的原理很简单，可以总结为"按权展开，然后相加"几个字。换句话说，

D/A 转换器要能把输入数字量中的每位都按权值分别转换成模拟量,并通过运算放大器求和相加。因此,D/A 转换器内部必须要有一个解码网络,以实现按权分别进行 D/A 转换。解码网络通常有两种:二进制加权电阻网络和 T 型电阻网络。在二进制加权电阻网络中,每位二进制的 D/A 转换是通过相应位加权电阻实现的,这必然造成加权电阻阻值差别极大,尤其在 D/A 转换器位数较大时更不能容忍。例如,若某 D/A 转换器有 12 位,则最高位加权电阻为 10 kΩ 时的最低位加权电阻应当是 10 kΩ×2^{11}=20 MΩ。这么大的电阻在 VLSI 技术中是很难制造出来的,即便制造出来,其精度也很难符合要求。因此,现代 D/A 转换器几乎毫无例外地采用 T 型电阻网络进行解码。

为了说明 T 型电阻网络的原理,现以 4 位 D/A 转换器为例加以讨论,图 3-26 为原理接线图。

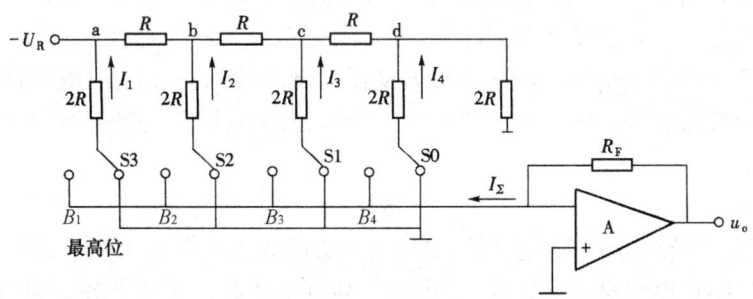

图 3-26　4 位 D/A 转换器原理接线图

图 3-26 中电子开关 S0～S3 分别受控于输入的 4 位数字量 $B_4 \sim B_1$,在某一位为"0"时其对应开关导向右侧,即接地;而为"1"时,开关导向左侧,即接至运算放大器 A 的反相输入端。流向运算放大器反相输入端的总电流 I_Σ 反映了 4 位数字量的大小,它经过带负反馈电阻 R_F 的运算放大器,变换成电压 u_0 输出。运算放大器 A 的反向输入端的电位实际上也是地电位,因此不论开关导向哪一侧,对图 3-26 中电阻网络的电流分配是没有影响的。另外,这种电阻网络有一个特点,即从图中的 a、b、c、d 四点分别向右看,网络的等值电阻都是 R,因而 b 点电位必为 $U_R/2$,C 点电位为 $U_R/4$,d 电点位为 $U_R/8$。

图 3-26 中各电流分别为

$$I_1 = \frac{U_R}{2R}, I_2 = \frac{1}{2}I_1, I_3 = \frac{1}{4}I_1, I_4 = \frac{1}{8}I_1$$

而流入放大器的反向端的电流 I_Σ 为

$$\begin{aligned} I_\Sigma &= B_1 I_1 + B_2 I_2 + B_3 I_3 + B_4 I_4 \\ &= \frac{U_R}{R}(B_1 \times 2^{-1} + B_2 \times 2^{-2} + B_3 \times 2^{-3} + B_4 \times 2^{-4}) \\ &= \frac{U_R}{R}D \end{aligned} \qquad (3-12)$$

而输出电压为

$$u_0 = I_\Sigma R_F = D \qquad (3-13)$$

当 $R_F = R$ 时，有

$$u_0 = U_R D \qquad (3-14)$$

由此可见输出模拟电压 u_0 正比于输入的数字量 D，比例常数为 $\dfrac{U_R R_E}{R}$ 或 U_R，两幅度大小可通过选择基准电压 U_R 和比例来调整。

典型的 D/A 转换器芯片很多，如美国 NS 公司的 DAC0832、DAC1210，美国 AD 公司的 AD588、AD7522 等。

3.3.2　D/A 转换器的性能指标

D/A 转换器的性能指标是选用芯片型号的依据，也是衡量芯片质量的重要参数。D/A 转换器的性能指标颇多，主要有以下几个。

(1) 分辨率 (resolution)。这是 D/A 转换器对微小输入量变化的敏感程度的描述，通常用数字量的位数来表示，如 8 位、10 位。一个 n 位的转换器，能够分辨满刻度的 2^{-n} 输入信号。

(2) 转换精度 (conversion accuracy)。转换精度和分辨率是两个不同的概念。转换精度是指满量程时 D/A 转换器的实际模拟输出值和理论值的接近程度。对于 T 型电阻网络的 D/A 转换器，其转换精度和参考电压 U_R、电阻值和电子开关的误差有关。例如，满量程时理论输出值为 10 V，实际输出值是 9.99~10.01 V 之间，其转换精度为 ±10 mV。通常，D/A 转换器的转换精度为分辨率的一半，即为 LSB/2。这里，LSB 是分辨率，指最低一位数字量变化引起幅度的变化量。

(3) 偏移量误差 (offset error)。偏移量误差是指输入数字量为零时，输出模拟量对零的偏移值。这种误差通常可以通过 D/A 转换器的外接 U_R 和电位器加以调整。

(4) 线性度 (linearity)。线性度是指 D/A 转换器的实际转换特性曲线和理想直线之间的最大偏差。通常，线性度不应超出 ±LSB。

(5) 温度系数。在规定的范围内，相应于每变化 1℃，增益、线性度、零点及漂移（对双极性 D/A）等参数的变化量。温度系数直接影响转换精度。

(6) 稳定时间。指 D/A 转换器加上满刻度的变化（如全"0"变为全"1"）时，其输出达到稳定（一般稳定到与 ±1/2LSB 相当的模拟量范围内）所需的时间，一般为几十毫微秒到几微秒。

3.3.3　D/A 转换器的芯片

随着集成电路技术的发展，已可将精密电阻、模拟开关、数据锁存器，甚至包括基准电源和运算放大器集成在同一芯片上，可以和 8 位或 16 位微处理机兼容。这些集成电路芯片是由大规模集成电路技术 (LSI) 实现的，有 TTL、CMOS 等不同的逻辑和工艺制造的产品。

目前，一般使用两种芯片：一类在电子电路中使用，不带使能端和控制端，只有数字量和模拟量输出线；另一类是专为微型计算机设计的，带有使能端和控制端，可以直接和微型计算机接口。

能和微机接口的 DAC 芯片也有很多种，可参考有关手册。下面介绍 DAC1210 集成电路 D/A 芯片。

1. DAC1210 的内部结构

DAC1210 是一种 12 位的 D/A 转换芯片，内部有三部分电路组成，如图 3-27 所示。它有两个数据输入寄存器，一个是 8 位输入寄存器，存放 12 位数字量中高 8 位，一个是 4 位输入寄存器，用于存放 12 位数字量中的低 4 位，使输入数字量得到缓冲和锁存；一个 12DAC 寄存器用于存放待转换数字量。12 位 D/A 转换器由 12 个电子开关和 12 位 T 型电阻网络组成，用于完成 12 位 D/A 转换。

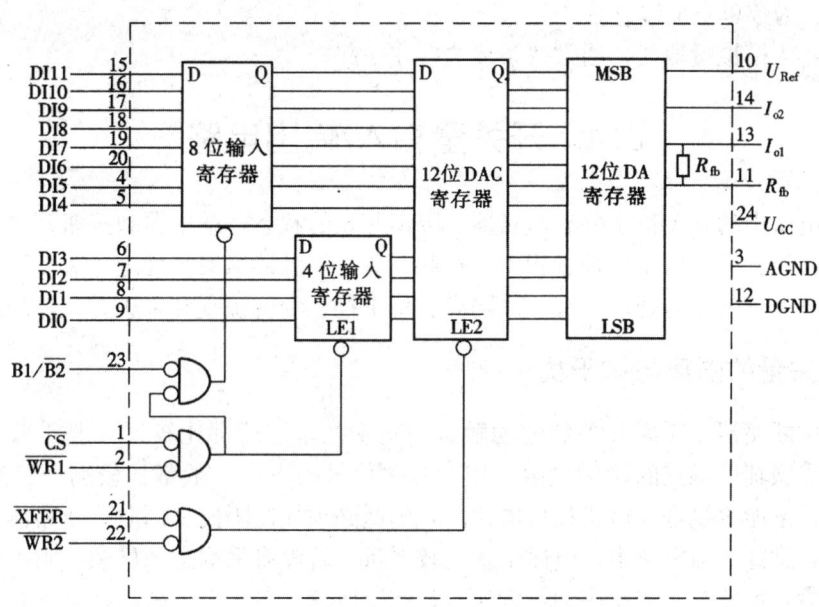

图 3-27 DAC1210 的逻辑结构框图

$\overline{XFER}$ 和 $\overline{WR2}$ 用来控制"12 位 DAC 寄存器"，$\overline{CS}$ 和 $\overline{WR1}$ 控制输入寄存器。两个输入寄存器的输入允许控制都要求 $\overline{CS}$ 和 $\overline{WR1}$ 为低电平，但是为了区分 4 位还是 8 位输入寄存器，用 $B1/\overline{B2}$ 来控制，8 位输入寄存器的数据输入时要求 $B1/\overline{B2}$ 端为高电平。

2. DAC1210 的引脚功能

DAC1210 共有 24 条引脚，双列直插式封装。引脚连接和命名如图 3-27 所示。

（1）数据量输入线 DI11～DI0（12 条）：DI11～DI0 常和 CPU 数据总线相连，用于输入 CPU 送来的待转换数字量，DI11 位最高位。

（2）输出线（3 条）：R_{fb} 为运算放大器反馈电阻接线端，常常接到运算放大器输出端。I_{o1} 和 I_{o2} 为两条模拟电流输出线。$I_{o1}+I_{o2}$ 为一常数；若输入数字量为全"1"，则 I_{o1} 为最大，I_{o2} 为最小；若输入数字量为全"0"，则 I_{o1} 为最小，I_{o2} 为最大。为了保证额定负载下输出电流的线性度，I_{o1} 和 I_{o2} 引脚线上电位必须尽量接近地电平。为此，I_{o1} 和 I_{o2} 通常接运算放大器输入端。

（3）控制线（5 条）。

$\overline{CS}$：片选信号，低电平时本片被选中工作；当为高电平时，本片不被选中工作。

$\overline{WR1}$：写控制信号 1，低电子有效；此信号为高电平时，两个输入寄存器都不接收新数据；当此信号有效时，与 B1/$\overline{B2}$ 配合起控制作用。

$\overline{WR2}$：写控制信号2，低电平有效；此信号有效时，$\overline{XFER}$ 信号才起作用。

B1/$\overline{B2}$：字节控制。此端为高电平时，12位数字同时送入输入锁存器。此端为低电平时，只将12位数字量的低4位输入寄存器中。

$\overline{XFER}$：数据转换控制信号，低电平有效，与 $\overline{WR2}$ 配合使用。

（4）电源线（4条）。

U_{cc}：为电源输入线，可在 +5～+15 V 范围内。

U_{Ref}：为参考电压，一般在 +10～-10 V 范围内，由稳压电源提供。

DGND：为数单量地线。

AGND：为模拟量地线，通常两条地线接在一起。

3.4 开关量输入/输出电路

牵引变电所中的开关量主要有断路器、隔离开关的状态，继电器和按钮开关触点的通断等。在远动遥控、遥信信息处理过程中，这些开关量信息的采集与处理是非常重要的。这里主要介绍对开关量采集与处理中有关的隔离、抗干扰、变位识别和采集方式等问题。

3.4.1 开关量的隔离与抗干扰

变电所中断路器、隔离开关的辅助触点距离主控室一般都比较远（十几米至几十米）。同时，为了克服辅助触点的接触电阻，作为开关信号的电压一般都比较高（110～220 V）。这种高电压是不能直接进入微机接口电路的，因此必须加以隔离。同时，断路器、隔离开关和继电器等，常处于强电场中，电磁干扰比较严重。若没有采取适当措施，则当断路器或隔离开关动作时，可能会干扰程序的正常执行，产生所谓"飞车"的软故障，甚至损坏接口电路芯片或损坏 CPU。因此，现场开关与逻辑电路之间要采用电隔离技术。

1. 开关量的隔离

1) 隔离的作用

隔离的主要作用是：使低压输入电路与大功率的电源隔离；外部现场器件与传输线同数字电路隔离，以免计算机受损；限制地回路电流与地线的错接而带来的干扰；多个输入电路之间的隔离。

2) 开关量的隔离方法

常用的开关量的隔离方法主要有以下几种。

（1）光电隔离。利用光电耦合器可以实现现场开关量与计算机总线之间的完全隔离。光电耦合器由发光二极管和光敏三极管组成，集成在一个芯片内，发光二极管和光敏三极管之间是绝缘的，其间分布电容极少，一般为 0.5～1 pF，而绝缘电阻又非常大，通常在 10^{11}～10^{13} Ω 之间，使可能带有电磁干扰的外部接线回路和微机的电路部分之间无电联系，可大大削弱干扰。在光电耦合器里，信息传送介质为光，但输入和输出都是电信号，由于信息传送和转换的过程都是在不透光的密闭环境下进行的，既不会受电磁信号的干扰，也不会受外界光的影响，因此光电耦合器可实现计算机和现场的光电隔离，去掉它们之间公共地线的电气联系，隔离效果比较好，现场侧的电磁干扰很难通过它到达计算机的总线上。

当利用光电耦合器作为开关量输入计算机的隔离器件时,其原理接线如图 3-28 所示。开关 S 合下时,二极管导通,发出光来,使光敏三极管饱和导通,于是输出 U_{o1} 或 U_{o2} 便有电位的变化。图 3-28 (a) 中,S 打开时 U_{o1} 输出电平与 U_c 相同;当 S 合下时,输出 U_{o1} 为低电平。

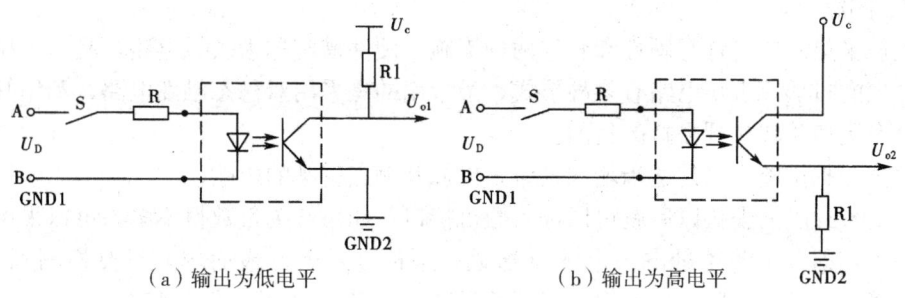

(a) 输出为低电平　　　　　　　　(b) 输出为高电平

图 3-28　光电耦合器原理接线图

图 3-28 (b) 的情况则相反,S 打开时,输出低电平;S 合下时,输出 U_{o2} 为高电平(即等于 U_c)。两种接线方式,输出电平不同,可以灵活选用。实际设计电路时,A 端接电源 U_D 的正极,B 端接 U_D 的负极(即 GND1),而发光管输出端电源 U_c,其接地端为 GND2。必须注意 GND1 和 GND2 不能共地。

(2) 继电器隔离。对于变电所现场的断路器、隔离开关、继电器的辅助触点和主变压器分接开关位置等开关信号,输入至计算机时,也可通过继电器隔离。采用中间继电器作隔离器件时,若继电器长期带电会影响继电器的寿命。为了提高继电器的寿命,可以利用继电器的保持电压低于启动电压的特点,在动作线圈上串接一定的电阻。平时,利用继电器本身的动断触点将它短接,当继电器动作后动断触点断开,将电阻串入,这样就实现了降压保持的目的。其原理接线如图 3-29 所示。

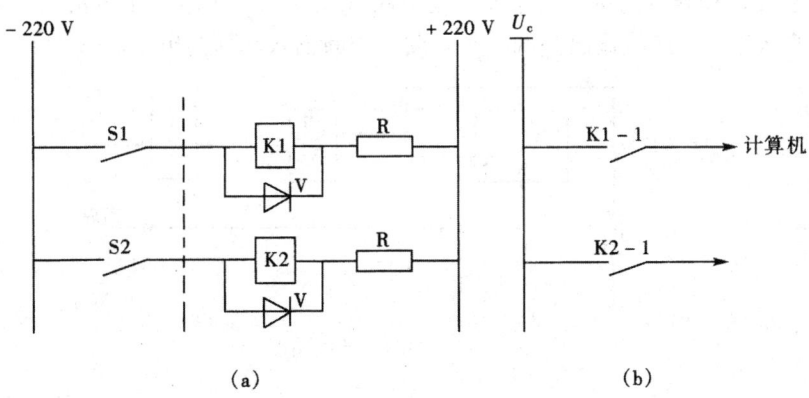

图 3-29　采用继电器隔离的开关原理接线图

利用现场断路器、隔离开关的辅助触点 S1、S2 接通,去启动继电器 K1、K2,然后由 K1、K2 的触点 K1-1 和 K2-1 等输入至计算机,这样做可起到很好的隔离作用。输入至计算机的继电器触点,可采用与计算机输入接口板配合的弱电电源。

(3) 继电器和光电耦合器双重隔离。为了提高抗干扰的能力,同时又能消除抖动,在线路比较长、干扰比较严重的场合,还可以同时采用继电器和光电耦合器双重隔离,以加强隔离的效果，即将现场的开关辅助触点先经过继电器隔离，继电器的辅助触点再经过光电耦合器隔离，然后再输入至计算机。这样的双重隔离对提高抗干扰能力和消除开关动作时的抖动具有很好的效果。

2. 抗干扰

开关量采集的抗干扰有硬件和软件两种措施。硬件措施称为去抖电路，是为了排除开关操作时产生的抖动。去抖电路有多种形式，最常用的是采用双稳态触发电路，利用其正反馈作用使状态迅速翻转达到去抖的目的。

软件抗干扰措施主要是适当增加延时，以躲开触点抖动的影响。

开关信号经隔离去抖以后就可以进入微机接口。如果开关量数目不多，可以采用一对一的方式输入，即一个开关量占一个 I/O 通道。这种方式软件最简单，只要检测到有变位，就可以直接转入相应的服务子程序。当开关量数目较多时，为了节省通道和接口，则以采用矩阵输入方式，这样有 N 个通道就可以输入 ($N^2/2$) 个开关量。但采用矩阵输入方式时，必须用扫描的方法将矩阵的行与列的键值读入，经过处理和识别才能确定开关的运行状态，这要增加一些软件。

3.4.2 开关量的采集、检测与变位识别

1. 开关量的采集方式

在计算机远动中，采集开关量可以采用定时查询方式，也可以采用中断方式。前者电路比较简单，但响应速度比较慢；后者电路比较复杂，但响应比较及时。究竟采用哪一种方式，要根据具体情况来确定。隔离开关的状态变化比较慢，同时其重要程度也不高，因此完全可以采用定时（例如 1 s）查询方式输入。对于断路器和继电器的状态，则既可采用查询方式输入，又可采用中断方式输入，可根据其重要程度来确定。

利用 D 触发器和异或门构成的中断申请电路如图 3-30 所示。正常情况下触发器的 D、Q 端有相同的状态，异或门输出为低电平，此时中断输入端为高电平。

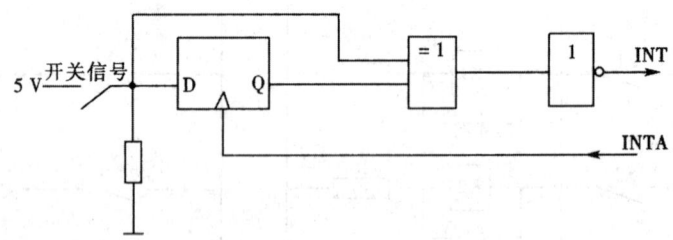

图 3-30 中断申请电路图

当开关状态发生变化时，由于 Q 端仍保持原状态，D、Q 异或的结果使输出由低电平跳变为高电平，通过非门变成低电平向 CPU 申请一次中断。当 CPU 响应中断以后，发出 INTA 信号使触发器触发。D、Q 状态趋于一致，异或门输出又成为低电平。

2. 开关动作的检测

为了提高开关量检测的可靠性，除了在硬件方面采取抗干扰措施外，还可以进一步采用表决的方式来确定开关的状态。具体的做法是对一个开关量连续采集 3 次，然后进行表决处理，就可以排除偶然的干扰。表决方式可以用硬件来实现，也可以用软件来实现。下面介绍

一下算法。

把3次采样的开关量用 A、B、C 三个布尔数来表示,从中任取出两个进行"与"运算,如果其中有两个或两个以上为"1",则运算结果必定有一个为"1";反之,若有两个或两个以上为"0",则运算结果必定全为"0"。另外,再根据"或"运算的规则,在 N 个数中只要有一个是"1",则运算结果必定是"1";只有当 N 个数全为"0"时,结果才为"0"。可以把三取二表决的算法用以下逻辑算式来处理。

$$(A \cdot B) + (B \cdot C) + (C \cdot A) \tag{3-15}$$

3. 开关变位的识别

开关量的状态通常用一位二进制数来表示,例如用"1"代表闭合,用"0"代表断开。变电所的开关量数目很多,为了简化分析,下面只对用一个字节的二进制数表示的8个开关状态进行分析,但所得到的结论具有普遍的意义。

开关变位的识别是建立在对原来的状态和现在的状态进行某些逻辑运算的基础上取得的。例如,原来的开关状态是10011010,现在的开关状态是10001101,则对比如下:

	D7	D6	D5	D4	D3	D2	D1	D0		
原状	1	0	0	1	1	0	1	0	…	A
现状	1	0	0	0	1	1	0	1	…	B

可以看出,D4 和 D1 由 1 变为 0,D2 和 D0 由 0 变为 1,这是一目了然的。但对于微机来说,它必须依靠逻辑运算的结果才能作出判断。

根据逻辑运算的基本知识可知:"异或"运算的规律是两数相同结果为"0",两数相异结果为"1"。分析一下开关变位的状态可以发现:变位状态的运算正好就是"异或"运算。例如,将上例两数进行"异或"运算,则有

	1	0	0	1	1	0	1	0	…	A
⊕	1	0	0	0	1	1	0	1	…	B
	0	0	0	1	0	1	1	1	…	C
				D4		D2	D1	D0		

结果是:D4、D2、D1、D0 变了位,需进一步分析是由 0→1,还是由 1→0。在已经确定变了位的开关量中,若原来的状态是 1,则必定是由 1→0 的开关。这表明,只要把异或的结果(状态 C)与原状(状态 A)进行一次"与"运算,就可以找到由 1→0 的开关。例如:

	0	0	0	1	0	1	1	1	…	C
∧	1	0	0	1	1	0	1	0	…	A
	0	0	0	1	0	0	1	0	…	D
				D4			D1			

可见 D4=D1=1,这正是由 1→0 的开关。

另外,在已经确定变了位的开关量中若现在的状态为 1,则必定是由 0→1 的开关。这

个结论表明只要将异或的结果（状态 C）和现在的状态（状态 B）进行一次"与"运算就可找到由 0→1 的开关。

归纳起来可以很出以下结论。

(1) 现状⊕原状，若有变位则该位为 1；若无变位，则该位为 0。

(2) （现状⊕原状）∧原状，若为 1，则该位由 1→0。

(3) （现状⊕原状）∧现状，若为 1，则该位由 0→1。

以上就是开关变位识别的基本原理，根据上述原理进行程序设计是比较容易的。

3.4.3 开关量输入/输出电路

1. 开关量输入电路

开关量输入电路包括断路器、隔离开关的辅助触点、跳合闸位置继电器触点等输入，以及自动装置（如重合闸）触点的输入。这些输入可分成以下两大类。

(1) 装在装置面板上的触点。这类触点包括装置调试时用的或运行中定期检查装置用的键盘触点，以及切换装置上工作方式的转换开关等。

(2) 从装置外部经过端子排引入装置的触点，例如需要由运行人员不打开装置外盖而在运行中切换的各种压板、连接片、转换开关，以及其他装置和操作继电器等。

对于装在装置面板上的触点，可直接接至微机的并行口，如图 3-31 (a) 所示。只要在可初始化时规定图中可编程的并行口的 PA0 为输入端，则 CPU 就可以通过软件查询，随时知道图 3-31 (a) 中外部触点 K1 的状态。

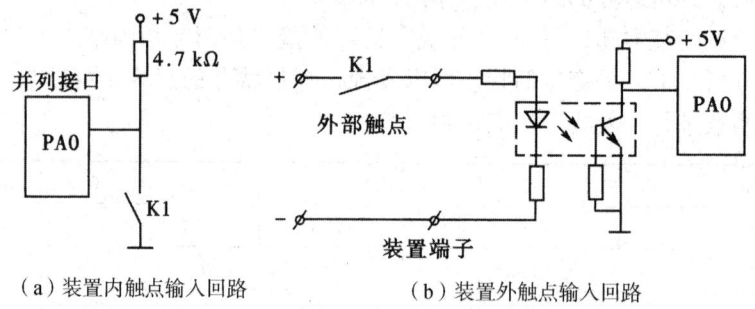

(a) 装置内触点输入回路　　　(b) 装置外触点输入回路

图 3-31　开关量输入电路原理图

对于从装置外部引入的触点，如果也按图 3-31 (a) 接线将给微机引入干扰，故应经光电隔离，如图 3-31 (b) 所示。图 3-31 (b) 中虚线框内是一个光电耦合器件，集成在一个芯片内。

2. 开关量输出电路

在远动系统中，对断路器、隔离开关的分、合闸"遥控"控制命令的执行，需要通过开关量输出接口电路去驱动继电器，再由继电器的辅助触点接通跳、合闸回路，对于有载调压的变压器，则可以驱动主变压器分接开关的控制回路实现"遥调"。不同的开关量输出驱动电路可能不同。

图 3-32 所示为开关量输出电路，一般都采用并行接口的输出来控制有触点继电器（干簧或密封小型中间继电器）的方法，但为提高抗干扰能力，最好也经过一级光电隔离。只要通过

软件使并行口的 PB0 输出"0",PB1 输出"1",便可使与非门 H1 输出低电平,光敏三极管导通,继电器 K 被吸合。在初始化和需要继电器 K 返回时,应使 PB0 输出"1",PB1 输出"0"。

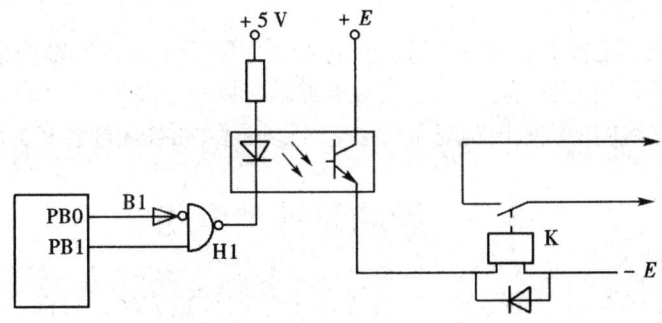

图 3-32 装置开关输出回路接线图

设置反相器 B1 及与非门 H1 而不将发光二极管直接同并行口相连,一方面是因为并行口带负荷能力有限,不足以驱动发光二极管,另一方面是因为采用与非门后要满足两个条件才能使 K 动作,增加了抗干扰能力。为了防止拉合直流电源的过程中继电器 K 的短时误动,将 PB0 经一反相器输出,而 PB1 不经反相器输出。

下面介绍由 8255B 口驱动的六路开关量输出驱动电路,如图 3-33 所示。该开关量输出电路的设计具有如下特点。

(1) 采用编码方案,即每一路开关量输出驱动都由两根口线控制。

(2) 设有光电隔离芯片,以提高抗干扰能力。

(3) 光隔芯片的输出驱动一个 NPN 三极管,以增加电路的负载能力。

(4) 设有自检反馈电路,在正常运行时,可以对开关量输出电路的状态进行监视,一旦发现问题立即报警,且由报警继电器动断触点断开开关量驱动电路的正电源,防止出口继电器误动。

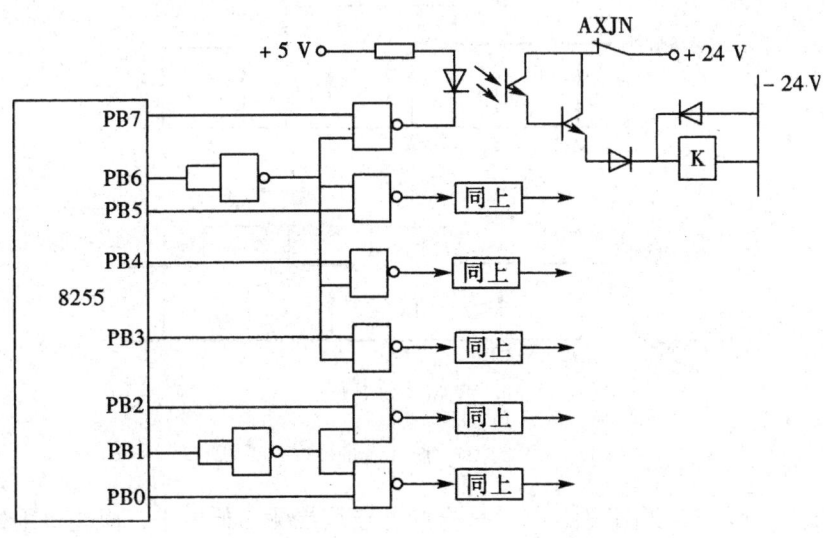

图 3-33 六路开关量输出驱动电路

开关量输出驱动电路的工作原理为：在正常运行时，使 8255B 口内容为 42H（01000010），此时各个光电隔离器件的二极管均不导通，因此光电隔离器的三极管及驱动三极管均截止，各继电器不动作。

当远动系统发出"遥控"分闸命令后，变电所中的 RTU 在接收到命令信息后，通过 CPU 控制 8255B 口的编码，使之驱动继电器，实现断路器分闸。由于 8255 各口都是带锁存的，因此当判断断路器确实跳闸后应收回跳闸命令。整组复归时应重新闭锁各开关量输出回路。

3.5　脉冲量计数电路

在远动系统中，对电能量的遥测关键在于电能量的计量方法。目前，对电能量的计量，多采用电能脉冲计量法、软件计算法或采用专门的微机电能计量仪表。以下介绍电能脉冲计量法的原理和实例。

3.5.1　电能脉冲计量法

电能脉冲计量法有两种常用类型的仪表可供选用：①脉冲电能表；②机电一体化电能计量仪表。

电能脉冲计量法就是使电能表转盘每转动一圈便输出一个或两个脉冲，用输出的脉冲量代替转盘转动的圈数，并将脉冲量通过计数器计数后输入微机系统，由 RTU 上的 CPU 进行存储、计算。

转盘式脉冲电能表发送的脉冲数与转盘所转的圈数即电能量成正比，将脉冲量累计，再乘以系数就得到相应的电能量。为了对脉冲量进行累计，远动系统中设有计数器，每收到一个脉冲，计数值加 1。在对脉冲进行计数时，要对脉冲质量进行检查。正常情况下的脉冲有一定的宽度，如收到的脉冲过窄，宽度不合要求，一般是干扰脉冲，应予以舍弃，如图 3-34 所示。

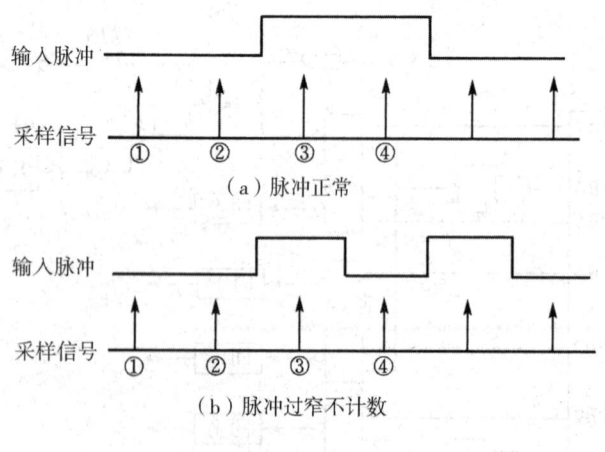

图 3-34　脉冲质量检查

在图 3-34（a）中，由于①、②处采样脉冲连续检测为低电平，而③、④处采样脉冲连续检测为高电平，对于正常脉冲，定时取样连续测得脉冲为高电平的次数≥2，就确定为有效脉冲，计数器加 1。在图 3-34（b）中，①、②处连续采样为低电平，但③、④处的采样值不同，因而认为输入的是尖峰干扰，不是有效的脉冲，计数器不予计数。在远动系统中，电能脉冲的到来是随机的，计数器可能随时要计数。读取计数器的累计值时不应妨碍正常的计数工作，因而一般采用两套计数器。主计数器对输入的脉冲进行计数，副计数器平时随主计数器更新，两者的数据保持一致。在收到统一读数的"电能冻结"命令时，副计数器就停止更新，保持当时的数据不变，而主计数器仍照常计数。因此，数据可从副计数器读取，反映的是"冻结"时的数据。等"解冻"命令到达时，副计数器又重新计数，保持与主计数器的数据一致。脉冲计数器的工作流程图如图 3-35 所示。

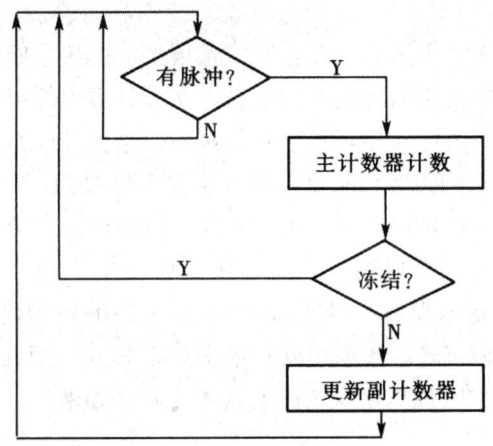

图 3-35　脉冲计数器的工作流程图

3.5.2　脉冲量计数电路实例

下面以图 3-36 所示的脉冲量计数电路为例来说明计数电路的工作原理。

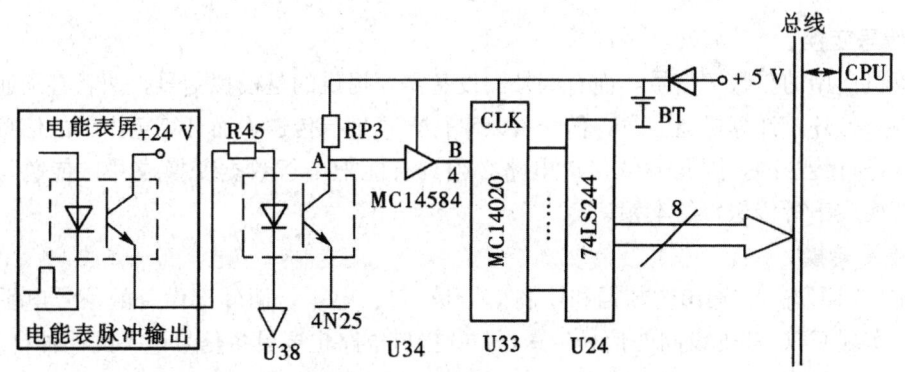

图 3-36　脉冲量计数电路原理图

脉冲电能表所产生的脉冲上升沿，使脉冲电能表内部光电隔离器的二极管发光，三极管导通。此时，电能表＋24 V 电源通过该三极管及微机系统模块中的电阻器 R45 使光电隔离器 U38 的二极管发光，三极管饱和导通，A 点由高电平变为低电平。在脉冲电能表输出过去以后，U38 无电流通过，A 点由低电平变为高电平。在这一过程中 A 点得到一个低电位脉冲，该脉冲通过 U34（MC14584）整形并反相输出，B 点的脉冲波形与脉冲电能表的相一致。此脉冲接入计数器 U33（MC14020），在 MC14020 的输出端得到脉冲累计数。CPU 控制 U24（74LS244）的选通端，将计数值开放到数据总线，CPU 读入计数值后进行记录、计算和存储。

U33、U34 及 U38 三个芯片的电源可由电池 BT 供给，保证在 RTU 失去电源时电能表计数值不丢失，而且还可继续对脉冲电能表的脉冲进行计数。

3.6 输入/输出接口

在牵引供电远动系统中，需采集的变电所信息很多，但从它们的性质来说，可分为模拟量、开关量、脉冲量等。但无论何种类型的信息，在计算机内部都是以二进制的形式（即数字形式）存放在存储器中。由此可见，数字量的输入、输出是计算机的基本操作之一。

计算机的输入（input）/输出（output）接口简称 I/O 接口。I/O 接口是 CPU 和外设间信息交换的桥梁，计算机通过接口电路直接与外界设备进行信息交换。外部设备分为输入和输出设备，输入设备用于向计算机输入信息，输出设备用于输出程序和运算结果。例如，A/D 转换器和键盘等属于输入设备，CRT 和 D/A 转换器等属于输出设备。由于 CPU 和外设间所传信息的性质、传输方式、传输速度和电平各不相同，因此 CPU 和外设间不是简单地直接相连，而必须借助 I/O 接口这个过渡电路才能协调起来。

3.6.1 I/O 接口的作用

1. 实现和不同外设的速度匹配

不同外设的工作速度差别很大，但大多数外设的速度很慢，无法和微秒级的 CPU 相比，故在数据传送的过程中常常需要等待。这就要求 I/O 接口电路中设置缓冲器，用以暂存数据。

2. 信号变换

计算机使用的是数字信号，而有些外围设备需要提供的是模拟信号，两者必须通过接口进行变换。另外，计算机通信时，信号常以串行方式进行传送，而计算机内部的信息都是以并行方式进行传送的，因此 I/O 接口电路必须具有能把串行数据变换成并行传送（或把并行数据变换成串行传送）的本领。

3. 电平转换

通常，CPU 输入/输出的数据和控制信号是 TTL 电平，而外部设备的信号电平类型较多。为了实现 CPU 和外设间的信号传送，I/O 接口电路也要具备信号电平的这种自动转换。

3.6.2 输入/输出信息的传送方式、组成及典型接口

1. 输入/输出信息的传送方式

CPU 的数据总线都是并行的，但由于输入/输出设备有并行和串行之分，或为了远距离传输的需要，输入/输出数据的传送除了有并行传送方式外，还有串行传送方式。这两种传送方式各有各的特点和不同的应用场合。

1) 串行传送方式

串行传送方式是将要传送的数据的字节（或字）拆开，然后以位（bit）为单位，一位一位地进行传送。串行传送方式的接口所需的传输电缆少，硬件投资少，但传输速度相对并行传送慢，适合于远距离传送。

配置串行接口的目的是为了适应远距离传送数据和交换信息的需要。串行接口传送信息是按位传送的，它的速度虽然不如按字节传送的并行接口快，但可节省许多引线，这对远距离通信是十分重要的。

2) 并行传送方式

并行传送方式是以字节（或字）为单位同时进行传送。这种传送方式要求输入/输出接口的数据通道为 8 位（字节传送）或 16 位（字传送），各位数据同步收、发，传送速度快，但需要的传输电缆数量多，硬件投资大，适合较近距离的传送。

并行接口主要传送数字量。例如，微机之间的近距离通信就可以采用并行接口；又如，微机与某些外设（如打印机）也可以用并行接口传送数据和命令。并行接口速度较快，但线路较复杂，因为每一位信息必须用一根导线来传送。

2. 输入/输出信息的组成

计算机直接与外界联系进行信息交换，这些信息可分为以下 3 种。

1) 数据信息

继电器触点、断路器和隔离开关的状态或模拟量/数字量转换的结果，按一定的编码标准（例如二进制数的格式或 ASCII 码标准）输入至计算机，每若干位（一般为 8 位、16 位或 32 位）组合表示为一个数字或符号，这是数字量输入的主要内容。

2) 状态信息

状态信息反映外部设备工作状态，CPU 在传送数据前必须先输入这些外设的状态信息，并逐位进行测试和判断它们的工作状态，以确定能否传送数据。例如，要通过打印机输出数据，必须了解打印机是否"忙"，打印纸是否准备好等，只有在外设各种状态都处于"准备好"的情况下，才能可靠地传送数据信号。对于每一种二值的工作状态，都可用一位二进制表示，如输入字节的 $D_0=1$ 表示打印机"忙"，$D_0=0$ 表示"不忙"；$D_1=1$ 表示纸已用完，$D_1=0$ 表示有纸，只有在 $D_1D_0=00$，即打印机不忙且有纸时，才可给打印机传送数据。

3) 控制信息

控制信息用于控制外部设备的工作，如外部设备的"启动"和"停止"。在设备传送过程中，CPU 发出命令给输入/输出设备，一个输出字节的每一位可以定义为一个控制命令。例如，当 $D_7=1$ 时，控制设备启动；当 $D_7=0$ 时，则表示不启动设备。

3. 输入/输出的典型接口

从接口完成的工作看，CPU 和外设间交换的信息有三类：数据信息、状态信息、控制信息。因此，I/O 接口必须能把外设送来的三种信息加以区分，因此在 I/O 接口内部，必须用不同的寄存器来存放，并赋以不同的地址（端口地址），以便确定当前经数据总线传送的信息是哪一类信息。所以，一个外围设备所对应的接口电路可能需要分配几个端口地址。CPU 寻址的是端口，而不是笼统的外围设备。

图 3-37 是 I/O 接口的基本结构示意图。I/O 接口加上在它的基础上编制的 I/O 程序，就构成了 I/O 技术。

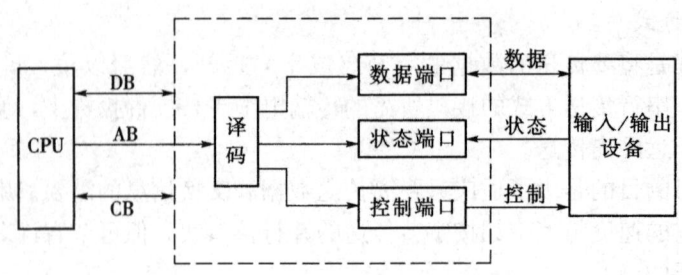

图 3-37 I/O 接口电路的基本结构

3.6.3 CPU 对输入/输出数据的控制方式

由于模拟量、开关量、脉冲量等各种输入/输出的参量性质不同，对速度、可靠性要求也不一样，所以输入/输出控制方式也不同。通常 CPU 与外设交换数据有 4 种控制方式，即同步传送、异步传送、中断传送、DMA 传送。I/O 接口必须根据不同外设选择恰当的 I/O 数据传送方式。

1. 同步传递方式

这种传递方式也称为无条件程序控制方式，比较简单，常在以下两种情况下使用。

（1）外设工作速度非常快。当外设工作速度能和 CPU 速度比拟时，常常采用同步传送方式。例如，CPU 和 A/D 或 D/A 间传送数据时，CPU 可在任何时候从 A/D 芯片采集经模/数变换后的数字量或者把处理后的信息送到 D/A 芯片，以控制被控对象工作。

（2）外设工作速度非常慢。当外设工作速度非常慢或变化速度是固定的，以致人们任何时候都认为它已处于"准备好"状态时，也可以采用同步传送方式。例如，7 段数码显示器、开关、接地开关、继电器、断路器、隔离开关、发光二极管、机械传感器等，都属于数据状态变化缓慢的外设。这类设备作输入时，其数据保持时间相对于 CPU 的处理速度慢得多，因此可以认为其数据是准备好的，CPU 要读其状态数据时，只要随时对它执行输入指令，就可以把状态数据读入，不必事先查询它的工作状态。

如果 CPU 要输出数据给数据状态变化缓慢的外设时，由于 CPU 的数据总线变化速度快，因此要求输出的数据应该在接口电路的输出端保持一段时间，外设才能接收到稳定的数据，保持时间的长短应该与外部接受设备的动作时间相适应。因此，在同步传递中，输出的接口电路往往需要通过锁存器。

2. 异步传送方式

异步传送方式又称查询传送或条件传送方式。上述同步传送方式程序简单、硬件接口简单、可节省端口，但必须确保执行输入指令时，外设一定是准备好的；而且执行输出操作时，外设一定是空的，即 CPU 与外设传送数据时必须保证同步。这对于许多外设来说是比较难实现的，尤其是一些数据状态变化不规则的外设。如果传送数据时，CPU 不与外设同步，则传送数据便要出错。为了解决此问题，使 CPU 能与各种速度的外设配合工作，可以采用查询传送入式。

查询传送方式的特点是 CPU 在对输入/输出传送数据前，先输入外设的状态，并测试其是否"准备好"，只有在测试到输入/输出设备已准备就绪后，CPU 才对输入/输出设备传送数据。输入/输出设备所谓"准备好",对输入设备来说,即输入寄存器已满(已准备好新数据供 CPU 读取);对输出设备而言,即输出寄存器已空(原有数据已被使用),可以接收 CPU 传送新的数据。

图 3-38 为查询传送方式输入接口电路。接口电路除了要有数据传送的端口(三态缓冲器 1)外,还必须有传送状态信息的端口(三态缓冲器 2)。当输入设备的数据准备好后,一方面把数据送入三态缓冲器 1,另一方面把准备好的"Ready"状态信号送三态缓冲器 2。查询传送方式输入程序的流程图如图 3-39 所示。读入的数据,可以是 8 位或 16 位,而读入的状态往往是 1 位的,因此不同的外设可使用同一状态端口,只要使用不同位即可。

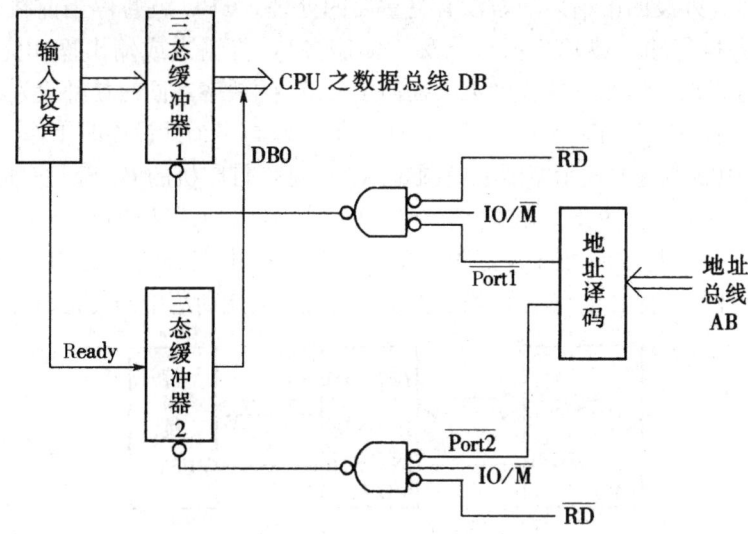

图 3-38 查询传送方式的输入接口电路

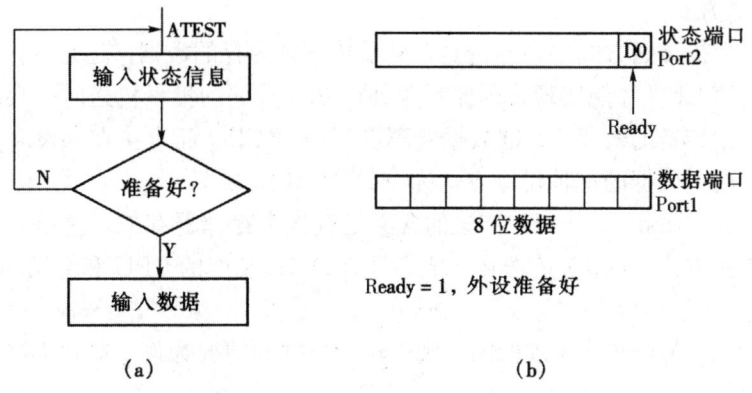

图 3-39 查询传送方式输入程序的流程图

查询传送方式传送数据的优点是在简化硬件接口情况下,比无条件程序传送更容易实现数据的准确传送,控制程序也比较容易编制;其缺点是 CPU 需要不断查询外设的状态,这就占用了 CPU 的工作时间,尤其是在与中、慢速的外设交换信息时,CPU 真正用在传送数据的时间相对是很少的,大部分时间消耗在查询上。所以,这种查询传送方式大多数用于 CPU 与单个或较少外设交换信息的情况。

3. 中断传送方式

中断是通过硬件来改变 CPU 程序运行的方向。微机系统在执行程序的过程中，由于 CPU 以外的某种原因，有必要尽快中断当前程序的执行，而执行相应的处理程序，待处理结束后，再回来继续执行被中断了的原程序。这种程序在执行过程中由于外界的原因而被中间打断的情况称为中断。

为了提高前两种方式 CPU 的工作效率和及时处理外设的请求，可采用中断控制传送方式，即当 CPU 需要与外设交换信息时，若外设要输入 CPU 的数据已准备好，存放于输入寄存器中，或在输出时，若外设已把数据取走，即输出寄存器已空，则由外设向 CPU 发出中断申请，CPU 接到外设的申请后，若没有更重要的处理，CPU 就暂停当前执行的程序（即实现中断），转去执行输入或输出操作（称中断服务），待输入或输出操作完成后即返回，CPU 再继续执行原来的程序。这样就大大提高了 CPU 的效率，同时使外设发生的事件能及时得到处理。因此，有了中断控制方式后，CPU 就可以与多个外设同时工作。

图 3-40 为中断传送方式示意图。由图 3-40 可见，打印机的 BUSY 信号是送到 I/O 接口的 $\overline{STB}$ 控制端，I/O 接口的 $\overline{STB}$ 控制端收到 BUSY 后可向 CPU 的 $\overline{INT1}$ 线发出中断请求。CPU 响应 $\overline{INT1}$ 上中断请求便可进入打印机中断服务程序中完成一个打印数据传送。当然，打印机的第一个打印数据必须在主程序送给打印机以后才能利用中断传送打印数据。

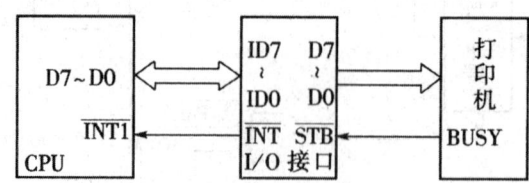

图 3-40　中断传送方式示意图

4. DMA 传送方式

在上述三种数据传送方式中，不论是从外设传送到内存的数据，还是从内存传送到外设的数据，都要转道 CPU 才能实现。因此，尤其在 I/O 数据的批量传送时，数据传送效率较低。为了提高数据传送的效率，I/O 数据能不能不经过 CPU 而直接在外设和内存之间传送呢？回答是肯定的。数据的这种传送方式称为 DMA 传送方式。

DMA（direct memory access）传送的含义是直接由存储器存取，这是一种由硬件来执行数据传送的工作方式。DMA 传送必须依靠带有 DMA 功能的 CPU 和专用的 DMA 控制器实现。

图 3-41 为 DMA 控制器原理框图。现以输入数据的情况为例，简述 DMA 传送 I/O 数据的工作原理。

当外设把数据准备好以后，发出一个选通脉冲，使 DMA 请求触发器置 1；它一方面向状态/控制端口发出准备好的信号，另一方面向 DMA 控制器发出 DMA 请求；于是 DMA 控制器向 CPU 发出 HOLD 信号。当 CPU 在现行的指令执行结束后，发出请求答应 HLDA 信号，这时 DMA 控制器就接管 3 组总线，向地址总线发出地址信号，在数据总线上给出数据，并给出存储器写的命令，于是外设输入的数据在 DMA 控制器的控制下，就直接写入存储器，然后 DMA 控制器修改地址指针，修改计数器，并检查传送是否结束；若未结束，便循环直至全部数据传送完。在全部数据传送完后，DMA 控制器撤除总线请求信号（HOLD 变低），在下一个 CPU 时钟周期的上升沿，CPU 的 HLDA 认可信号变低，DMA 操作全部结束。

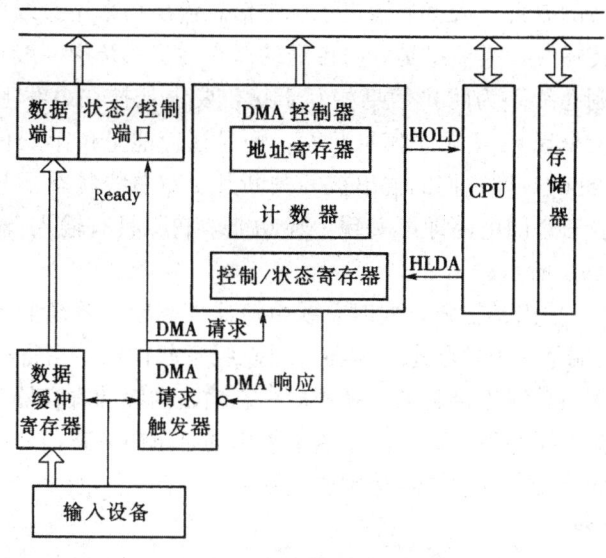

图 3-41 DMA 控制器原理框图

虽然中断控制方式可以在一定程度上实现 CPU 与外设并行工作，但是在外设与内存之间或外设与外设之间进行数据传送时，还是要经过 CPU 中转（即经过 CPU 的累加器读进和送出），这对高速外设（如磁盘）在进行大批量数据传送时，会造成中断次数过于频繁，这样不仅传送速度上不去，而且耗费 CPU 大量的时间。为此，采用直接存储器存取方式，使 CPU 不参加数据的传送工作，由直接存储器存取方式 DMA 控制器来实现内存与外设或外设与外设之间的直接快速传送，从而也减轻了 CPU 的负担。这种方式使微机系统的硬件结构发生了变化，信息传送从以 CPU 为中心变为以内存为中心。若采用高速存储器，则可使外设与 CPU 分时访问内存得以实现。

DMA 传送方式实际上是把输入/输出过程中外设与内存交换信息的那部分操作及控制给了 DMA 控制器，从而简化了 CPU 对输入/输出的控制。这对高速度大批量数据传送特别有用。但这种方式要求设置 DMA 控制器，电路结构复杂，硬件开销大。

3.6.4 输入/输出接口常用的芯片

1. 三态缓冲器和锁存器

CPU 本身的驱动能力是有限的，通常只能驱动几个 TTL（或十几个 MOS）门电路。因此，人们常需要根据不同情况在 CPU 的地址总线、数据总线和控制总线上加进不同数量和类型的驱动电路，以增进 CPU 对板内元件或各类总线的驱动能力。

驱动器类型很多，使用场合各异。通常，驱动器可分为板内总线驱动器、线驱动器、外围驱动器、显示驱动器、译码器/驱动器等。

板内总线驱动器通常分为两种：一种是数据总线的双向驱动器；另一种是地址总线及有

关控制总线的单向驱动器。单向驱动器常采用 74LS244（或 8228）八同相三态缓冲/线驱动器，双向驱动器采用 74LS245（或 8215）八同相三态收发器。

1) 三态缓冲器的工作原理

为减少信息传输线的数目，大多数微机系统中信息输出均采用总线形式，即凡要传输的同类信息都走同一组传输线，且信息是分时传送的。在微机系统中一般有三组总线，即数据总线、地址总线和控制总线。为防止信息相互干扰，要求凡挂在总线上的寄存器或存储器等，它的输出端不仅能呈现 0、1 两个信息状态，而且还应能呈现第三种状态，即高阻抗状态（又称高阻状态），此时好像它们的输出被开关断开，对总线状态不起作用，而且此时总线可由其他器件占用。三态门电路即可实现上述功能，它除具有输入/输出端以外，还有一控制端，如图 3-42（a）所示。

当控制端 E=1 时，输出=输入，此时总线由该器件驱动，总线上的数据由输入数据决定；当 E=0 时，输出端呈高阻抗状态，该器件对总线不起作用。当寄存器输出端接至三态门，再由三态门输出端与总线连接起来，就构成三态输出的缓冲寄存器。图 3-42（c）所示即为一个 4 位的三态输出缓冲寄存器。由于这里采用的是单向三态门，所以数据只能从寄存器输出至数据总线。如果要实现双向传送则要用双向三态门，如图 3-42（b）所示。

2) 常用的三态缓冲器

在输入接口电路中，应用最多的三态缓冲器是 74LS244（包括 74F244、74HC244、74S244 等）。它采用 8 个同相的三态缓冲器/线驱动器，有两个独立的使能端 $1\overline{G}$ 和 $2\overline{G}$，低电平有效。控制 1A1～1A4 的三态门，而 $2\overline{G}$ 控制 2A1～2A4 的三态门，因此 74LS244 也叫作为两个独立的四同相三态缓冲器/线驱动器。其输出端 1Y1～1Y4 和 2Y1～2Y4 分别与 1A1～1A4 和 2A1～2A4 相对应。当门控信号 $1\overline{G}=0$ 时，输出端 1Y1～1Y4 便等于 1A1～1A4；当 $2\overline{G}=0$ 时，2Y1～2Y4 便等于 2A1～2A4。74LS244 的引脚及常用接法如图 3-43 所示。

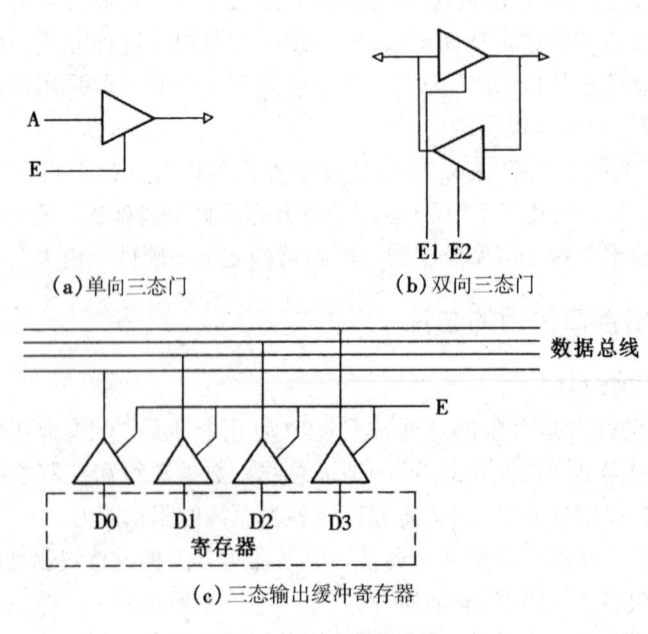

图 3-42 三态缓冲器

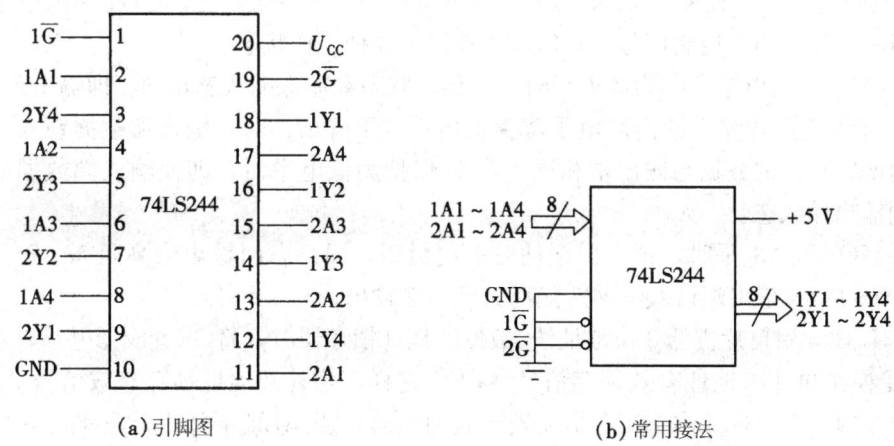

(a) 引脚图   (b) 常用接法

图 3-43　74LS244 的引脚图及常用接法

一般应用是将 74LS244 作为 8 线并行输入/输出接口器件,因此,将 $1\overline{G}$ 和 $2\overline{G}$ 连在一起,并接地电平,此时 74LS244 始终处于门通状态。

三态缓冲器经常用于输入回路,作为外设与计算机系统总线的接口,一方面起输入缓冲作用,另一方面对计算机的系统总线来说,起到提高总线驱动能力的作用。

3) 锁存器

微机输出的数据在系统总线上只能存在很短的时间,接口电路必须及时将数据接收并保持,因此常用锁存器。

最简单的锁存器为 D 触发器,一位 D 触发器可以作一位锁存器,D 端为输出端,当来一个时钟脉冲 CLK 时,D 端的信号便锁存到 Q 端上。

常用的锁存器芯片有 74LS273、74LS373、74LS374、74LS377 等,是由 8 个 D 触发器组成的,简称 D 触发器。以 74LS373 为例,74LS373 芯片的引脚图及常用连接方法如图 3-44 所示。

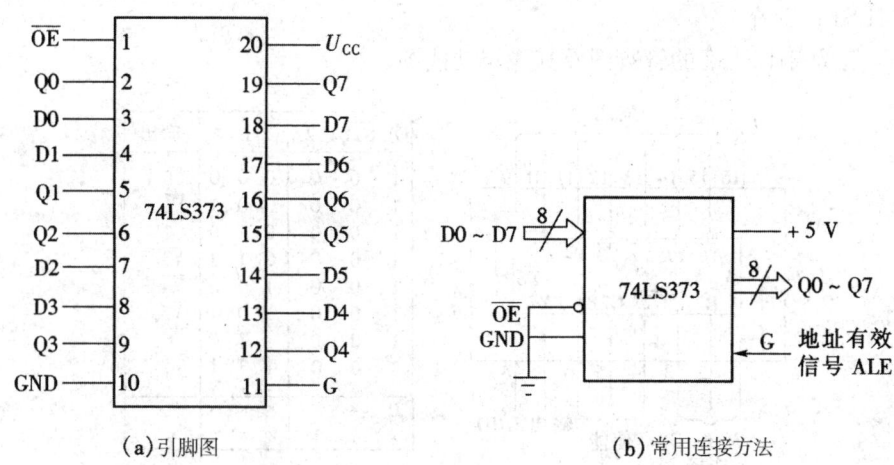

(a) 引脚图   (b) 常用连接方法

图 3-44　74LS373 芯片的引脚图及常用连接方法

图 3-44 中 $\overline{OE}$ 为使能控制端。当 $\overline{OE}$ 为低电平时,8 路全导通;当 $\overline{OE}$ 为高电平时,输出为高阻态。G 为锁存控制信号。74LS373 有以下 3 种工作状态。

(1) 当 $\overline{OE}$ 为低电平、G 为高电平时,输出端状态和输入端状态相同,即输出跟随输入。

(2) 当 $\overline{OE}$ 为低电平、G 由高电子降为低电平(下降沿)时,输入端数据锁入内部寄存器中,内部寄存器的数据与输出端相同。当 G 保持为低电平时,即使输入端数据变化,也不会影响输出端状态。

(3) 当 $\overline{OE}$ 为高电平时,锁存器缓冲三态门封闭,即三态门输出为高阻态。74LS373 的输入端 D0～D7 与输出端口 Q0～Q7 隔离,则不能输出。

当 74LS373 用单片机低 8 位地址线/数据线地址锁存器时,将 $\overline{OE}$ 置成低电平,锁存允许信号 G 受控于单片机地址有效锁存信号 ALE。这样,当外部地址锁存有效信号 ALE 使 G 变为高电平时,74LS373 内部寄存器便处于直通状态;当 ALE 下降为低电平时,立即将锁存器的输入 D0～D7 即总线上的低 8 位地址锁入内部寄存器中。

2. 地址译码器

1) 地址译码器的作用

多数的 CPU 的 I/O 指令可以用 16 位有效地址 AB0～AB15,可寻址 0～65 535 个地址单元,简称 64 KB 的地址范围。例如,MCS-51 系列和 MCS-96 系列单片机都采用 16 位多路复用地址总线。

当微处理器内部各功能部件不能满足应用系统的要求时,在片外连接相应的外围芯片,对微处理器的功能加以扩展,以满足应用要求。微机系统扩展主要有程序存储器、数据存储器、并行 I/O 口、串行口及串行总线扩展等。在变电所远动系统中,往往需要扩展多块 I/O 接口电路,因此就存在一个地址译码问题。常用的译码器有 74LS138、74S138、74F138、74HCT138、74HC138、74HC139 等。各芯片的工作性能有差异,例如 74LS138、74S138、74F138、74HCT138 等芯片的管脚和逻辑关系相同,但工作性能有差异。74F138 是高速的 3-8 译码器;74LS138 为低功耗肖特基;74HC138 为 CMOS 工作电平的 3-8 译码器。另外,还有板选地址译码电路。

2) 74LS138 简介

图 3-45 为 74LS138 的管脚图及其逻辑功能图。

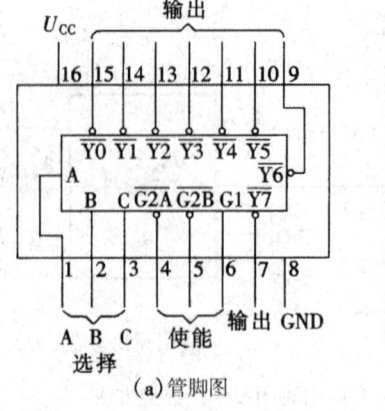

(a) 管脚图   (b) 逻辑功能图

图 3-45 74LS138 的管脚图及其逻辑功能图

3 数据信息的采集与处理

74LS138 是 3-8 译码器，具有 3 个选择输入端，可组合成 8 种输入状态；输出端有 8 个，每个输出端分别对应 8 种输入状态中的 1 种，0 电平有效。换句话讲，对应每种输入状态，仅允许一个输出端为 0 电平，其余全为 1。74LS138 还有三个使能端 G1、$\overline{G2B}$和$\overline{G2A}$，必须同时输入有效电平译码器才能工作，也就是仅当输入电平为 100 时，才选通译码器，否则译码器的输出无效。

3）板选地址译码

远动系统在信息数据采集处理过程中，往往数字量和模拟量的输入、输出量比较多，需要由多块功能相同或不同的输入/输出模板组成，这时在每个模板内部需要端口译码，在各模板间也有板选译码问题。因此，有时单靠一片 3-8 译码器还不够，通常采用 74LS139（2-4 译码器）和 74LS688（8 位数值比较器）共同组成板选译码和端口译码。

随着集成电路技术的不断发展，出现了集成度较高的可编程逻辑阵列，如 GAL。目前又有多种集成度更高的可编程逻辑系列器件出现，例如美国 ALTERA 公司生产的 MAX7000 系列器件，可替代 GAL、74LS244、74LS273 等，使用它，不仅可以缩小印刷电路板的面积，而且还可提高抗干扰能力，使用起来很方便。

思考题

1. 模拟量输入电路主要由哪几个部分组成？各部分的作用是什么？
2. 简述采样的定义。
3. 采样的方式有哪几种？
4. 什么是采样保持？采样保持电路的作用及要求是什么？
5. 常用的低通滤波电路有哪几类？各有什么特点？
6. 简述多路转换开关的类型和特点。
7. A/D 转换器有哪几种类型？
8. 简述逐次逼近式 A/D 转换器的工作原理。
9. 逐次逼近式 A/D 转换器的主要特点是什么？
10. 什么是 VFC 数字采集系统？它有什么优点？
11. A/D 式数据采集系统与 VFC 式数据采集系统有什么差异？
12. 模拟量输出电路的组成一般包括哪几个部分？
13. D/A 转换器的性能指标有哪些？
14. 开关量的隔离作用是什么？有哪些隔离方法？
15. 开关量的采集方式有哪几种？有什么差异？
16. 举例说明开关量输入电路的工作原理。
17. 变电所中电能量的计量方法有哪几种？电能脉冲计量法可选用的仪表有哪些？
18. 什么是 I/O 接口？它的作用是什么？
19. I/O 接口信息的传送方式有哪几种？
20. I/O 接口信息有哪几类？
21. CPU 对输入/输出数据的控制方式有哪几种？

4 数据通信技术

> **引言**：数据通信技术是建立计算机网络系统的基础之一。无论是计算机与计算机之间，还是计算机与终端之间，它们之间要进行数据交换，都要借助于数据通信技术。模拟通信在通信技术发展的早期占有很大的比重；现代通信中数字通信占据越来越重要的地位。在电气化铁道微机监控系统中，数据通信是一个极为重要的环节，数据通信既在调度控制中心局域网各工作站及设备间进行，也在调度控制中心与相隔几百公里甚至上千公里的被控站设备之间进行。本章主要通过对数据通信的介绍，讲述了计算机网络的基础知识、数据交换技术、数据编码、信道复用、传输介质、差错控制、网络体系结构等内容，为后续章节的学习提供必备的基础知识。通过学习，读者应该主要掌握以下要点：
> - 数据通信的基本概念及一般结构模型；
> - 计算机网络的组成与结构；
> - 计算机网络通信的一般规则和约定；
> - 数据传输技术的基本概念及应用。

4.1 数据通信概述

大家都知道打电话的过程，呼叫的一方拿起话筒拨号，被呼叫的一方听到电话机振铃后拿起话筒，然后双方开始交谈。在交谈的过程中，语音以模拟声波的形式发出信息，声波经过电话机转换成模拟的电信号，这个电信号通过电话线进行传输，到达通话的另一方的电话机后，再转化成声波的形式从听筒里发出。听话的一方所听到的声波不是说话的一方所发出的声波的准确复制，而是变了调的声音，这是由于信号在传输过程中要受到干扰而发生畸变，只是这种畸变一般不会改变语言的可懂性，再加上人有识别模糊信息的智能，所以这种变形的声波也能被听懂。

下面来看一看两台计算机之间传输文件的过程。图4-1表示两台远程的计算机通过电话线路传输文件。首先，计算机A通过调制解调器和电话线路与计算机B建立连接；然后，利用通信软件，计算机A将存在磁盘上的文件通过建立的连接传到计算机B的磁盘里。这样接收到的文件和发送的文件是完全一致的。

图 4-1 计算机间的数据通信

上述文件传输过程看似简单，其实它包含了非常复杂的通信技术。假设在计算机 A 中的文件中包含一条问候信息"Hello World!"，这一问候信息其实由一些 ASCII 码字符组成，而每个 ASCII 码字符又是 8 位二进制数的序列，所以计算机 A 中的文件由一个二进制数的序列组成。在发送文件时，这个二进制数的序列从磁盘调入计算机的内存，然后通过计算机与调制解调器之间的通信电缆，二进制数的序列被送到调制解调器时，成为一个二值的电信号序列。为了防止传输错误，调制解调器往往在这个二值的电信号序列中添加一些错误校验信息，然后转换成适合于在电话线中传输的模拟信号，以便有效而可靠地传输。在这个模拟信号的传输过程中，由于信号的能量会有所衰减和受到其他的干扰，所以在接收端，计算机 B 的调制解调器收到的信号往往与计算机 A 的调制解调器发出的信号不同。计算机 B 的调制解调器将接收到的信号转换回二值的电信号序列，并根据校验信息试图发现或纠正传输中的错误。正确的二值电信号序列被送到计算机 B 的存储器里，然后又转储到磁盘中。计算机 B 的用户打开接收到的文件就可以看到接收到的信息，这条信息通常是发送的原始信息的准确复制。

从上面的描述可以看出，计算机间的通信和普通电话机间的通信有一些显著的区别。首先，计算机通信系统中发送和接收的是数字信号，而电话通信中发送和接收的是模拟信号；其次，计算机间的通信增加了信号变换的设备，例如调制解调器，通过它可以在模拟信号线路上传递数字数据，并且可以发现或纠正传输中的错误；再者，在计算机间的通信中，接收到的数据和发送的数据通常是完全一致的，而在电话通信中，接收的却是变了样的原始信号的仿制品。

本章介绍的通信系统是指计算机间的数据通信系统。将上面的计算机间传输文件的系统抽象化，就成为如图 4-2 所示的数据通信系统的一般结构模型。

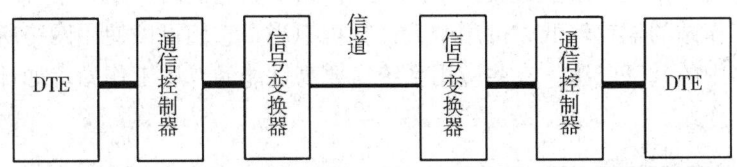

图 4-2 数据通信系统模型

在图 4-2 中，DTE（data terminal equipment）是数据终端设备，它是数据的出发点和目的地。数据输入/输出设备、通信处理机和计算机属于 DTE 的范围。DTE 根据协议控制通信的功能。通信控制器负责 DTE 和通信线路的连接，完成数据缓冲、速度匹配、串并转换等。例如，微机内部的异步通信适配器（UART）、数字基带网中的网卡就是通信控制器。

信道是传输信号的通道，可以是有线的传输介质，也可以是无线的传输介质。信号变换器的功能是把通信控制器发出的信号转换成适合于在信道上传输的信号，或者相反，把从信道上接收的信号转换成通信控制器所能接受的信号，如调制解调器、光纤通信网中的光电转换器。信号变换器和其他的网络通信设备又统称为数据通信设备（data communication equipment，DCE），DCE 为用户设备提供入网的连接点。

4.2 计算机网络的组成与结构

4.2.1 计算机网络的组成

计算机网络是一个复杂的系统，它与任何独立的计算机系统一样由网络硬件系统和网络软件系统组成。网络软件系统和网络硬件系统是网络必备的基本条件。对于不同的应用需求和不同的网络规模，网络的软、硬件配置有很大的差别。

1. 计算机网络的硬件

网络硬件是计算机网络系统的物质基础。要构成一个计算机网络系统，首先要将计算机及其附属硬件设备与网络中的其他计算机系统连接起来。不同的计算机网络系统，在硬件方面存在着巨大的差别。随着计算机技术和网络技术的发展，网络硬件日趋多样化，功能更加强大，更加复杂。尽管不同计算机网络的硬件配置有较大的差别，但是，计算机网络的硬件系统主要是由网络服务器、工作站、网络接入控制设备和通信介质组成的。

1）服务器

服务器是网络中为网络上的用户提供共享资源、提供各种服务的设备，它是整个网络的中心。因此，服务器的工作负荷很重，这就要求它具有高性能、高可靠性、高吞吐能力、大内存容量等特点，应选那些 CPU、存储器等性能较好、系统配置较高，并在设计时充分考虑散热的专用服务器，用以保证网络的效率和可靠性。较大规模的应用系统需要配置多个服务器。小型应用系统也可以用高档微机作为服务器使用。根据服务器所提供的作用和服务，可以将服务器划分为 Web 服务器、文件服务器、打印服务器、应用系统服务器、代理服务器、数据库服务器和邮件服务器等。

2）工作站

当一台计算机连接到网络上就成为了网络工作站，它是网络上的一个客户。对于一般应用系统来说，工作站的配置较低，可用个人计算机担当，它们可以使用网络所提供的服务和访问网络服务器中的共享资源。有些应用系统需要高性能的专用工作站，如计算机辅助设计需要配置图形工作站。

3）网络接入控制设备

网络中的接入控制设备种类繁多，但是它们完成的工作大都相似，主要是将工作站、本地局域网接入到网络，完成信号间的转换和恢复，完成网络之间的连接、控制和通信，如网卡、调制解调器、集线器、交换器、路由器等。网络接入控制设备直接影响网络的传输效率。

4）通信介质

通信介质是计算机网络中发送方和接收方之间的物理通路。由于信号在传输过程中有噪声干扰，不可避免地会产生信号衰减或其他的损耗，而且距离越远衰减或耗损就越大。不同的通信介质传输数据的性能不同。计算机网络通常使用以下几种传输介质：双绞线、同轴电缆、光导纤维、无线传输介质（包括微波、红外线和激光）、卫星线路。

2. 计算机网络的软件系统

网络系统与计算机系统一样，也是由硬件和软件系统两部分组成的。如果用户的计算机已经通过通信线路连接到网络中，但是没有安装网络软件，那么这台计算机也不可能提供任何的网络服务。计算机网络软件系统比单机的软件系统要复杂得多。计算机网络软件系统包括网络操作系统（network operating system，NOS）、网络应用服务系统等。

网络操作系统是为计算机网络配置的操作系统，网络中的各台计算机都配置有各自的操作系统，而网络操作系统把它们有机地联系起来。网络操作系统除了具有单机操作系统所应需的功能外，还应具有以下网络管理功能，即网络通信功能、网络范围内的资源管理功能和网络服务功能等。目前，常用的网络操作系统主要有 UNIX、Linux、Microsoft 公司的 Windows NT Server、Novell 公司的 NetWare 等。

4.2.2 网络的子网结构

计算机网络是利用通信设备和线路将地理位置不同的具有独立处理能力的多个计算机系统互连起来，以功能完善的网络软件（即网络通信协议、信息交换方式和网络操作系统等）实现网络资源共享和信息传递的系统。

计算机网络是计算机技术与通信技术相结合的产物。任何一个基本的计算机网络均可以看成由资源子网和通信子网两部分构成：资源子网提供网络的数据处理能力，通信子网用于实现网内的数据通信。通信子网包含传输介质、通信设备及相关的软件等。它承担着全网的数据传输、转接、加工和变换等通信处理工作。传输介质可以是双绞线、同轴电缆及光纤，也可以是公用通信线路，如电话线、微波等。通信设备是指通信处理机、交换设备和调制解调设备，以及用于卫星通信的地面站、微波站等。资源子网由服务器、工作站各种设备及相应的系统软件与应用软件组成，负责全网数据处理业务，向网络用户提供各种网络资源和网络服务。图 4-3 所示为网络子网结构图。其中：T 为终端；H 为主机；C 为网络接入控制设备，包括集线器、交换机、路由器、桥接器等；SW 为接点处理机，可以是交换机、路由器等；CCU 为通信控制器；L 为传输链路。

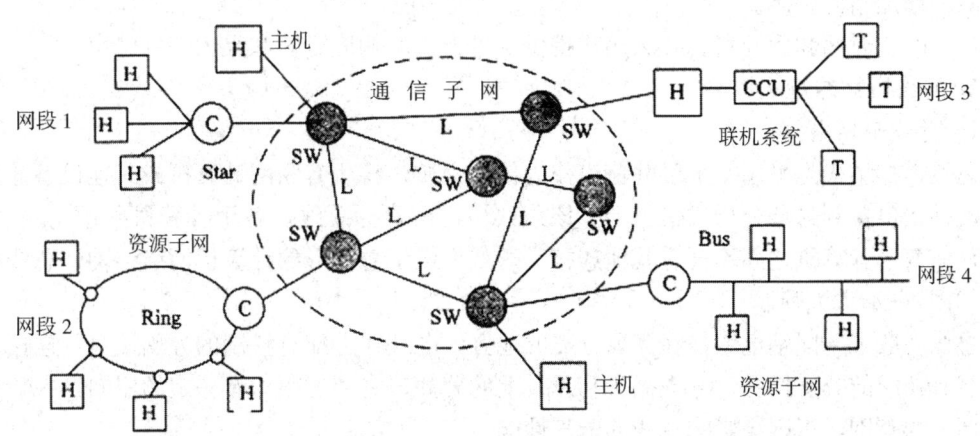

图 4-3 网络的子网结构

4.2.3 网络的拓扑结构

计算机网络的拓扑结构指网络的几何形状，或者是网络中硬件系统相互连接的不同物理形态。计算机网络的拓扑结构主要有星形拓扑、总线形拓扑、环形拓扑、树形拓扑、网状形拓扑。图 4-4 所示为这 5 类网络结构的拓扑图。

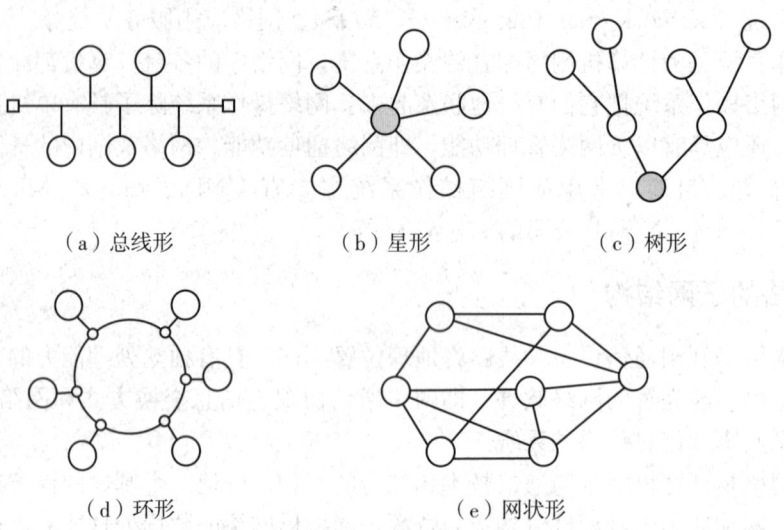

(a) 总线形　　　　(b) 星形　　　　(c) 树形

(d) 环形　　　　(e) 网状形

图 4-4　各种网络拓扑

1. 拓扑结构的选择

拓扑结构的选择往往与传输介质的选择及介质访问控制方法的确定紧密相关。在选择网络拓扑结构时应考虑的主要因素有以下几点。

(1) 可靠性。尽可能提高网络的可靠性，以保证信息的正确传输和接受。

(2) 易维护性。系统的可维护性是指设备故障检测和隔离应尽可能的方便。

(3) 灵活性。以后对网络进行扩展和改动时，能容易地重新配置网络拓扑结构，能方便地删除和增加新的站点。

(4) 响应时间和吞吐量。要为用户提供尽可能短的响应时间和最大的吞吐率。

2. 网络拓扑的基本特点

1) 总线形网络

总线拓扑结构是采用一个公共信道作为传输介质，将所有联网计算机或其他设备通过相应的硬件接口接到这条公用的信道上。该公共信道被称为总线。各个计算机共用这一总线，而在任何两台计算机之间不再有其他连接，这就形成了总线形的计算机网络结构。总线拓扑结构如图 4-4 (a) 所示。

总线一般采用同轴电缆，在需要分支的地方，电缆线上配有特制的分支插口，连接模块上也装有相应的分支插头。分支插头和总线上的分插口之间的距离有一定的限制，一般要求在几厘米的范围，否则会影响总线的电气性能。

总线上传送的信息，通常以基带形式串行传送，它的传送方向总是从发送信息的节点开始向两端传送，如同广播电台发射的信息向四周扩散一样，因此这种结构的网络又称为广播式计算机网络。

在同一时刻,只能有一台计算机发送信息,网络上其他的计算机接收信息,这种接收只是被动地接收,它不负责再生数据并将其往前发送,当总线超过一定的长度后,信号的质量将得不到保证,所以对网络总线的长度都有一定的限制。

如果要延长总线的长度,使其连接更多数量的计算机,需要增加中继器等设备将信号再生并向前发送。但不能靠中继器无限制地延长总线的长度,由于总线上的计算机要分别地独占总线,当总线上计算机的数量增加后,单台计算机需等待更长的时间才能发送数据,从而使网络的速度变慢。

由于总线作为公共传输介质为多台计算机共享,就有可能出现同一时刻有两个或两个以上的计算机利用总线同时发送数据,因此会出现冲突,造成传输失败。

总线网络结构简单、易于安装且价格低廉,是常用的局域网拓扑结构之一。

总线网络结构的主要缺点有:如果总线断开,网络就不能使用;总线的传输距离有限,通信范围受到限制;故障的诊断和隔离较困难;不能保证信息的及时传送;不具有实时功能。

2) 星形网络

星形网络结构由一中心点(如集线器)和计算机连接成网。集线器是网络的中央布线中心,各计算机通过集线器与其他计算机通信。星形网络又称为集中式网络。星形网络如图 4-4 (b) 所示。

集线器 (hub) 是一种特殊的中继器,它可以把多个网络段连接起来。在星形网络中,如果一台计算机或该机与集线器的连线出现问题,只影响该计算机的收发数据,网络的其余部分可以正常工作;但如果集线器出现故障,则整个网络陷于瘫痪。

星形网络便于管理、结构简单、扩展网络容易,增加或去掉某个计算机,不影响网络的其余部分,更改容易,也容易检测和隔离故障。

需要强调指出,应注意物理布局与内部控制逻辑结构的区别。有的网络用集线器连接组成的拓扑结构,在物理布局上是星形的,但在逻辑上仍是原来的内部控制结构。例如,原来是总线以太网,尽管使用了集线器形成星形布局,在逻辑上网络控制结构仍然是总线形网络。自 20 世纪 90 年代开始,以太网 10BBaseT 标准的推出及集线器的使用,总线形网络逐步向星形网络拓扑演化。

3) 树形网络

树形拓扑结构的形状像一棵倒置的树,有一个树根,树根以下带树干,树干下面带分支,每个分支下面还可以再带子分支,如图 4-4 (c) 所示。树根接收各点发送的数据,然后再广播发送到全网。树形拓扑易于扩展、便于管理,故障检测和隔离容易,如果某一分支的计算机或者线路发生故障,很容易将故障分支与整个网络隔离起来,网络的其余部分可以正常工作。

树形网络的缺点是,各个节点对根节点的依赖性太大,如果根节点发生故障,则全网就会瘫痪。

4) 环形网络

环形网络是将各个计算机与公共的缆线连接,缆线的两端连接起来形成一个封闭的环,数据包在环路上以固定方向流动。环形网络结构如图 4-4 (d) 所示。

由于计算机连接成封闭的环路,所以不需要端接器来吸收反射信号。信号沿环路的一个方向进行传播,通过环路上的每一台计算机。每台计算机都接收信号,并且把信号再生放大后再传给下一台计算机。假如环路中的某一计算机发生故障,环形网络将不能正常地传送信息,从而影响到整个网络。

在环形网络中,一般通过令牌来传递数据。令牌依次穿过环路上的每一台计算机,只有获得了令牌的计算机才能发送数据。当一台计算机获得令牌后,就将数据加入到令牌中,并继续向前发送。带有数据的令牌依次穿过环路上的每一台计算机,直到令牌中的目的地址与某个计算机的地址相符合。收到数据的计算机返回一个消息,表明数据已被接收,经过验证后,原来的计算机创建一个新令牌并将其发送到环路上。令牌传送数据的方法也经常用于总线形网络,此时,各计算机形成一个逻辑环路。

环形网络中信息流控制比较简单,信息流在环路中沿固定方向单向流动,两个计算机节点之间仅有唯一的通路,故路径选择控制非常简单。所有的计算机都有平等的访问机会,用户多时也有较好的性能。

5) 网状形网络

容错能力最强的网络拓扑是网状拓扑。在这种网络中,网络上的每个计算机(或某些计算机)至少有两条或两条以上的线路与其他计算机连接。网状形网络结构如图 4-4 (e) 所示。

在网状网络中,如果一台计算机或一段线缆发生故障,网络的其他部分依然可以运行。如果一段线缆发生故障,数据可以通过其他的计算机和线路到达目的计算机。

网状拓扑建网费用高、布线困难。通常,网状拓扑只用于大型网络系统和公共通信骨干网,如帧中继网络、ATM 网络或其他数据包交换型网络。这些网络主要强调网络的可靠性。

4.3 计算机网络的类型及特征

可以按多种方法对计算机网络进行分类,如:按拓扑结构进行分类,有总线网、环形网、星形网等;按网络的地理覆盖范围进行分类,有局域网、城域网、广域网等;按通信介质分类,有有线网、无线网、卫星网等;按交换方式分类,有电路交换网、报文交换网、分组交换网;按共享介质分类,有对等网和服务器/客户网;根据传输介质不同的利用方法分类,有共享介质的网络和交换式网络。其中,比较常用的方法是按网络的覆盖范围分类、按资源共享方式分类和根据网络对传输介质的利用方式分类。

4.3.1 按网络的覆盖范围分类

按照网络的覆盖范围分类,可以将计算机网络分为局域网、城域网、广域网和互联网。网络的规模是以网上相距最远的两台计算机之间的距离来衡量的。

1. 局域网

局域网是局部区域网(local area network,LAN)的简称,这类网络的作用范围有限,是将小区域内的各种通信设备互连在一起的网络,其分布范围局限在一个房间、一幢大楼或一个校园内,用于连接个人计算机、工作站和各类外围设备构成计算机网络。一般来说,局域网的覆盖范围最大不超过 10 km。

2. 城域网

城域网（metropolitan area network，MAN），又称市域网，指所有主机（工作站点）分布在同一城区内，网络覆盖范围大约在 10 km～100 km。

3. 广域网

广域网（wide area network）是广阔区域网络的简称，指网络中所有主机与工作站点分布的地理范围能够覆盖数百千米至数千千米以上的范围，网络可以覆盖一个大城市，一个国家或一个洲，甚至跨越几个洲等。

4. 互联网

互联网（internet）实质上是指两个或多个网络互联所形成的网络。Internet 是目前世界上最大的、应用最广泛的互联网络。

4.3.2 按资源共享方式分类

按资源共享方式分类，可将计算机网络分为对等网和服务器/客户机（基于服务器）网。

1. 对等网

在计算机网络中，每台计算机都是平等的，各台计算机既是服务器又是客户机。每台计算机分别管理自己的资源和用户，同时又可以作为客户机访问其他计算机的资源。对等网非常适合于小型的、任务轻的局域网，例如在普通办公室、家庭、游戏厅、学生宿舍内建立对等局域网。

2. 服务器/客户机（基于服务器的网络）网络

在网络中有几台计算机或设备只作为服务器为网络上的用户提供共享资源，而其他的计算机仅作为客户访问网络上的共享资源，这样的网络就是服务器/客户机网络。根据服务器所提供资源的不同，又可以把服务器分为文件服务器、打印服务器、应用程序服务器、通信服务器等。

基于服务器的网络可以集中管理网络中的共享资源和网络用户，具有较好的安全性。由于重要的资源集中在几台服务器上，这些服务器还可以集中存放，所以容易管理和维护；这种网络可以对网络用户进行分组管理。在实际应用中，大多数的局域网都是基于服务器的局域网网络。

4.3.3 按网络对传输介质的利用方式分类

计算机网络是通过传输介质来传输或控制信息的。对传输介质的两种不同的利用方法形成了两种类型的网络，即共享介质的网络和交换式网络。

1. 共享介质的网络

传统的局域网大都是以共享传输介质为基础的，例如，在以太网络上各工作站共享总线，每一时刻只有一个工作站占用总线，在令牌环网上只有拥有令牌的工作站才能往网络发送信息。在这样的网络上，随着用户的增多，每个用户所能占用传输介质的时间将越来越少、网络通信的延时将增加。为了解决这个问题，人们采用网络微化技术，即在网络中增加网桥或路由器将网络分成若干个小的网段，各个网段内的计算机共享传输介质。如果要访问的目标计算机在其他网段内，则该访问信息才能穿过网桥或路由器，如果要访问的目标计算机就在本网段内，则访问信息就将网桥或路由器限制在该网段内。

2. 交换式网络

交换式网络类似于电话网，电话网通过各电话交换机连接起来，每个电话交换机又连接若干个电话分机，在同一个电话局的两个用户通话也要通过电话交换机。在交换式网络中，需要设置网络交换机，与网络交换机相连的网络或计算机之间可以经过交换机通信。

在图4-3所示的交换式网络中，当网段1上的用户和网段4上的用户通信时，网段2和网段3上的用户也可以同时通信。

局域网交换技术通过把节点工作站按照需要交换到特定的网段，在网段上按需要配置可以控制数目的工作站。

局域网交换技术把共享介质分段，使每个LAN段上节点工作站的数目减少到适当的程度，以减少网络冲突。局域网交换可以比拟成将1个大型全体会议分散成同时在若干个小会议室内开小型会议的例子。在1个大型全体会议上同时只允许有1个人发言，若在5个小会议内同时开小型会议，同一时刻便允许有5个人发言。局域网的分段还可以对特定的网段隔离通信，同时给工作站配置和管理带来了方便和灵活性。

4.4 网络体系结构

4.4.1 OSI体系结构

1. 协议及体系结构

通过通信信道和设备互连起来的多个不同地理位置的计算机系统，要使其能协同工作实现信息交换和资源共享，它们之间必须具有共同的语言。交流什么、怎样交流及何时交流，都必须遵循某种互相都能接受的规则。

1) 网络协议（protocol）

网络协议就是为进行计算机网络中的数据交换而建立的规则、标准或约定的集合。协议总是指某一层协议，准确地说，它是对同等实体之间的通信制定的有关通信规则约定的集合。网络协议有以下3个要素。

(1) 语义（semantics）：涉及用于协调与差错处理的控制信息。

(2) 语法（syntax）：涉及数据及控制信息的格式、编码及信号电平等。

(3) 定时（timing）：涉及速度匹配和排序等。

2) 网络的体系结构及其划分所遵循的原则

计算机网络系统是一个十分复杂的系统。将一个复杂系统分解为若干个容易处理的子系统，然后"分而治之"，这种结构化设计方法是工程设计中常见的手段。分层就是系统分解的最好方法之一。在图4-5所示的一般分层结构中，n层是$n-1$层的用户，又是$n+1$层的服务提供者。$n+1$层虽然只直接使用了n层提供的服务，实际上它通过n层还间接地使用了$n-1$层及以下所有各层的服务。

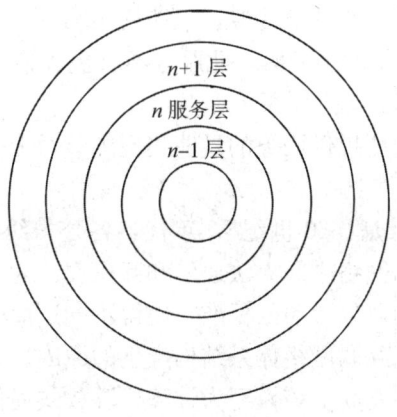

图 4-5 层次模型

层次结构的好处在于使每一层实现一种相对独立的功能。分层结构还有利于交流、理解和标准化。

所谓网络的体系结构（architecture），就是计算机网络各层次及其协议的集合。层次结构一般以垂直分层模型来表示，如图 4-6 所示。

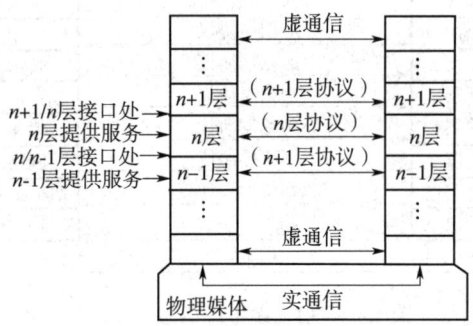

图 4-6 计算机网络的层次模型

(1) 层次结构的要点。

除了在物理媒体上进行的是实通信之外，其余各对等实体间进行的都是虚通信。对等层的虚通信必须遵循该层的协议。

n 层的虚通信是通过 $n/(n-1)$ 层间接口处 $n-1$ 层提供的服务以及 $n-1$ 层的通信（通常也是虚通信）来实现的。

(2) 层次结构划分的原则。

每层的功能应是明确的，并且是相互独立的。当某一层的具体实现方法更新时，只要保持上、下层的接口不变，便不会对邻层产生影响。

层间接口必须清晰，跨越接口的信息量应尽可能少。

层数应适中。若层数太少，则造成每一层的协议太复杂；若层数太多，则体系结构过于复杂，使描述和实现各层功能变得困难。

(3) 网络体系结构的特点。

以功能作为划分层次的基础。

第 n 层的实体在实现自身定义的功能时，只能使用第 $n-1$ 层提供的服务。

第 n 层在向第 $n+1$ 层提供的服务时，此服务不仅包含第 n 层本身的功能，还包含由下层服务提供的功能。

仅在相邻层间有接口，且所提供服务的具体实现细节对上一层完全屏蔽。

2. OSI 参考模型

制定 OSI 参考模型的背景是：20 世纪 70 年代，各公司纷纷提出自己的网络体系结构，而这些网络体系结构所构成的网络之间无法通信和互操作。为了在更大范围内共享资源和通信，人们迫切需要一个共同的可以参照的标准，使得不同厂商的软硬件资源和设备能够互通和互操作。这就是开放式系统互联网络体系结构产生的原因。开放式系统互联网络体系结构就是在多个不同的环境中支持互联。该模型为计算机开放式通信所需要定义的功能层次建立了全球标准。

OSI 参考模型（OSI/RM，如图 4-7 所示）将整个网络的通信功能分成 7 个层次，包括低三层（物理层、数据链路层和网络层）、高四层（传输层、会话层、表示层和应用层）。通常将计算机网络分成通信子网和资源子网两大部分。OSI 的低三层属于通信子网范畴，高三层属于资源子网范畴，传输层起着衔接上三层和下三层的作用。

图 4-7 OSI 参考模型总体结构图

各层的功能用协议描述，协议规定了某层跟另一远方系统中的一个对等层通信所使用的一套规则和约定。每一层向相邻的上层提供一套确定的服务，并且使用由相邻下层提供的服务层向远方对等层传输与该层协议相关的信息单元。例如，传输层为它上面的会话层提供可靠的与网络无关的信息传输服务，并且使用其下面网络层所提供的服务将与传输层协议有关的一组信息单元传送给另一系统中的对等层。

在概念上，每层都根据一个明确定义的协议跟一个远方系统中的一个类似对等层通信，这样的通信称为虚拟通信，这些虚拟通信完成了通过物理媒介进行通信的过程。但实际上该层所产生的协议信息单元是借助于相邻下层所提供的服务传送的。

下面就从最下层开始，逐次讨论 OSI 参考模型各层的功能和通信标准。

1）物理层

物理层涉及通信在信道上传输的原始比特流。设计上必须保证一方发出"1"时，另一方接收到的是"1"，而不是"0"。在物理层，设计的问题主要是处理机械的、电气的和过程的接口，以及物理层下的物理传输介质等。该层的典型问题有：用多少伏特电压表示 1，多少伏特表示 0；一个比特持续多长时间；传输是否在两个方向上同时进行；最初的连接如何建立和完成通信后连接如何终止；网络接插件有多少针及各针的用途等。

2）数据链路层

数据链路层的主要任务是加强物理层传输原始比特的功能，使之对网络层显示为一条无错的线路。发送方把输入数据封装在数据帧（data frame）里，按顺序发送各帧，并处理接收方回送的确认帧（acknowledgement frame）。由于物理层仅仅接收和传送比特流，并不关心它的意义和结构，所以只能依赖各链路层来产生和识别帧边界。该层需解决的问题有：解决由于帧的破坏、丢失和重复的问题；为防止高速的发送方的数据把低速的接收方"淹没"（数据溢出），需要进行某种流量调节控制等。

3）网络层

网络层关系到子网的运行控制，其中的一个关键问题是确定分组从源端到目的端的路由选择问题。路由既可以选用网络中固定的静态路由表，也可以在每一次会话时决定，还可以根据网络的当前的负载状况，高度灵活地为每一个分组决定路由。

4）传输层

传输层的基本功能是，从会话层接收数据，并且在必要的时候将它分成较小的单元，传输给网络层，并确保到达对方的各段信息正确无误，而且这些任务必须高效地完成。通常，会话层每请求建立一个传输连接，传输层就会为其创建一个独立的网络连接。如果传输连接需要一个较高的吞吐量，传输层也可以为其创建多个网络连接，让数据在这些网络连接上分流，以提高数据吞吐量。

5）会话层

会话层允许不同计算机上的用户建立会话关系。会话层允许进行类似传输层的普通数据的传输，并提供了对某些应用的增强服务会话，也可以被用于远程登录到分时系统或在两台机器间传递文件。

6）表示层

在表示层下面的各层中，它们最关注的是如何传递数据位，而表示层关注的是所传递的信息的语法和语义。不同的计算机可能会使用不同的数据表示法，为了让这些计算机能够进行通信，它们所交换的数据结构必须以一种抽象的方式来表定义；同时，表示层还应该定义一种标准的编码方法，用来表达网络线路上所传递的数据。表示层管理这些抽象的数据结构，并允许定义和交换更高层的数据结构。

7）应用层

应用层是 OSI/RM 的最高层，其功能与系统应用所要求的网络服务目的有关。该层为对等应用系统中的应用进程提供访问 OSI 环境的"窗口"和手段，所以它是为系统的应用目的直接提供网络访问的功能层。如传输文件功能，由于不同的文件系统有不同的文件命名原则，文本行有不同的表示方法等。不同的系统之间传输文件所需处理的各种不兼容问题，就是应用层的工作。此外，还有电子邮件、远程作业输入、名录查询和其他各种通用和专用的功能等。

3. OSI 参考模型总结

对 OSI 参考模型中 7 层功能的总结如表 4-1 所示。

表 4-1 OSI 参考模型中的 7 个层次小结

层号	层的名称	英文	主要功能
7	应用层	application layer	与用户应用进程的接口,提供分布式信息服务
6	表示层	presentation layer	数据格式的转换,为应用程序提供通用接口,提供加密解密服务
5	会话层	session layer	提供在应用程序之间通信的控制结构;在协同工作的应用程序之间建立、管理和释放连接,即会话的管理和数据传输的同步
4	传输层	transport layer	端到端经网络透明地传输报文;提供端到端的差错恢复和流量控制
3	网络层	network layer	分组传输和路由选择,使高层与数据传输和用来连接系统的交换技术无关
2	数据链路层	data link layer	在链路上无差错地传送一帧一帧的信息;在此层将数据分帧,并处理流量控制;本层指定拓扑结构并提供硬件寻址
1	物理层	physical layer	将比特流送到物理介质上传送;关心在物理媒介上非结构的比特流的传输;考虑接入物理媒体的机械、电器、功能和过程的特性

4.4.2 TCP/IP 参考模型

1. TCP/IP 参考模型概述

由于互联网是一个跨国界的庞大的网络体系,连入其中的计算机自然有着许多不同之处。为了使网络中所有计算机能够畅通无阻地进行通信,自然需要一个大家都共同遵守的数据传输标准,这种"标准"或称为"约定",也就是"通信协议"。在计算机网络中使用的通信协议有许多,如 TCP/IP、IPX、NetBEUI 等。

TCP/IP 是互联网中使用的主要通信协议,它是目前最完整、应用最普遍的通信协议标准。它可以使不同硬件结构、不同操作系统的计算机之间相互通信。TCP/IP 是一个广泛发布的公开标准,完全独立于硬件或软件厂商,可以运行在不同体系结构的计算机上。

网络协议通常在不同的层次进行,各层分别负责不同的通信功能。一个协议组件是一组不同层次上的多个协议的组合。TCP/IP 协议是以协议集的形式推出的,它包括一组互相补充、互相配合的协议。TCP/IP 协议集包括 TCP 协议(传输控制协议)、IP 协议(互联网协议)和其他一些协议。所有这些协议相互配合,实现网络上的信息通信。TCP/IP 不仅仅表示 TCP 和 IP 两个协议,还指整个协议集,TCP 和 IP 只是协议集中两个最主要的协议,读者应注意此术语的真正含义。

TCP/IP 协议栈包括 4 个功能层:应用层、传输层、互联网络层及网络接口层。这 4 层大致相对于 OSI 参考模型中的 7 层。图 4-8 显示了 TCP/IP 的分层结构及其与 OSI 7 层协议模型的对应关系。

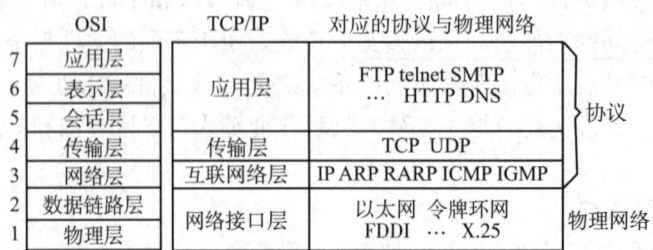

图 4-8 TCP/IP 体系结构

1）应用层

应用层为用户提供所需要的各种服务，TCP/IP 模型中的应用层包含了所有的高层协议，常用的包括远程登录 telnet 协议、文件传输协议（FTP）、简单邮件传输协议（SMTP）、简单网络管理协议（SNMP）、超文本传输协议（HTTP）、域名系统（DNS）等。很多其他应用程序驻留并运行在此层，并且依赖于底层的功能。相似地，网络上通信的任何应用也在模型的这一层中描述。

2）传输层

传输层在 TCP/IP 模型中位于互联网络层之上，其功能是使源端主机和目的端主机上的对等实体可以进行会话（和 OSI 的传输层一样），这里定义了两个端到端的协议。

（1）传输控制协议（TCP）。它是一个面向连接的协议，允许从一台计算机发出的字节流无差错地发往互联网上的其他计算机。它把输入的字节流分成报文段，并传给互联网络层。在接收端，TCP 接收进程把收到的报文再组装成输出流。TCP 还要处理流量控制，以避免快速发送方向低速接收方发送过多报文而使接收方无法处理。为了完成可靠的数据传输任务，TCP 协议具有数据包的顺序控制、差错检测等功能。

（2）用户数据报协议（UDP）。UDP 是用户数据报协议，与 TCP 一样位于传输层。UDP 是一种不可靠、无连接的协议，采用数据报方式发送和接收数据，不能保证重传丢失的数据报或者处理垃圾数据报。但这并不是说明 UDP 处理数据很糟糕，我们可以通过对采用 UDP 协议的应用程序强化通信管理，来保证数据传输的质量。例如，SNMP 协议就是建立在 UDP 基础上的。

3）互联网络层

互联网络层是将整个网络体系结构贯穿在一起的关键层。该层的任务是，允许主机将分组发送到任何网络上，并且让这些分组独立地到达目标端（目标端可能位于不同的网络上）。这些分组到达的顺序可能与它们被发送时候的顺序不同，在这种情况下，如果有必要保证顺序的话，则重新排列这些分组的任务由高层来负责。

互联网络层定义了正式的分组格式和协议，该协议称为 IP（internet protocol）。互联网络层的任务是将 IP 分组投递到它们该去的地方。很显然，分组路由和避免拥塞是这里的主要问题。由于这些原因，所以，可以这样说，TCP/IP 的互联网络层在功能上类似于 OSI 的网络层。

4）网络接口层

网络接口层似乎与 OSI 的数据链路层和物理层相对应，但实际上 TCP/IP 本身并没有真正描述这一部分，只是指出主机必须使用某种协议与网络连接，以便能在其上传递 IP 分组。具体的物理网络可以是各种类型的局域网，如以太网、令牌环网、令牌总线网等，也可以是 X.25、帧中继、电话网、DDN（数字数据网）等公用数据网络。网络接口层负责从主机或节点接收 IP 分组，并发送到指定的物理网络上。

4.5　数据传输技术

数据传输技术主要是指数据信号的变换（信号编码）及其与传输信道相匹配的问题，以便尽可能提高传输质量，降低误码率。

4.5.1 术语和概念

1. 信息、消息、信号和数据

信息（information）是消息所包含的内容。例如，每天的天气预报是一种消息，预报中告知某日某时的真实天气情况如何，就是该消息所包含的"信息"，即消息的含义。

消息（message）是表达信息的形式。消息的形式是多样的，同一种信息内容可用不同形式（例如文字、声音、图形、图像等）的消息来表达。例如天气预报信息，可用文字消息，也可用话音消息来表达。在时间上连续变化形式的消息称为模拟消息，例如由人嘴或扬声器发出的声波话音、由传感器指示出的温度、湿度等的连续变化等。用数码表达的、不连续变化（离散）形式的消息称为数字消息（或叫离散消息），例如由键盘打出来字母，由文字或数字记录的各种量值和内容等。

信号（signal）是为消息的传播而用来表达消息的一种载体。在电（光、声）通信中，就要使用电（光、声）信号波形（如正弦波、脉冲波等）来作为消息的载体，然后把消息寄附（携带）在波形的某个特征参量（如幅度、频率、相位、宽度等）上。如果信号波形参量上携带的是模拟消息，则该信号参量必然按时间随消息而连续变化，称这种信号为模拟信号；如果信号波形参量上携带的是离散消息，则该信号参量必然是离散取值的，称这种信号为数字信号。使用 A/D 装置，可以将模拟信号变换成数字信号；使用 D/A 装置，则可以将数字信号变换成模拟信号。

数据（data）是以"数"（number）来表达信息的一类消息表示形式，即数据类消息。它指"计算机数据"，也即"要经过或已经过计算机处理，或由计算机产生的任何东西"，就称为"数据"。随着计算机应用范围的不断扩大，发展到今天的多媒体时代，数据的概念就非常广义了，从声音、图像到文字、图片，甚至由光、电磁、温度、湿度等传感而来的量值，将它们数字化之后作为计算机处理（或传输）的对象时，都可归类为"数据"。由此可见，数据的定义与计算机相关，计算机通信和网络所操纵的对象就是数据，也只能是数据。

2. 模拟通信、数字通信和数据通信

如果消息的表示形式（即信号）是模拟的，例如普通的模拟话音或图像信号，直接用其模拟信号来表示和传递消息的通信方式叫做模拟通信（analog communication）。如果消息经过（或不必经过）数字化处理后变成为离散消息，然后用其数字信号来表示和传递消息的通信方式叫做数字通信（digital communication）。这一对通信技术的概念只是在消息载体（信号）形式上的区分，与被传递的消息是数据类还是话音类无关。

数据通信（data communication）是特指传递数据类消息的通信方式。因为数据的传送载体既可使用模拟信号亦可使用数字信号，所以传输数据类消息既可用模拟通信技术实现"模拟的数据通信"，也可用数字通信技术实现"数字的数据通信"。

4.5.2 数字数据

数据可以分为两类，即模拟数据和数字数据。模拟数据的物理信号容易实现，但是不精确且容易受干扰。数字数据具有精确及受扰动可以恢复的特性，数字数据最常用的是十进制数，但物理实现最容易且已经采用是二进制形式。现代的数字计算机即采用二进制。通过二进制数字的各种排列组合可以形成数值、字符串及其他各类型的数据。较早的数据通信系统是电报系统，它采用的是莫尔斯码；现代计算机最通用的代码是美国标准学会（ANSI）所颁布的 ASCII 码（American Standard Code for Information Interchange）；中国使用的汉字及其他一些符号采用国标码。

莫尔斯（Morse）电报码是由萨谬尔·莫尔斯所发明的，在电报操作中很流行。莫尔斯电报码很简单，是一种用一连串的滴答声和停顿间隔来表示字母和数字的方法。例如，莫尔斯电报码用一短的滴答声后跟一长的滴答声来表示字母 A。在定义电报码所代表的值时，莫尔斯试图用短的嘀嗒序列来表示经常使用的字母，这样它能更快地传送信息。

ASCII 码是美国信息交换标准代码的简称。它采用 8 位二进制表示 1 个字符，又常称为 7 单位码（第 8 位为奇偶校验位）。此种编码共有 128 种编码字符。在一般情况下，同步传输时采用偶校验，异步传输时采用奇校验。由于这种代码扩展了编码的范围，并具有一定的检错能力，故在计算机通信领域中得到广泛的采用。

4.5.3 模拟数据数字化

数字传输（digital transmission）在信息传输过程中是用有限个离散值的信号来表达信息。要利用数字信号传输像电话语音那样的模拟数据，首先需要将它数字化，一般在发送端设置一个模拟/数字转换器（A/D），将语音模拟信号变换成数字信号再发送。而在接收端设置一个数字/模拟转换器（D/A），将接收的数字信号转变成语音模拟信号。通常把模/数转换器称为编码器，而把数/模转换器称为解码器。计算机数据是数字数据，因此，如果采用数字传输方式，就不再需要调制解调器，这样就可以省去数字与模拟之间的变换和反变换。将模拟信号数字化的方法有两种，即脉冲编码调制 PCM 和增量调制。

1. 脉冲编码调制

脉冲编码调制（pulse code modulation，PCM）是把模拟信号转换成数字信号的最基本方法之一，其理论基础是采样定理。对模拟信号进行幅度采样，使连续信号变为时间轴上的离散信号。根据采样定理，如果模拟信号 $f(t)$ 的最高频率为 f_m，对于该连续变化的模拟信号进行周期地采样，只要采样频率不小于 f_m 的两倍，即在均匀间隔 $T\leqslant 1/2f_m$ 的各点对 $f(t)$ 进行采样，则这些离散的幅度采样值可以无失真地恢复成原来的模拟信号。数字化转换过程包括采样、电平量化和编码 3 个步骤。

1）采样

采样是每隔一定的时间间隔，把模拟信号的幅值取出来作为样品，并让其代表原信号，取样频率 $f_s \geqslant 2f_m$。f_s 愈高则精度愈高，但如果过高，会过多地增加计算量。

2）量化

量化实际上是一个分级的意思，将模拟信号按幅度划分成 N 个量化级。将连续量变成离散量的过程称为量化，即把采样所得到的信号脉冲幅度按量级比较，并且用取整或四舍五入等方法，使每一个采样值归并到某个临近的整数。脉冲幅度经量化后，它的取值就不再是连续的了，而是以一定时间差距出现的有限个数值。

3）编码

编码是用一定位数的二进制数来表示采样所得脉冲的量化幅度。如果有 N 个量化级，那么每次取样将需要 $\log_2 N$ 位个二进制数码。目前在语音数字化脉码调制系统中，通常分为 128 个量级，即 7 位二进制数来表示它。每个样值的二进制码组称为码字，其位数称为字长。

如图 4-9 所示，对模拟信号 $f(t)$ 在 T_1、T_2、T_3、T_4、T_5 时刻采样得到的值分别为 4.2、6.9、5.4、1.2、1.5。按 8 个量级四舍五入量化后分别得整值：4、7、5、1、2。采用 3 位二进制编码后，其编码分别是：100、111、101、001、010。在发送端，经过这样的变换过程，就把模拟信号转换成二进制编码脉冲序列，然后发送到信道上进行传输。在接收端，接收到二进制编码脉冲序列后，首先进行译码，将二进制数码转换成为代表原来模拟信号的幅度不等的量化脉冲，再经过滤波（如低通滤波器）即能使幅度不同的量化脉冲恢复成原来的模拟信号。

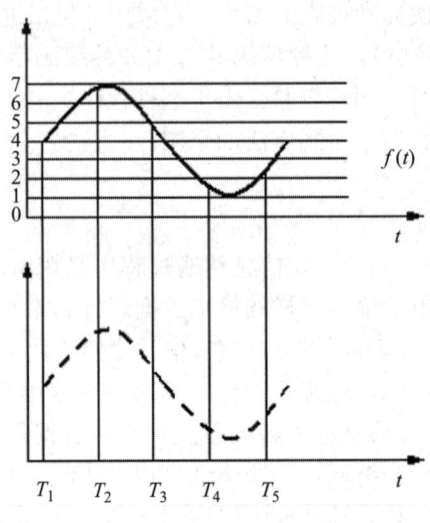

图 4-9　PCM 脉冲编码调制

2. 脉冲增量调制

脉冲增量调制是在脉冲编码调制的基础上发展起来的，它是实现模拟信号数字化的另一种方法。所不同的是，在脉冲编码调制中，是以一组代码序列表示模拟信号的采样值。为了减少量化噪声，一般采用较长的代码组或较复杂的编译码设备。而在脉冲增量调制中，是用 1 位二进制码表示相邻采样值的相对大小。

4.5.4　数据编码

在通信系统中，要把数字数据或者模拟数据从一个地方传到另一个地方总是要借助于一定的物理信号，如电磁波和光。而物理信号可以是连续的模拟信号，也可能是离散的数字信号。模拟数据和数字数据两种数据形式中的任何一种数据都可以通过编码形成两种信号（模拟信号和数字信号）中的任何一种信号。于是，就产生了 4 种数据传输形式，即模拟信号传输模拟数据、模拟信号传输数字数据、数字信号传输模拟数据和数字信号传输数字数据，如图 4-10 所示。

使用数字信号传输数据时，数字信号几乎要占用整个频带，也就是终端设备把数字信号转换成脉冲电信号时，这个原始的电信号所固有的频带，称为基本频带（base band），简称基带。在信道中直接传送基带信号时，称为基带传输。采用模拟信号传输数据时，往往只占有有限的频谱，对应基带传输将其称为频带传输。

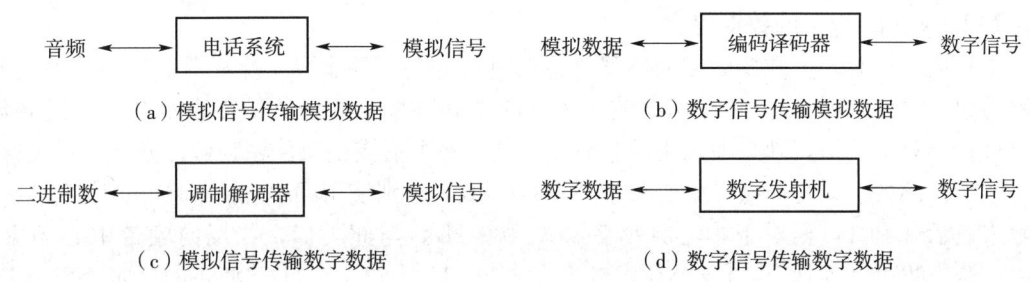

图 4-10 数据传输的形式

1. 数字数据的模拟信号编码

传统的远距离通信线路大多为频带传输线路（例如载波电话线路），不能直接传输数字数据的基带信号，即不能传输接近于零频率的分量，所以必须采用模拟信号传输。模拟信号传输的基础是载波，它是一个频率恒定的连续正弦波信号。因此，必须用基带脉冲对载波进行调制，变换成适合于远距离传输线路传输的频带信号，此即对数字数据的模拟信号编码（通常地称为"调制"）过程。通过对载波信号的不同参数（振幅、频率、相位）进行调制，可以得到 3 种性能各异的调制方法。下面是数字数据对载波信号进行调制的 3 种基本形式，统称为"数字调制技术"。

（1）振幅键控法（amplitude-shift keying，ASK）：数据信号对载波振幅调制。
（2）移频键控法（frequency-shift keying，FSK）：数据信号对载波频率调制。
（3）移相键控法（phase-shift keying，PSK）：数据信号对载波相位调制。

图 4-11 用波形表示出了这 3 种调制方法的特征。

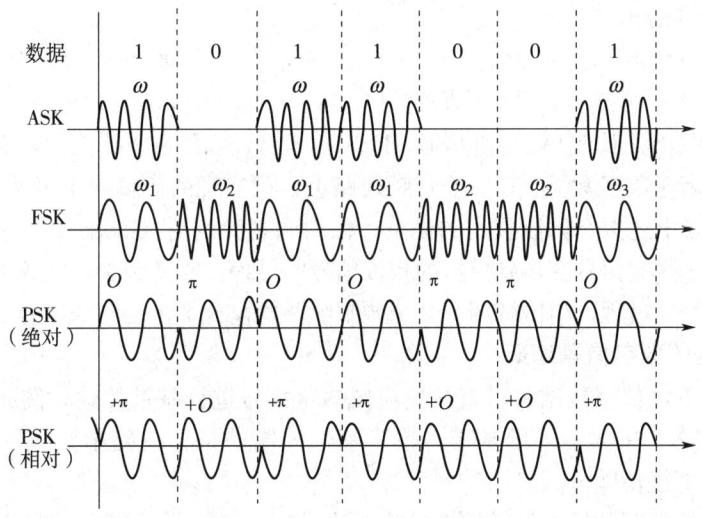

图 4-11 数字调制技术的波形

如图 4-11 所示，用基带信号对一个载波信号的振幅进行调制，称为调幅 AM。若基带信号是数字信号，就称为振幅键控（ASK）。它是用载波的 2 个不同的振幅来表示 2 个二进制值，或者是用"载波存在"来表示数字"1"，而用"载波不存在"来表示数字"0"。ASK 方式容易受增益变化的影响，是一种效率相当低的调制技术。在音频线路上，通常只能达到 1 200 bps 以下的数据速率。

用基带信号对一个载波信号的频率进行调制，称为调频 FM。若基带信号是数字信号，就称为频率键控（FSK）。它是用载波频率（或中心频率）的正负偏移表示 2 个二进制值。如要进行全双工通信，则必须采用两个载波，其中一个形成正向传输频带，另一个形成反向传输频带。例如，设正向频带中心频率为 1 170 Hz，分别使用频率 1 070 Hz 和 1 270 Hz 的信号来表示 0 和 1，相对于中心频率各移位 100 Hz。与此类似，在反向频带中心频率是 2 125 Hz，两边也各有 100 Hz 移位的频率为 2 025 Hz 和 2 225 Hz。此正向反向两个频带几乎不存在重叠，因此正、反向信道之间几乎不会互相串扰。在一般音频线路上，实现的数据速率通常可达 1 200 bps～2 400 bps。这种方式也广泛用于高频（3 MHz～30 MHz）和甚高频（30 MHz～300 MHz）的无线电传输。

用基带信号对一个载波信号的相位进行调制，称为调相 PM。若基带信号是数字信号，就称为移相键控（PSK）。在 PSK 方式下，利用载波信号的相位偏移来表示数据，分为绝对相位调制和相对相位调制。如图中 4-11 所示的二相 PSK 方式，用初始相位为 $\varphi=0°$ 的等幅正弦信号来表示数据"1"，用初始相位为 $\varphi=180°$ 的等幅正弦信号来表示数据"0"，数据"0"和"1"的相位固定不变，这叫做"绝对移相键控"。如果载波信号为 $A\cos(2\pi f_t+\theta)$，则绝对移相键控信号可以表示为

$$S(t)=\begin{cases}A\cos(2\pi f_t+\theta)\\ A\cos(2\pi f_t+\theta+\pi)\end{cases}$$

若利用前后信号相位的相对变化来传送数字数据，则称为"相对移相键控"。如图 4-11 所示，当要传输的信号为 1 时，信号和前一个信号的相位差为 π；当要传输的信号为 0 时，信号和前一个信号的相位差为 0。

相位键控法（PSK）也可以使用多于二相的键控法，例如四相 PSK 使用初始相位 45°、135°、225°和 315°分别表示 2 比特数据的组合 11、10、00 和 01，这叫做"正交四相移相键控"，表示为 4QPSK。比起 ASK 和 FSK，PSK 技术有较强的抗干扰能力，而且频带利用率更有效，可实现中高速数字调制。在一般音频线路上，可实现的传输速率可达 9 600 bps 或更高的数据速率。实现上述数字调制技术的设备，称为调制解调器（modem），它属于信号变换器中的一种。从数字数据信号变换到模拟的频带信号的过程，叫做调制；从频带信号反变换成原来的数字数据信号的过程，叫做解调。一个调制解调器包含了正反向变换的双重功能。

2. 数字数据的数字信号编码

在很多情况下，数字数据可以直接变换成数字信号进行基带传输，例如在近距离内通信的局域网络（LAN）中大多采用基带传输。基带传输就是在线路中直接传送基带信号，这是一种最简单的直接传输方式。

对于二进制的数字数据来说，最简单的办法是用"高、低"二电平来表示两个二进制数字，即直接使用数据的原始数字波形（通常是矩形脉冲序列）。但是，这种最简单的编码方法也就决定了它只能具有最差的传输性能。因为，在基本条件保持不变的情况下，决定传输质量的重要指标是信噪比、数据速率和信号带宽，它们的关系是：数据速率增加，误码率增加；信噪比下降，误码率也增加；增加带宽，数据速率可增大。这种互相制约的关系，最后体现在数字信号的带宽（由信号波形反映出来）选择上，所以要求设计出最合适的数字信号编码波形。

另外,在进行数字的基带传输时,收发两端之间的信号必须保持严格的位同步关系,才能进行准确的接收判决。通常,发送端通过传输出去的信号波形来携带位同步信息,接收端则从接收到的信号波形中将位同步信息提取出来加于利用,实现与发送端之间的比特同步关系。不同的信号波形所包含同步信息的多少程度是不同的。因此,设计和选择不同的信号编码波形的目的,除了对信号带宽的考虑外,更重要的是能否包含更多的位同步信息。

常用的数字信号编码方法主要有以下几种。
- 不归零(NRZ)码。
- 归零(RZ)码。
- 曼彻斯特码、差分曼彻斯特码。
- 双极性码。

图 4-12 画出了这 5 种编码波形,通过比较,以下两点是值得注意的。

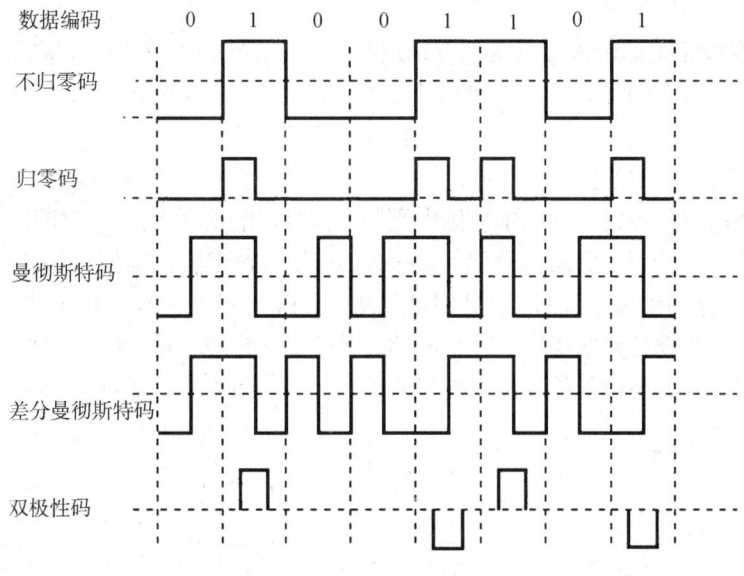

图 4-12 数字编码波形

(1) 凡是不归零码,不是每一个比特位都有对应的位定时信号,在传输时就要求用某种方法来使发送器和接收器之间进行定时或同步。凡是归零码,其信号的脉冲较窄,信号的频谱较宽,因而在传输时占用信道的频带也就比较宽。

(2) 因为单极性码会存在直流分量,这就要求在传输线路上不能使用变压器或其他具有绝缘的交流耦合元件。双极性码大多能做到趋近零的直流分量。从长时间统计来看,数据序列中"1"码的位数和"0"码的位数几乎相等,那么双极性码就几乎不存在直流输出交替双极性码,也没有直流输出,这避免了对数据传输线路中使用交流耦合元件的限制。

在数字数据传输中,有以下两种位同步方法。

(1) 外同步法。在发送数据之间,发送端先向接收端发出一定长的同步时钟脉冲序列,接收端从中提取出位定时信号,并以此定时信号来锁定接收端的本地时钟的频率,这样就可以在一定时间范围内保持接收端与发送端之间的位同步。因为接收端的同步信号是先由发送端专门发送来的,而不是由信息中提取出来的,故谓之外同步法。

(2) 自同步法。如果数据的传输系统选择使用的数字信号编码波形本身就含有足够的位同步信息，就可以在接收数据信号的过程中不断提取出定时信号来调整和锁定本地的时钟频率，就可以使接收端与发送端始终保持同步。因为定时信号是从数据信号自身不断提取出来用于实现同步的，故谓之自同步法。典型的自同步信号波形是曼彻斯特编码波形，它被广泛用于局域网的物理层。

4.5.5 数据传输方式

构成码字的每一位数字，称为"码元"。码元是数据的最小单元，在传输时，它具有时间属性，也就是说，它是有序的且持续时间有限的。在电通信中，需要借助于电信号的状态来表征码元的数值。因为绝大多数电器件呈现两种状态，可以分别表示"0"和"1"，所以绝大部分代码都是二元数字的码元组合形式。

1. 串行传输与并行传输

数据码字在线路上的传输可以是并行方式或是串行方式，如图 4-13 所示。在并行传输方式中，一个码字的所有码元（位）并排同时传送，而且每个码位要求一条通路，如图 4-13 所示。在计算机设备内部或主机与高速外设（如打印机、磁盘存储器等）之间，一般都采用并行传输，它可以获得很高的数据传输速度。并行传输一般只限于在 1 米以内的极短距离内进行。如要进行远距离的并行传输，则要求采用多元调制或复用的信号编码与变换技术。

串行传输中，一个码字的最低码位 b_0 在先，高位 b_7 在后，逐位串序送出，直到最高码位被送出为止，完成一个码字的发送过程，如图 4-14 所示。这种传输方式只要 1 条传输线路，通常用在较远距离的数据传输。在相同的时钟频率下比较，虽然它的数据速率可能比并行方式低，但由于要求的信道条件和技术都很简单、经济，所以它是数据通信中常用的实用传输方式。

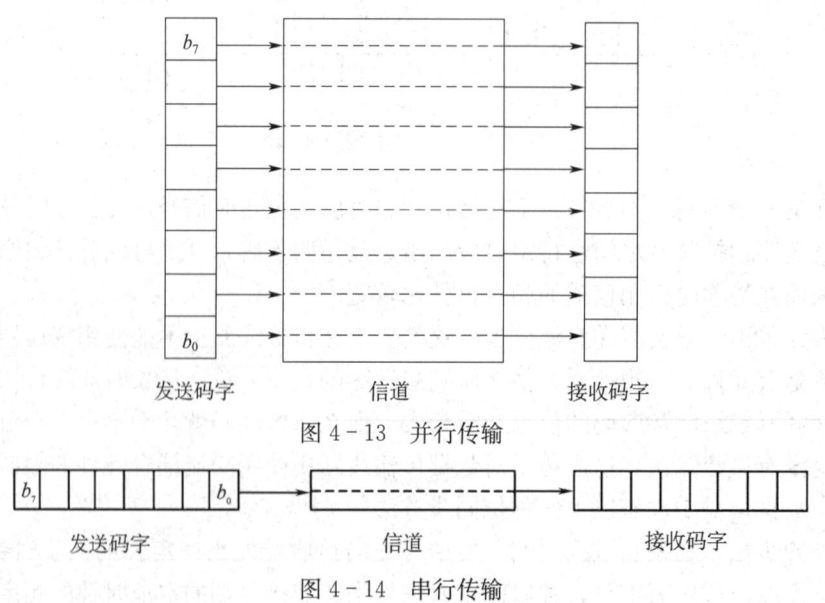

图 4-13 并行传输

图 4-14 串行传输

2. 同步传输与异步传输

在串行传输方式中，又有同步式传输与异步式传输之分。并行传输则都是同步传输。

1) 同步式传输

如图 4-15（a）所示，在时间轴上，每个数据码字占据等长的固定时间间隔。码字之间一般不得留有空隙，前后码字接连传送。收发双方不仅保持着码元（位）同步关系，而且保持着码字（群）同步关系。如果在某一期间确实无数据可发，则须用某一种无意义码字或位同步序列进行填充，以便始终保持不变的数据串格式和同步关系。否则，在下一串数据发送之前，必须发送同步序列，以完成再同步过程。

同步传输时，收发之间必须有确定的时间关系，它借助于双方保持着同步关系的位同步脉冲序列来保证。有了位同步关系，接收器方能对码字的每一码位作出正确的判决。此外，为了能正确地区分出每个数据单元（一个码字、一个字节或一串码字构成的"分组"），通信双方还必须有群（组）同步关系，它借助于发送器在发送数据码字之前送出若干群同步码字来实现。接收端在完成位同步之后，一旦检测到群同步码，立即锁住群同步电路，输出群同步信号。

同步传输可以实现比较高速率和高效率的数据传输，最终的有效信息速率较高。但是，要付出的代价是必须使用同步控制装置。

2) 异步式传输

相对于同步式，异步式传输则允许码字之间存在不确定的空闲区间。也就是说，各数据码字之间没有确定的时间关系，如图 4-15（b）所示。为了让接收端能准确地判断一个码字的开始和结束，就必须附加相应的指示信息，即"起始码位"和"停止码位"。起始位（规定为"0"）用于确定一个码字的开始，并启动产生用于判决该码字的位定时脉冲；停止位（规定为"1"）用于表示一个码字的结束，并用于填充空闲区间。基于这种"起-止"机理，异步方式被更加通俗地称为"起止式"传输方式。

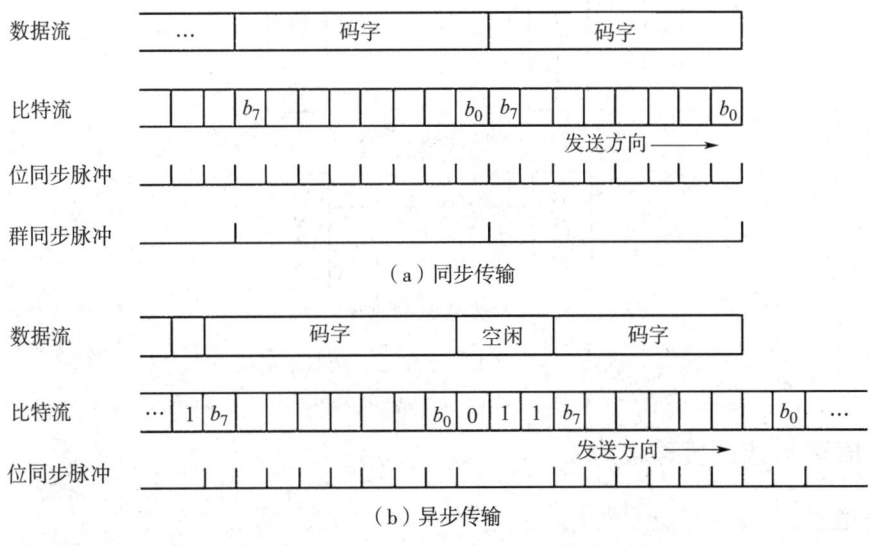

图 4-15 同步与异步传输

4.5.6 单工通信、半双工通信和全双工通信

根据通信线路的传输方向，可以有 3 种不同的通信方式。

1. 单工通信

如图 4-16（a）所示，通信的双方只能在一个指定的方向上进行数据传输，即一方只能是发送方，另一方只能是接收方，亦称单向通信。

2. 半双工通信

如图 4-16（b）所示，数据可以沿任一方向传输，但不允许同时沿两个方向传输。在任何给定时间，传输仅能沿某一方向进行。换句话说，此时通信的任一方既可为发送方也可以为接收方，但不能同时作为发送方和接收方，亦称交替双向通信。

3. 全双工通信

如图 4-16（c）所示，数据可同时沿两个方向传输，此即同时双向通信。全双工方式提供了传输线路的最大功能和性能。为了按全双工工作，调制解调器和控制传输的协议也必须提供双工能力。全双工还要求对缓存器做特殊考虑，例如为能同时读和写就要求在缓存中也能同时释放和分配存储器。在有线传输信道（如通常联网用的双绞线）中，全双工方式通常要求用 4 根导线（2 对绞线），每个方向的传输要求有 2 根导线（1 对绞线）。但有时通过采用频分复用、时分复用或回波抵消等技术，用 2 线也可实现全双工传输。另一方面，有时半双工方式也用 4 线，这时每一传输方向总是保持有 2 线连接。与 2 线半双工相比，其优点是节省了调制解调器的换向时间。

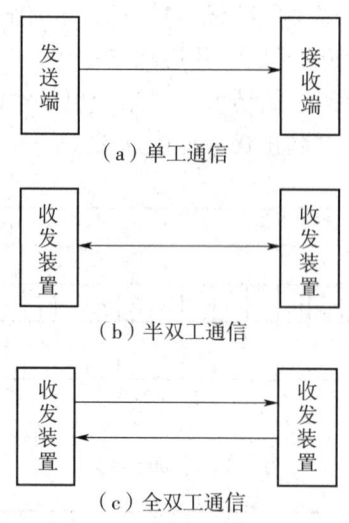

图 4-16 单工、半双工、全双工通信

4.5.7 信道与数据传输速率

1. 信道

信道（channel）是通信双方之间以传输介质为基础传递信号的通路，由传输介质及其两端的信道设备共同构成。根据传输介质（如普通导线、双绞线、同轴电缆、光缆，以及各种频段的无线电传播等）的不同，信道可划分为有线信道和无线信道两大类。任何信道都只有有限的带宽，所以从抽象的角度看，信道实质上是指定的一段频带，它允许信号通过，但又给信号以限制和损害。与信号的模拟/数字分类相似，信道也可以分成传送模拟信号的模拟信道和传送数字信号的数字信道两大类。数字信号在经过数模变换后就可以在模拟信道上传送，而模拟信号在经过模数变换后也可以在数字信道上传送。数字信道更适合于传输数据，只要解决数据终端与数字信道的接口和特性匹配即可。利用模拟信道传输数据时，要使用信号变换器（如调制解调器）将数字数据信号变换成合适的模拟信号，才能与信道匹配。

模拟信道的质量用信号在传输过程中的失真及输出信噪比来衡量。数字信道的特性则是用平均差错率（又称"误码率"）及差错序列的统计特性来描述。

根据对信道的构成和运用方式的不同，信道还分为单向信道和双向信道。单工通信可以使用单向信道，半双工和全双工通信必须使用对称的或非对称的双向信道。

2. 数据传输速率

为了衡量数据在传输时的速度高低，实际中采用两个不同的单位来度量，这就是"波特率"和"比特率"。

1. 波特率

波特率是指在信道上传输信号的波形速率（又称"信号速率"或"调制速率"）。在传输中，往往用一种信号波形来代表一个或几个码元。不同特征的信号波形可以代表不同的码元值或码元组合值，波形的持续时间与它所代表的码元或码元组合的时间长度一一对应。显然，一个波形的持续时间愈短，在单位时间内传输的波形数就愈多，或者说，传输的数据就愈多，即数据的传输速度就愈高。因此，波特率可以这样定义：数据传输过程中，在信道上每秒钟传送的信号波形个数即为波特率，其单位是"波特"（baud）。在使用二元波形的情况下，波特率也就是"码元传输速率"。

设一个波形的持续期为 T 秒，则波特率 N_b 由下式给出：

$$N_b = 1/T \text{（波特）}$$

例如，在采用 FSK 制式的传输系统中，若选用一个频率为 f_1、持续期为 1.667 ms 的正弦波来表示码元"0"；用一个频率为 f_2 且相同持续时间的正弦波代表码元"1"。则可求得该传输系统的波特率为：

$$N_b = 1/1.667 = 600 \text{（波特）}$$

最高可应用的波特率受到信道的最高码元传输速率的限制。这种最高速率由所谓的"奈奎斯特准则"决定：

$$\text{理想低通信道最高码元传输速率} = 2W \text{（波特）}$$
$$\text{理想带通信道最高码元传输速率} = W \text{（波特）}$$

式中的 W 是信道的带宽（单位是赫兹）。实际中运用的波特率如果超过了上式中给出的最高码元传输速率，在接收端将无法准确地判决出被传输码元（0 或 1）的正确值。

2. 比特率

比特率（单位：比特/秒，bps 或 b/s）又称为信息传输速率（或简称为"信息速率"），它反映出一个数据传输系统每秒内所传送的信息量的多少。信息速率直接与波形速率和一个波形所携带的信息量有关。一个波形所携带的信息量等效于该波形所代表的二进制码元数目，或更一般地说，它等于该传输系统所采用的信号集合中的波形数目 L。比特率 R_b 可按下式计算：

$$R_b = N_b \log_2 L \text{（比特/秒）}$$

式中，N_b 是波形速率（波特率），L 是信号集合中的波形数。

例如，在采用4dPSK制式的数据传输系统中，ITU-T 的 V.22 建议选用初始相角分别为 270°、180°、90°、0° 的 4 个正弦波形来代表码元组合 00、01、11、10。这里，$L=4$，$\log_2 L = 2$，又因为每个波形代表了2个二进制码元，所以携带了2比特（bit）信息量。设 $N_b = 600$ 波特，则该系统的信息速率 $R_b = 600 \times 2 = 1\,200$ 比特/秒（或 bps）。在上例中，因为信号集合中只有 f_1 和 f_2 这两个正弦波形用来分别代表"0"和"1"，所以 $L=2$，$\log_2 2 = 1$。这时，信息速率 $R_b = 600 \times 1 = 600$ 比特/秒，在数值上与波特率相同。当 $L>2$ 时，称之为"多元制（或多进制）"调制体制。

比特率受到信道的最大传输能力即极限信息传输速率的限制。这种极限速率由著名的香农（Shannon）公式表示出来：

$$\text{信道的极限信息传输速率} = W \log_2 (1 + S/N) \text{（比特/秒）}$$

其中 W 是信道的带宽；S 为带宽内所传信号的平均功率；N 为信道内部的高斯噪声功率。由该公式看出：信道的带宽越大或信道中的信噪比越大，则信息的极限传输速率就越高。一条信道上实际所运用的传输速率一般都远小于由香农公式所给出的值。信道被指定运用的额定信息传输速率（例如：100 Mbps 或 1 000 Mbps），即是该信道被限定的信道容量。

需要注意的是，"比特率"和"波特率"是在两种不同概念上定义的速度单位，在不留心的时候，往往容易将两者混淆。尤其在采用二元波形（$L=2$）时，波特率与比特率两者在数值上是相等的，但它们所代表的意义却不同。要反映真实的信息传输速度大小，必须使用"比特率"。

4.6 数据交换技术

在数据通信系统中，当终端与计算机之间，或者计算机与计算机之间不是直通专线连接，而是要经过通信网的接续过程来建立连接的时候，那么两端系统之间的传输通路就是通过通信网络中若干节点转接而成的所谓"交换电路"。在一种任意拓扑的数据通信网络中，通过网络节点的某种转接方式来实现从任一端系统到另一端系统之间接通数据通路的技术，就称为数据交换技术。

数据交换技术经历了漫长的演进过程，从传统的电路交换制式演进到传统的分组交换制式，进而又演进到现今的快速交换技术，以致到将来的光交换技术。

4.6.1 传统交换技术的演进

1. 源自电话交换的电路交换技术

电路交换（circuit switching）是最早用于数据通信的交换方式，它完全是源于传统的电话网交换技术，所以有人说电路交换是"telephone-like system"。电路交换的特点是：在开始正式数据传输之前，首先由一端系统发起呼叫，通过沿途各节点的入/出线转接过程，一直到与另一端系统间建立起一条接续式数据通路，然后才开始进行数据传输。在整个传输期间，该通路一直为通信双方占用，通信结束后才释放电路。因为这种交换方式直接沿用了电话网的交换技术，所以在很多情况下可以直接利用电话网来构建数据网络。在20世纪70年代以前的数据通信发展早期，一些发达国家专门构建了一些电路交换的数据网。但是，电路交换制式很快就被存储-转发式交换技术所取代。

2. 源自电报交换的存储-转发交换技术

存储-转发交换（store-and-forward switching）是源于传统的电报传输方式而发展来的一类数据交换技术，它不像电路交换那样需要通过呼叫建立起物理的接续通路，而是以接力方式，数据报文在沿途各节点进行接收-存储-转发过程，逐段传送直到目的端系统。所以，有人比拟这种交换方式为"mailbox-like system"。数据报文所经过的通信线路都是动态地被利用，担任数据转接的节点总是先把数据接收存储下来，然后再转发到下一条线路上去，所以叫"存储-转发"交换。图4-17所示为存储-转发交换的原理示意图。显然，数据经过每一个节点的交换都会引入交换迟延，此即所谓的存储-转发时延。这种传输时延上的损失却换取到另一个重要的优点——通信线路资源的可共享性，这正是存储-转发交换技术能够发展起来并成为最重要的数据交换技术基础的原因。

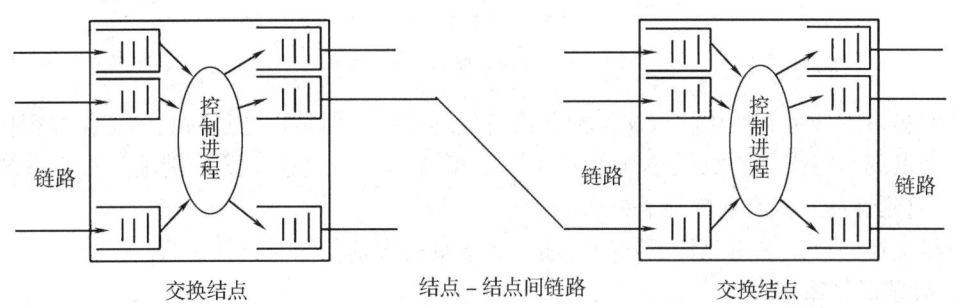

图4-17 存储-转发交换原理示意图

根据被交换数据单元长度的不同，存储-转发交换技术主要有两种实现方式，即报文交换（message switching）和分组交换（packet switching）。

在报文交换中，数据是以完整的一份报文（不管它有多长）为单位，一次传送一个报文。为了使各节点能自动完成上述功能和处理进入的数据，就要求每一进入网络的报文除了有效的数据部分外，还必须附加一些报头信息（如报文开始和结束的标志、报文的源/宿地址及编号和控制信息等）。在采用报文交换的通信网络中，各个节点配有小型或微型计算机，用以完成必要的报头信息处理及路由选择等功能。

虽然报文交换不要求呼叫建立线路和拆除线路的过程，但由于一份报文往往比较长，每一个节点对报文数据的接收-转发的时间也相应地比较长，从端到端传输一份报文的总时间并不比采用电路交换方式短，或许会更长，因而报文交换不适于计算机进程间的数据通信，它注定不适用于计算机通信。但是，如果把报文分割成一系列更短的"分组"分别传输和交换，就可大大缩短存储-转发迟延，这就出现了分组交换技术。

4.6.2 分组交换原理

分组交换（亦称"包交换"）与报文交换同属于存储-转发交换技术，依据完全相同的机理。它们之间的差别在于参与交换的数据单元的长度不同，一个分组的长度一般限制在几百～2 048 字节。

分组交换的简单过程是：在分组交换网的每个端系统中，由高层实体发出的报文数据传递到网络层后，首先被该层的协议实体分割成为若干个规定长度的数据块（data block）并封装成为一个个分组（packet），每个分组都附有地址及其他信息（构成分组标头），然后就被送入分组交换子网中进行存储-转发式交换传输。这些分组到达目的节点或目的端系统后，经卸装后被重新组装成原来的报文。图 4-18 所示为一个报文被分割/重装的过程。

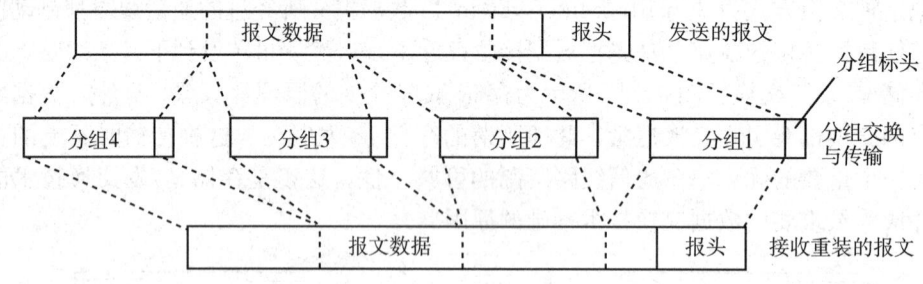

图 4-18　报文分组的拆装过程

表面看来，分组交换比起报文交换并没有优越之处。但是，通过对它的工作过程仔细分析之后会发现：将交换的数据单元限制为一个相当小的长度这一简单措施，对于系统性能（主要是时延性能）具有非常显著的影响。

分组交换网可以采用两种不同的传输方式来具体实现传输与交换过程。

1. 数据报传输方式

下面通过一个假想的网状型通信子网来解释数据报方式的分组交换工作原理。

如图 4-19 所示，曲线范围内属通信子网。子网有 6 个节点，分别标为 A、B、C、D、E、F，它们各自都连接有若干端系统（主机或终端等）。现假设用户终端 A_1 访问主机 F_1，从 A_1 有一个报文 M_1 要通过网络传送到 F_1 去。对于 A_1 和 F_1 这两通信实体间的报文（M_1）交换来说，节点 A 是源节点，F 是宿节点，其余节点则是中转节点。为了分组传输，报文 M_1 进网后，源节点首先对它做如下处理（或者由端设备自己处理）。

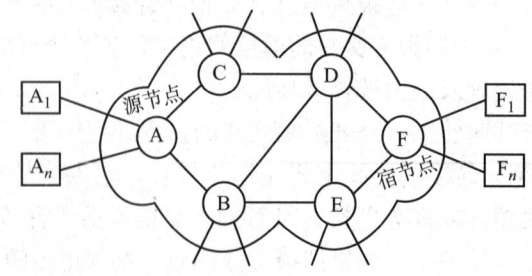

图 4-19　数据报传输方式的分组交换

（1）将报文按规定的长度划分成一个个数据块，并给予编号。这里设 M_1 已被划分成 5 个块。

(2) 根据 M_1 的报头信息形成分组标头域信息（即附加控制信息，包括地址码、分组编号、传输控制码等），并与数据块一起计算出差错控制校验码。利用这些附加信息将各数据块分别装配成分组 P_1，P_2，…，P_5，等待发送。

一般地，子网中任一节点有多条链路分别与其相邻节点连接，这表明一个节点中的数据分组可以向多个方向上发送出去。假定每个节点的处理机具有同时接收与发送分组的能力，但在任一时刻，每条链路只能传送一个分组。为了便于表示，用一个"有序对"符号来表示每条链路，例如用（ac）表示从节点 A 到节点 C 的链路。同样，可用一个"有序对"符号来表示穿越子网的通路，例如用（ac, cd, df）表示从节点 A 到达节点 F 的一条通路。各个节点可以根据本身的转发业务量和链路负荷情况来决定分组的发送时刻和输出链路。因而，各个分组虽然目的节点相同，但它们所经过的路线（通路）不一定相同。具有这种独立寻径传输的分组，被称为数据报（datagram）。

宿节点 F 每接收到一个数据报，立即对标头域信息作分析。若确认本节点是该分组的宿节点，则它对该数据报做如下处理。

(1) 卸去数据报的标头域和校验域，获得分组数据块，将它存入存储器。

(2) 根据数据报编号检查构成一个报文的所有数据报是否都已到齐。

(3) 若构成一个报文的所有分组数据块全部已到达存储器，立即进行报文装配，等待其余数据报到达。

(4) 装配完毕后，冠以报头，一方面通知用户设备 F_1 准备接收报文 M_1，另一方向源节点 A 发回去一个"确认"监控分组，表明报文 M_1 已经收妥。至此，对报文 M_1 进行数据报方式的传输即告结束。其他通路上的报文传输过程是类似的。

数据报在各条链路上的传输过程是独立的，其控制过程服从于该条链路上执行的链路传输控制规程，此属链路层上的通信。当宿节点（如节点 F）收到了正确的全部报文分组数据后，就向源节点（如节点 A）送回去一个"确认"监控数据报，表示报文收妥；若宿节点在指定的时间内没有正确地收完全部报文数据，就向源节点送回去一个"否认"监控数据报，表示要求源节点重发前一个报文的所有数据报。这种从源节点到宿节点的报文一级的传输过程属于网络层上的通信，所以这种通信控制过程服从于网络层上的某个数据报传输协议。

2. 虚电路传输方式

在前述的电路交换网中，端系统之间的通信是在经转接形成的一条实在的物理通路上进行的。而在分组交换网中，一条物理线路可被多条逻辑信道复用。当各对端系统间需要通信时，通信子网就为它们提供一条逻辑信道。这种逻辑信道不同于物理线路，它是通过节点交换机的路由表映射功能建立起来的一条"虚"通路。每个与分组交换网相连的端设备和节点设备内部，都配置了一组逻辑信道号供选择使用。如图 4-20，假设终端 A_1 有报文 M_1 送给主机 F_1。首先，主呼端系统 A_1 先取得一个逻辑信道号 CH_1，然后发送一个呼叫分组，其中给出主呼和被呼端系统的全称网络地址及主呼逻辑信道号 CH_1，目的是要在双方的逻辑信道上建立一个逻辑联结。为了提供虚电路服务，在分组交换网的每个节点中都有一个虚电路转换表，记录虚电路与入/出线之间的对应关系。各节点上的转换表是在存储-转发呼叫分组时，根据既定的路由选择算法，边选择路径边动态地建立的。呼叫分组到达 F_1 后，它也取得一个逻辑信道号（例如 CH_1），从而在 A_1 与 F_1 之间建立了联结。这种联结关系等效为一条数据传输通路，此即虚电路。联结建立之后，双方只要使用较短的逻辑信道号（不再使用全称网络地址）即可在通信双方之间进行分组传输。此后双方要传送的所有报文分组都沿着这条通路按照存储-转发方式在 A_1 与 F_1 之间传输。

由于应用了链路分组复用和逻辑信道的概念，所以一个端系统在接入子网的单一物理线路上可以同时使用多个逻辑信道号与其他多个端系统同时建立通信连接，完成一对多的报文分组传输。如图 4-20 所示，A_1 与 B_1、E_1、F_1 三个端系统建立了虚电路进行同时的通信。

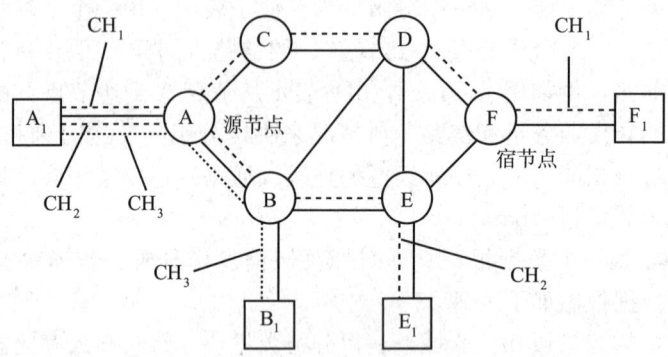

图 4-20 虚电路传输方式

上述这种分组交换方式被称为虚电路传输分组交换方式。为建立虚电路的呼叫过程称为虚呼叫（virtual calling），通过虚呼叫建立起来的逻辑通路称为虚拟线路（virtual circuit，VC，简称虚电路或虚通路）。这种交换方式的主要特点是要求一对通信实体间联结传输的所有分组必须沿着预先建立的虚电路传输，存在一个虚呼叫建立阶段。但是，这并不意味着通信双方之间存在像电路交换方式那样的独占线路。分组所途经的所有节点都对这些分组完成存储-转发过程，这与电路交换方式有实质上的区别。另外，虚电路的标识号只是对逻辑信道的一种编号，并不是指某一条物理线路本身。一条物理线路可能被标识为许多个逻辑信道编号，这一点正体现了信道资源的共享性。

最后，分组交换技术（不管是数据报方式还是虚电路方式）除了提高网络信道资源的共享性之外，在网络性能方面受益最大的莫过于报文传输时延性能的改善上。这种实质性的改善，只是由于将一份较长的报文划分为一个个较短的分组作为传输单元这一简单措施所带来的。因此，分组长度的选择将成为一项关键性的参数。最佳分组长度的选择是一个很复杂的问题，必须在众多的制约因素中做出全面的权衡。

4.7 多路复用

多路复用（multiplexing）技术是将传输信道在频率域或时间域上进行分割，形成若干个相互独立的子信道，每一子信道单独传输一路数据信号。从通信角度看，相当于多路数据被复合在一起共同使用一条共享信道进行传输，故称"复用"。复用技术包括复合、传输和分离三个过程，由于复合与分离是互逆过程，在采用全双工或半双工通信方式的线路上都把实现复合与分离过程的装置集中在一起，做成为所谓的"复用器"（通常表示为 MUX）。如图 4-21 所示，多路信号在一对 MUX 之间的一条复用线路上传输。若复用线路是模拟的，则在复用器之后应加入一个 modem；若复用线路是数字的，则不必使用 modem。

4 数据通信技术

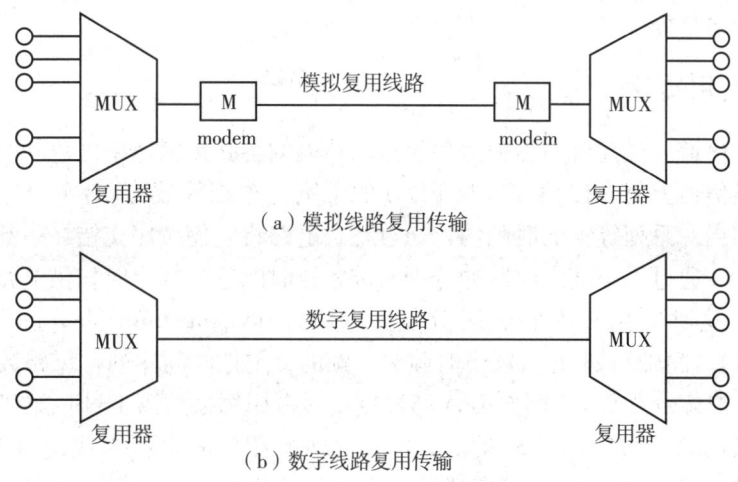

图 4-21 多路复用模型

目前采用的复用技术主要有：频分复用（FDM）、时分复用（TDM）、码分复用（CDM）和波分复用（WDM）。

4.7.1 频分复用传输

当一条传输信道的总可用带宽超过欲传输的多路信号所要求的总带宽时，就有可能使这些信号在这条信道上复合传输。为实现这一点，可将各路信号调制到彼此有足够频率间隔的各个载波频率上，通过复合电路将它们同时发送到线路上传输。在目的端，通过采用其中心频率分别对准各路载频的带通滤波器，即可将各路信号分离出来。这种复用传输技术叫做频分复用（frequency division multiplexing，FDM），相当于把信道的总通频带在频率域上进行了固定的划分而形成若干子信道，各路信号分别占用各自的子信道，如图4-22所示。在实际应用中，除了每一子信道的带宽应满足一路信号本身的带宽要求外，往往还要求相邻子信道之间应留有一定的间隔，如图4-22中的阴影部分。此频率间隔俗称为"保护带"，利用它来避免相邻信道信号之间的相互干扰。

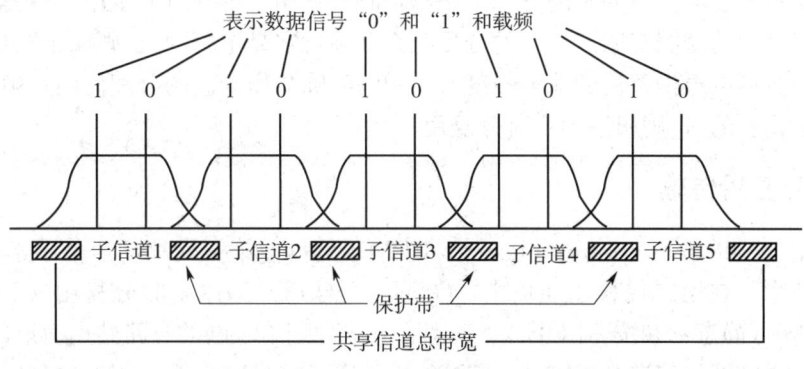

图 4-22 FDM 的信道频带分割

通过信道传输的 FDM 信号必须是模拟的，而信源信号则可是模拟的或者数字的。如果传传输的信源信号是数字的，则需增加一对信号变换装置，如调制解调器，将它变成模拟信号再进行复合传输与分离。

4.7.2 时分复用传输

当一条传输信道的最高可用传输速率超过欲传输的各路传输速率之总和时,就有可能使这些数据在这条信道上复合传输(这与 FDM 的带宽概念相等效)。为实现这一点,可将各路数据分段压缩在一系列等宽的时隙内,通过复合电路将它们按序交错在一起发送到线路上传输。在目的端,通过采用其定时脉冲分别对准各路时隙序列的定时扫描电路,即可将各路数据分离出来。这种复用技术叫做时分复用(time division multiplexing,TDM)。如图 4-23 所示,信道时间轴被划分为 M 个时隙为一帧的重复性时间序列,每路数据流固定地占用每帧中的一个时隙(TS_i)。例如第 A 路数据信号占用每帧的第 1 号时隙 TS_1,第 B 路数据信号占用每帧的第 2 号时隙 TS_2 等。这样,由每帧相应时隙所组成的时隙序列 $\{TS_i\}$ 等效为一条"子信道"。每一条子信道都可以为一对通信对象建立起一条链路。时隙的宽度应足以传输一个数据单元(比特、字符或分组)。当然,最小的时隙宽度应是一个二进制位(比特),或者是一个数据字符的长度。在一对复用器之间,如果传输线路是数字信道,则可直接用基带信号传输,否则还得另加一对调制解调器来完成数字信号到模拟信号的变换和反变换。

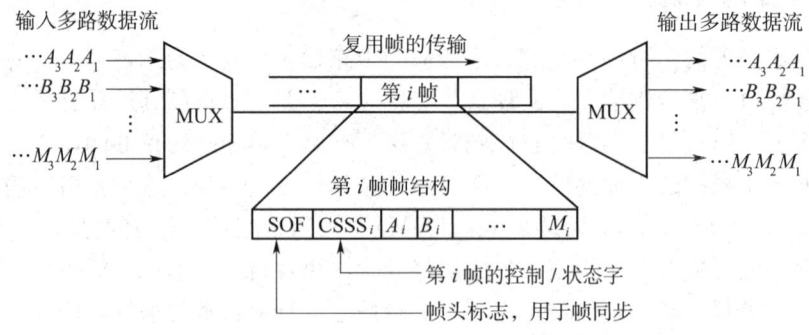

图 4-23 TDM 信道时间分割

时分复用技术还区分为同步时分复用和异步时分复用(统计时分复用)两类。如果各路输入数据流对帧中的时隙有固定不变的分配关系(帧肯定是定长的),则属于同步时分复用。如果各路数据流可以根据各自的业务强度对帧中的时隙数作动态的分配使用(帧可以是定长的也可以是不定长的),则属于异步时分复用。

4.7.3 码分复用传输

码分复用(code division multiplexing,CDM)是目前第三代移动通信中迅速发展的一种多路传输技术。在第二代移动通信中,GSM(全球通)采用了时分复用(TDM)技术,将信道按 TDM(静态)和按 ALOHA(动态)方法分配给联网的各路站点而形成传输通路,可看做是一种强制性的信道分配方法。CDM 与 TDM 和 FDM 完全不同,它是在传输信号的波形空间中对带宽资源进行分割的信道分配方法,允许所有各路站点在同一时间在同一个频段上进行多路传输,并采用一种扩展频谱(spread spectrum)技术,使用独特的数字代码来区分不同子信道的数据信号,而不再是用时间、频率或频道来区分。由于每一路信道使用正交序列码集中一个特定的代码序列作为自己的传输码,互通的站点能在多重线性叠加的信号中提取所需的信号,而对其他的信号则当作随机噪声丢弃,由此识别自己的通信对象,实现无线信道上的相互接续。

CDM 复用技术的一个重要特点,就是给各路分配的代码序列不仅要各不相同,而且还要求彼此互相正交(orthogonal),所以在实现中一般都采用伪随机码序列。在 CDM 中,将每比特时间分成 m 个码片(chip),通常每比特可有 64 个或 128 个码片。每一子信道被指定使用一个唯一的 m 位代码,即码片序列(chip sequence)。当发送比特"1"时,站点送出的是码片序列的原码;当发送比特"0"时,站点送出的是码片序列的补码(或反码)。为简单说明其工作原理,例如假设:每比特含 8 个码片,某一路的码片序列原码为 00011011,这样在信道上传输的码片序列 00011011 表示发送了比特"1",而其补码 11100101 则表示发送了比特"0"。显然,CDM 要求的带宽增加了 m 倍。例如,1.25 MHz 的带宽给 100 个通路共享,在使用 FDM 方法时,每个一路传输速率只能为 12.5 kbps(假定 1 bit/Hz);当使用 CDM 技术时,每个子信道能使用 1.25 MHz 的全部带宽,码片速率则为 1.25 兆片每秒。

在发送端,将所有各路发送的码片序列进行同步线性叠加(求和)。因为它们是互相正交的,所以复合序列的向量内积(inner product)等于 0。

在接收端,CDM 复用器接收到的是包含所有码片序列的复合流。若要从信号中提取某一路的比特流,必须事先知道该路的码片序列原码。将此原码与复合流进行内积计算。若计算输出"+1",表示接收到比特"1";若计算输出"-1",则表示接收到比特"0"。因而分解出这一路的比特流(数据信号)。其他各路的码片序列与这一路原码的内积计算结果都应该等于"0",因此而被过滤掉。

CDM 多路复用传输技术现在已经被越来越广泛地应用于移动通信中。在计算机通信领域中,主要应用在无线局域网。CDM 通信系统在话音质量和数据传输可靠性及抗干扰能力等方面都有它的优势,而且在扩大通信容量和降低发射功率这两方面,更具有其独特的优越性。

4.7.4 波分复用传输

波分复用(wavelength division multiplexing,WDM)事实上是将频分复用技术用于光纤信道,从而在一根光纤上实现大容量传输的一种多路复用技术,其基本原理与 FDM 没有实质区别。唯一的区别是,WDM 使用光调制解调设备(棱镜或衍射光栅)使不同波长的光信号在同一光纤中传输。值得一提的是,虽然单根光纤的可用带宽很宽,但由于光电转换速度所限,单根光纤的带宽很难被充分利用,而复用技术是提高带宽利用率的一种途径。

如图 4-24 所示,各个光网络单元(optical network unit,ONU)根据所分配的光载波对输入的信息脉冲进行调制,从而产生多路不同波长的光脉冲,使用波分复用方法通过光调制解调设备(图 4-24 中是棱镜)把这多个不同波长且互不交叠的光载波合成一路光脉冲信号,在单根光纤上共享传输,并在接收端进行相应的逆过程即可得到输出信号。由于信号的波长与频率是同一个参数概念,所以波分复用也可以说是在光波段内的频分复用。

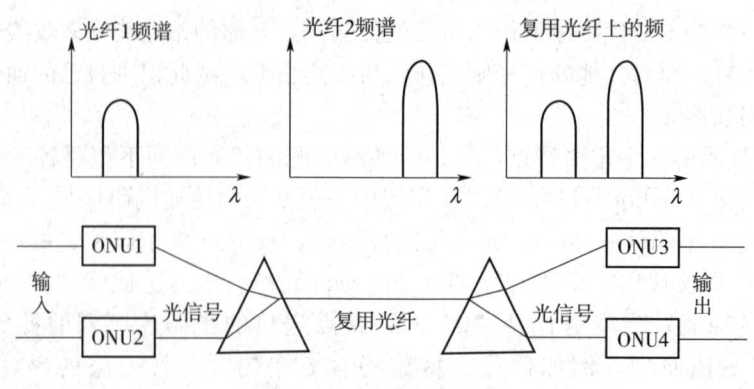

图 4-24 波分复用原理

第一代光纤使用了 $0.8~\mu m$ 波长的激光器，传输速率只达到 280 Mbps。目前已使用第四代的掺铒光放大器，单模光纤的数据传输速率已可达 10 Gbps～20 Gbps。为了更充分利用光纤的低损耗带宽，并使用掺铒光放大器同时放大所有波长信道，人们又提出了密集波分复用技术（density wave division multiplexing，DWDM）。DWDM 技术指在当前 $1.55\mu m$ 波段密集放置更多信道，同时在单根光纤中传输。在 ITU-T 的有关建议标准中，规定信道间隔为 100 GHz 的整数倍（100、200、300 和 400 GHz 等，即波长间隔分别为 0.8、1.6、2.4 和 3.2 nm）。现在，人们已不满足于这样的密集度，试验采用 50 GHz 和 33.3 GHz 的信道间隔，甚至更加窄，力求更充分地利用光纤的可用带宽。DWDM 的发展趋势将是波段的进一步扩展（现在是 C 波段，将来会发展到 L 和 S 波段），信道间隔进一步减小，意味着传输容量将获得进一步扩大。

4.8 传输介质

任何一个数据通信系统（包括计算机通信系统）都包括发送部分、接收部分和通信线路（信道），其传输质量不但与传送的数据信号和收发特性有关，而且与传输介质有关；同时，通信线路沿途不可避免地有噪声干扰，它们也会影响到通信质量，所以必须了解所用通信线路的性质以及噪声干扰问题，以便设计一个良好的数据通信系统或计算机网络系统。下面介绍几种常用的传输介质和通信线路及其特性。

4.8.1 双绞线

双绞线（Twisted Pair）是在短距离范围内（如局域网中）最常用的传输介质。把两根互相绝缘的铜导线并在一起用规则的方法扭绞起来，然后在外层再套上一层保护套或屏蔽套，就可做成双绞线，如图 4-25 所示。也可以将多对双绞线装在同一个保护和屏蔽套内。采用这种扭绞结构是为了减少（来/向）外界的电磁干扰，绞与不绞、绞得好与否，效果大不一样。如果带有金属屏蔽外套，则可大大提高抵抗外部干扰的能力。在市场上的产品中，有 5 个类别的非屏蔽双绞线（UTP）和 1 个类别的屏蔽双绞线（STP），表 4-2 所示为这些双绞线电缆的主要特性。

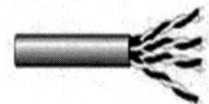

图 4-25 双绞线

表 4-2 双绞线的分类和特性

类别	描述名称	特性参考标准	应用场合
1类非屏蔽双绞线	UTP-1	EIA/TIA 类 1	模拟/数字电话用户线
2类非屏蔽双绞线	UTP-2	EIA/TIA 类 2	数字电话用户线 ISDN 和 T1 线路（4～344 Mbps）
3类非屏蔽双绞线	100Ω UTP-3	EIA/TIA 类 3 NEMA100-23-LL UL Level Ⅲ	4 Mbps 令牌环网 10 Mbps 以太网 ISDN 话音线路
4类非屏蔽双绞线低损耗	100Ω UTP-4	EIA/TIA 类 4 NEMA100-23-LL UL Level Ⅳ	16 Mbps 令牌环网 10 Mbps 以太网
5类非屏蔽双绞线 低损耗，扩展频率	100Ω UTP-5	EIA/TIA 类 5 NEMA100-240-XF UL Level Ⅴ	16 Mbps 以上令牌环网 10 Mbps～100 Mbps 以太网
屏蔽双绞线	150Ω STP	EIA/TIA 150ΩSTP NEMA100-24-LL	16 Mbps 以上的令牌环网 100 Mbps 以上的以太网 100 MHz 上的全息图像

使用双绞线最多的场合是电话系统，差不多所有的电话用户线路都使用双绞线连接到电话交换机。通常将一定数量的这种双绞线对捆成缆线（称为"音频电缆"），在其外面包裹护套，架空或埋地使用。

模拟传输和数字传输都可以使用双绞线。用于模拟传输时，一般为无限长应用；用于数字传输时，一般为有限长应用。这两种应用场合下的传输特性有很大差别。

无限长应用的典型为电话接入网应用（用户线或中继线），其通信距离一般从几千米到十几千米。距离太长时就要加放大器以便将衰减了的信号放大到合适的数值，可用带宽为 200 kHz 左右，典型应用时可复用 24 路话音，约 268 kHz（可折合 230 kbps 的数据速率）。

有限长应用的典型为局域网应用，其传输距离一般从几米到几百米（但通常限定在 100 米内）。距离再远时需加上中继器（或集线器）以便将减弱和失真了的数字信号进行整形放大。导线越粗，其通信距离就越远，但使用成本也越高。可用传输速率为几 Mbps 到几百 Mbps。例如 UTP-5 双绞线在 100 米范围内的典型应用是以 100 Mbps～155 Mbps 的速率传输数据。由于双绞线的价格低、使用方便且性能也不错，因此使用十分广泛。

4.8.2 同轴电缆

同轴电缆（coaxial cable）由内导体铜质芯线（单股实心线或多股绞合线）、绝缘层、外导体屏蔽层及塑料保护外套等构成，如图 4-26 所示。由于外导体屏蔽层的作用，同轴电缆具有较高的抗干扰能力，比较宽的可用频带，所以被广泛用于较高速率的数据传输。

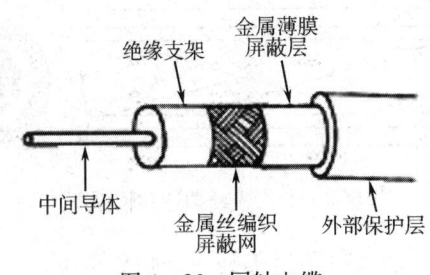

图 4-26 同轴电缆

同轴电缆按其特性阻抗值的不同，分为以下两类。

1. 50Ω 同轴电缆

50Ω 同轴电缆又称为基带同轴电缆，用于传输基带数字信号，专为数据通信所用，在局域网中广泛地使用这种同轴电缆作为传输介质。用这种同轴电缆在 1 km 距离以内，基带数字信号传输速率上限可达 50 Mbps（通常用在 10 Mbps）。一般来说，传输速率越高，所能传送的距离也就越短。

使用基带同轴电缆作传输介质的一般都是总线型拓扑网络，总线的两端必须接上 50Ω 的匹配电阻，以防止信号的反射，保障介质内的信号传播质量。将一台计算机接入缆线的方法，通常都是利用 T 型接头（或称为"T 型连接器"）串入电缆总线上，然后用分支电缆连接到计算机的网络适配器。这样，由于总线上串接了大量的 T 型接头，所以保持电缆接头处的接触良好，是使用这种电缆作为传输介质时必须特别注意的事项。

2. 75Ω 同轴电缆

75Ω 同轴电缆是公用有线电视系统 CATV 中的标准传输电缆，一般用于模拟传输系统，传输的信号通常采用频分复用的宽带信号，所以又称它为宽带同轴电缆。

宽带同轴电缆用于传输模拟信号时，在 100 km 传输距离内，其可用频带可高达 300 MHz～500 MHz。在作数字的数据传输应用时，必须将其数据信号转换成模拟信号在缆线上传输。在接收端，则要把收到的模拟信号转换成数字信号。一般来说，每秒传输 1 比特需要 1 Hz～4 Hz 的带宽，具体还与对信号编码的形式与传输设备的电气性能密切有关。通常一条带宽为 300 MHz 的电缆可以支持 150 Mbps 的数据速率。

由于在宽带系统中要用放大器来放大和中继模拟信号，而放大器只能单向工作，所以在宽带电缆的双工传输中，一定要有数据发送和数据接收两条分开的数据通路。采用双电缆系统和单电缆系统都可以达到这个目的。

4.8.3 光缆

光缆是由若干条光导纤维（optical fiber，以下简称为"光纤"）作为芯线加上防护外套而做成。光纤通常由非常透明的石英玻璃拉成细丝（其直径约 $8\mu m \sim 100\mu m$），主要由纤芯和包层构成双层同心圆柱体，如图 4-27 所示。纤芯用来传导光波，包层较纤芯有较低的折射率。当光线从高折射率的介质射向低折射率的介质时，其折射角将大于入射角。因此，如果入射角足够大，就会出现全反射，即光线碰到包层时就会折射回纤芯。这个过程不断重复，光也就沿着光纤传输下去。现代的生产工艺可以制造出超低损耗的光纤，即做到光线在纤芯中传输几公里而基本上没有什么衰耗，无需中继放大。

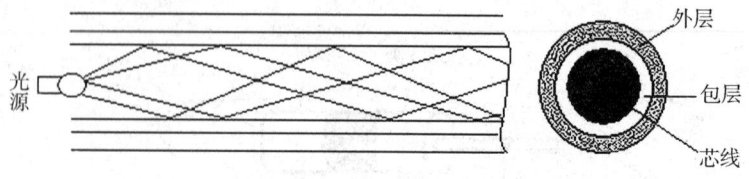

图 4-27 光纤构造和传播图

如果射到光纤表面的光线的入射角大于某一个临界角度，就可以产生全反射，这样就会有许多条不同角度入射的光线在一条光纤中传输，这种光纤就称为多模光纤。但是，若光纤的直径减小到只有一个光的波长，则光纤就像一根波导那样，它可使光线一直向前传播，这样的光纤就称为单模光纤。单模光纤的光源要使用较贵的半导体激光器，而不能使用较便宜的发光二极管。但单模光纤的衰耗较小，在 2.5 Gbps 高速率下的无中继距离可达几十公里。目前在传输干线和室外线路上都使用单模光纤，多模光纤则由于传输中存在光线扩散的原因容易造成信号失真，所以它只在局域网的线路上使用。

光纤通过传递光脉冲来进行数字通信，有光脉冲相当于传输"1"，而没有光脉冲相当于传输"0"。一根光纤相当于一条 10^{14} Hz～10^{15} Hz 频段内工作的光波导（激光），可用传输带宽约为 10^8 MHz 数量级，所以它是目前最理想的宽带传输介质。光纤作为传输介质，它具有以下优点。

(1) 传输频带非常宽，因而通信容量大。
(2) 误码率极低，传输损耗小，无中继，距离长。
(3) 不受雷电和电磁干扰，本身也无相互串扰和辐射，所以安全性和保密性好。
(4) 价格低，体积小，重量轻。

4.8.4 无线传输介质

前面三种都属于"有线"传输介质。在自由空间传播的电磁波或光波统称为"无线"传输介质，包括各个波段的无线电、地面微波接力线路、卫星微波线路，以及激光、红外线等。但是，在数据通信中有应用价值的主要是：超短波无线电和（地面或卫星）微波无线电路。尤其是微波通信线路，它在数据通信中占有重要地位。

1. 超短波无线电

在数据通信中所用的无线频带范围在 30 MHz 至 1 GHz 间，分为以下两个子频段。
(1) 甚高频 VHF——频率范围为 30 MHz～300 MHz。
(2) 超高频 UHF——频率范围为 300 MHz～1 GHz。

在数据通信中基本上应用超高频 UHF 中 600 MHz 以上的高端频段。由于这个波段内的信号会穿透电离层，而且传播损耗又较大，所以它只能用于沿地面局部范围传播的、无方向性广播型通信应用。例如，用于 FM 和 TV 广播、交通和生产调度指挥系统等；在组网通信中，广泛用于移动通信电话网、蜂窝移动数据网和分组无线电数据网等。和微波相比，无线频段的波长较长，故衰耗也更大。影响无线电波传播质量的主要因素是多径传播（从地面、水面、人造的或天然物体的反射会在通信方向上方形成多条不同延时的路径）引起的自相干扰。

2. 微波无线电

微波的可用频率范围很宽，大约在 1 GHz～300 GHz 范围内，目前最常使用的范围是 2 GHz～30 GHz 的频段。微波在空间的传播特性，一方面是直线传播，另一方面它会穿透电离层而进入宇宙空间。因此，微波通信就有两种主要的方式：利用它的前一特性来实现地面上的微波接力通信；利用它的后一特性来实现卫星通信。

1) 地面微波接力通信

由于微波的直线传播特性，加之地球表面是个曲面，因此作为地面通信使用时，电波只能沿地球表面的切线方向传播，在一般可方便实现的天线高度情况下，能达到的一跳通信距离为

50 km左右。再加高天线高度,则距离可再增大,但实现距离很难超过100 km以上。如果实现更远距离的通信,只能采用"接力"的办法,即:在欲实现通信的两个端站之间建立若干个中继站,每个站把前一站送来的信号经过放大后再发送到下一站,进行逐站传递以形成一条端到端的通信信道。在长途电话通信干线中大量使用这种微波接力线路,使用频率多数在2 GHz~6 GHz范围,常用的微波通信设备的容量多为960路、1 200路、1 800路和2 700路。

由于微波波段频率很高,其频段范围很宽,所以微波信道的通信容量很大,可以同时传输电话、电报、图像、数据等信息。而且,它不易受到工业干扰和天电干扰,因而传输质量较高。加之这种接力线路的架设方便、灵活,特别适宜于山地和条件恶劣的环境,抗自然灾害的能力强,抗毁性好。当然,微波接力通信线路毕竟是属于无线传输信道,在信号传输质量、误码性能和保密性等多方面,逊色于有线信道。

2) 卫星通信

用于通信的卫星是定位于距地球36 000千米上空的一种人造同步地球卫星。所谓"同步",是指它沿着轨道旋转的角速度与地球自转的角速度相同,所以它相对于地球的位置始终是固定的,因而又有"静止卫星"一说。卫星通信正是在各个地球站之间利用这种卫星来作为中继站的一种微波接力通信,卫星就是在太空中无人值守的微波通信的中继(或说"接力")站。这样的话,卫星通信的主要特性应当是与地面微波通信很类似的,当然人们主要是突出利用其最独特的方面。

卫星通信的最大特点是,因为同步卫星发射出的电磁波能辐射到地球上的广阔地区,其通信覆盖区的跨度达18 000多千米,相当于1/3的地球表面,这样可以实现的通信距离很远且通信费用与距离无关。只要在地球赤道上空的同步轨道上,等距离地放置三颗相隔120度的卫星,就能基本上实现全球的通信。目前常用的卫星通信频段为6/4 GHz,即:上行(从地球站发往卫星)频率为5.925 GHz~6.425 GHz,下行(从卫星转发到地球站)频率为3.7 GHz~4.2 GHz,频段宽度都是500 MHz。由于这个频段已经非常拥挤,因此现在也使用频率更高一些的14/12 GHz的频段,甚至还有更高的。一个典型的通信卫星通常拥有12个转发器,每个转发器的频带宽度为36 MHz,可用来传输50 Mbps速率的数据。

卫星通信区别于其他通信的一个最大的特点就是它具有很大的传播时延。由于各地球站的天线仰角并不相同,因此不管两个地球站之间的地面距离是多少(相隔一条街或相隔上万公里),从一个地球站经卫星到另一个地球站的传播时延在250 ms~300 ms之间,一般取典型值270 ms。例如,对于地面微波接力通信链路,其传播时延约为3.3 $\mu s/km$,而对同轴电缆链路,由于电磁波在电缆中传播比在自由空间中慢,因此传播时延一般是按5 $\mu s/km$ 来计算。

从应用的角度来说,相对于其他通信信道,通信卫星本身和发射卫星的火箭造价都较高,而且卫星也有一定的使用寿命(一般只有7~8年),地球站的技术较复杂、成本高。所以,在选择使用的传输介质时,必须要考虑到这些制约因素。

4.9 差错控制方法

数据类消息的通信对差错率的要求很高,数据通信中差错控制的目的,就是将传输中出现的差错消除在传输过程中,尽量避免落入到端设备,以保证数据可靠性。本节介绍差错控制技术的基础知识,主要指差错控制编码方面的理论基础和方法。

4.9.1 差错的产生原因及其控制

信号在物理信道中传输时,线路本身电气特性造成的随机噪声、信号幅度的衰减、频率和相位的畸变、电气信号在线路上产生反射造成的回音效应、相邻线路间的串扰及各种外界因素(如大气中的闪电、开关的跳火、外界强电流磁场的变化、电源的波动等)都会造成信号的失真。在数据通信中将会使接收端收到的二进制数位和发送端实际发送的二进制数位不一致,从而造成由"0"变成"1"或由"1"变成"0"的差错。

一般来说,传输中的差错都是由噪声引起的。噪声有两大类,一类是内在的随机热噪声;另一类是由外界特定的短暂原因所造成的冲击噪声。热噪声引起的差错称为随机错,所引起的某位码元的差错是孤立的,与前后码元没有关系。由于物理信道在设计时,总要保证达到相当大的信噪比,以尽可能减少热噪声的影响,因而由它导致的随机差错通常较少。

冲击噪声呈突发状,由其引起的差错称为突发错。冲击噪声幅度可能相当大,无法靠提高信号幅度来避免冲击噪声造成的差错,它是传输中产生差错的主要原因。冲击噪声虽然持续时间很短,但在一定的数据速率条件下,仍然会影响到一串码元。例如,一个冲击噪声(如一次电火花)持续时间为 10 ms,但对于 4 800 bps 的数据速率来说,就可能对连续 48 位数据造成影响,使它们发生差错。从突发错误发生的第一个码元到有错的最后一个码元间所有码元的个数,称为该突发错的突发长度。

差错控制是指数据通信过程中能发现或纠正差错,把差错限制在尽可能小的允许范围内的技术和方法。数据通信中不加任何差错控制措施,直接用信道来传输数据是不可靠的。常用的差错控制方法是差错控制编码。数据信息位在向信道发送之前,先按照某种关系附加上一定的冗余位,构成一个码字后再发送,这个过程称为差错控制编码过程。接收端收到该码字后,检测信息位和附加的冗余位之间的关系,以检查传输过程中是否有差错发生,这个过程称为校验过程。

利用差错控制编码来进行差错控制的方法基本有两类,一类是自动请求重发 ARQ(automatic repeat quest),另一类是前向纠错 FEC(forward error correction)。在 ARQ 方式中,接收端检测出有差错,就没法通知发送端重发,直到正确的码字收到为止。在 FEC 方式中,接收端不但能发现差错,而且能确定二进制码元发生错误的位置,从而加以纠正。因此,差错控制编码又可分为检错码和纠错码。检错码是指能自动发现差错的编码,纠错码是指不仅能发现差错而且能自动纠正差错的编码。

ARQ 方式只使用检错码,但必有双向信道才可能将差错信息反馈至发送端。同时,发送方要设置数据缓冲区,用以存放已发出去的数据,以便知道出差错后可以调出数据缓冲区的内容重新发送。FEC 方式必须用纠错码,但它可以不需要反向信道来传递请求重发的信息,发送端也不需要存放以备重发的数据缓冲区。虽然 FEC 有上述优点,但由于纠错码一般说来要比检错码使用更多的冗余位,也就是说编码效率低,而且纠错设备也比检错设备复杂得多,因而除非在单向传输或实时要求特别高(FEC 由于不需要重发,实时性较好)等场合外,数据通信中使用更多的还是 ARQ 差错控制方式。有些场合也可以将上述两者混合使用,即当码字中的差错个数在纠正能力以内时,直接进行纠正;当码字中的差错个数超出纠正能力时,则检出差错,使用重发方式来纠正差错。

衡量编码性能好坏的一个重要参数是编码效率 R,它是码字中信息位所占的比例。若码字中信息位为 k 位,编码时外加冗余位为 r 位,则编码后得到的码字长度为 $n = k + r$ 位,

由此编码效率 R 可表示为：$R=k/n=k/(k+r)$。显然，编码效率越高，即 R 越大，信道中用来传送信息码元的有效利用率就越高。

奇偶校验码、循环冗余码是最常用的差错控制编码方法。

4.9.2 奇偶校验码

奇偶校验码是一种通过增加冗余位使得码字中"1"的个数恒为奇数或偶数的编码方法，它是一种检错码。在实际使用时又可分为垂直奇偶校验、水平奇偶校验和水平垂直奇偶校验。

1. 垂直奇偶校验

垂直奇偶校验又称为纵向奇偶校验，它是将要发送的整个信息块分为定长 p 位的若干段（比如说 q 段），每段后面按"1"的个数为奇数或偶数的规律加上一位奇偶位，如图 4-28 所示。pq 位信息（$I_{11}, I_{21}, \cdots, I_{p1}, I_{12}, \cdots, I_{pq}$）中，每 p 位构成一段（即图中的一列），共有 q 段（即共有 q 列）。每段加上一位奇偶校验冗余位，即图 4-24 中的 r_i。其编码规则为

$$偶校验：r_i = I_{1i} + I_{2i} + \cdots + I_{pi} \quad (i=1,2,\cdots,q)$$
$$奇校验：r_i = I_{1i} + I_{2i} + \cdots + I_{pi} + 1 \quad (i=1,2,\cdots,q)$$

注意：此间的"+"指的是模二加，也即异或运算。

图 4-28 中箭头指出了串行发送的顺序，即逐位先后次序为 $I_{11}, I_{21}, \cdots, I_{p1}, r_1, I_{12}, \cdots, I_{p2}, r_2, \cdots, I_{1q}, \cdots, I_{pq}, r_q$。在编码和校验过程中，用硬件方法或软件方法很容易实现上述连续半加运算，而且可以边发送边产生冗余位。同样，在接收端也可以边接收边进行校验后去掉校验位。

垂直奇偶校验方法的编码效率为 $R=p/(p+1)$。通常，取一个字符的代码为一个信息段，这种垂直奇偶校验有时也称为字符奇偶校验。例如，在 8 位字符代码（即用 8 位二进制数位表示一个字符）中，$p=8$，编码效率便为 8/9。

垂直奇偶校验方法能检测出每列中的所有奇数位错，但检测不出偶数位的错。对于突发错误来说，奇数位错与偶数位错的发生概率接近于相等，因而对差错的漏检率接近于 1/2。

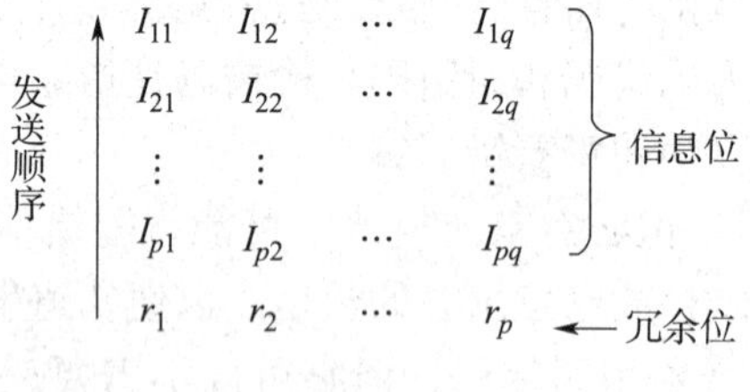

$$发送顺序 \begin{Bmatrix} I_{11} & I_{12} & \cdots & I_{1q} \\ I_{21} & I_{22} & \cdots & I_{2q} \\ \vdots & \vdots & & \vdots \\ I_{p1} & I_{p2} & \cdots & I_{pq} \\ r_1 & r_2 & \cdots & r_p \end{Bmatrix} \begin{matrix} 信息位 \\ \\ \leftarrow 冗余位 \end{matrix}$$

图 4-28 垂直奇偶校验

2. 水平奇偶校验

为了降低对突发错误的漏检率，可以采用水平奇偶校验方法。水平奇偶校验又称为横向奇偶校验，它是对各个信息段的相应位横向进行编码，产生一个奇偶校验冗余位，如图 4-29 所示。其编码规则为

$$偶校验：r_i = I_{i1} + I_{i2} + \cdots + I_{iq} \quad (i=1,2,\cdots,p)$$
$$奇校验：r_i = I_{i1} + I_{i2} + \cdots + I_{iq} + 1 \quad (i=1,2,\cdots,p)$$

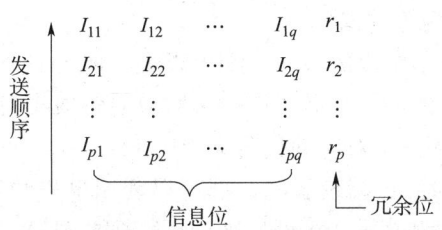

图 4-29 水平奇偶校验

水平奇偶校验的编码效率为 $R = q/(q+1)$。

水平奇偶校验不但可以检测出各段同一位上的奇数位错,而且能够检测出突发长度 $\leqslant p$ 的所有突发错误。因为按发送顺序从图 4-29 可见,突发长度 $\leqslant p$ 的突发错误必然分布在不同的行中,且每行一位,所以可以检出差错,它的漏检率要比垂直奇偶校验方法低。但是实现水平奇偶校验时,不论采用硬件方法还是软件方法,都不能在发送过程中边产生奇偶校验冗余位边插入发送,而必须等待要发送的全部信息块到齐后,才能计算冗余位,也就是一定要使用数据缓冲器,因此它的编码和检测实现起来都要复杂一些。

3. 水平垂直奇偶校验

同时进行水平奇偶校验和垂直奇偶校验就构成水平垂直奇偶校验。水平垂直奇偶校验也称为纵横奇偶校验,如图 4-30 所示。若水平垂直都采用偶校验,则

$$r_{i,q+1} = I_{i1} + I_{i2} + \cdots + I_{iq} \quad (i = 1,2,\cdots,p)$$
$$r_{p+1,j} = I_{1j} + I_{2j} + \cdots + I_{pj} \quad (j = 1,2,\cdots,q)$$
$$r_{p+1,q+1} = r_{p+1,1} + r_{p+1,2} + \cdots + r_{p+1,q} = r_{1,q+1} + r_{2,q+1} + \cdots + r_{p,q+1}$$

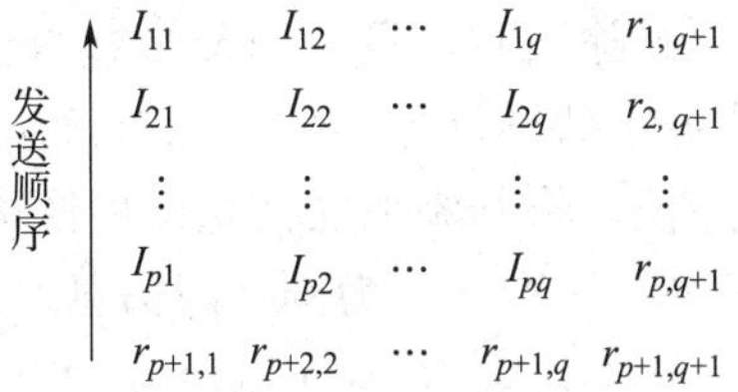

$$\begin{array}{c}
\text{发送顺序} \\
\end{array}
\begin{array}{ccccc}
I_{11} & I_{12} & \cdots & I_{1q} & r_{1,q+1} \\
I_{21} & I_{22} & \cdots & I_{2q} & r_{2,q+1} \\
\vdots & \vdots & & \vdots & \vdots \\
I_{p1} & I_{p2} & \cdots & I_{pq} & r_{p,q+1} \\
r_{p+1,1} & r_{p+2,2} & \cdots & r_{p+1,q} & r_{p+1,q+1}
\end{array}$$

图 4-30 水平垂直奇偶校验

水平垂直奇偶校验的编码效率为 $R = pq/[(p+1)(q+1)]$。

水平垂直奇偶校验能检测出所有 3 位或 3 位以下的错误(因为此时至少在某一行或某一列上有一位错)、奇数位错、突发长度 $\leqslant p+1$ 的突发错及很大一部分偶数位错。测量表明,这种方式的编码可使误码率降至原误码率的百分之一到万分之一。

水平垂直奇偶校验不仅可检错,还可用来纠正部分差错。例如,数据块中仅存在 1 位错时,便能确定错码的位置就在某行和某列的交叉处,从而可以纠正它。

4.9.3 循环冗余码

奇偶校验码作为一种检错码虽然简单,但是漏检率太高。在计算机网络和数据通信中用得最广泛的检错码,是一种漏检率低得多也便于实现的循环冗余码(cyclic redundancy code，CRC），CRC 码又称为多项式码。

任何一个由二进制数位串组成的代码，都可以唯一地与一个只含有 0 和 1 两个系数的多项式建立一一对应的关系。例如，代码 1010111 对应的多项式为 $X^6+X^4+X^2+X+1$，同样多项式 $X^5+X^3+X^2+X+1$ 对应的代码为 101111。

CRC 码在发送端编码和接收端校验时，都可以利用事先约定的生成多项式 $G(X)$ 来得到。k 位要发送的信息位可对应于一个 $(k-1)$ 次多项式 $K(X)$，r 位冗余位则对应于一个 $(r-1)$ 次多项式 $R(X)$，由 k 位信息位后面加上 r 位冗余位组成的 $n=k+r$ 位码字则对应于一个 $(n-1)$ 次多项式 $T(X)=X^r\times K(X)+R(X)$。例如：

信息位：1011001 → $K(X)=X^6+X^4+X^3+1$

冗余位：1010 → $R(X)=X^3+X$

码字： 10110011010 → $T(X)=X^4\times K(X)+R(X)=$
               $X^{10}+X^8+X^7+X^4+X^3+X$

由信息位产生冗余位的编码过程，就是已知 $K(X)$ 求 $R(X)$ 的过程。在 CRC 码中可以通过找到一个特定的 r 次多项式 $G(X)$（其最高项 X^r 的系数恒为 1），然后用 $X^r\times K(X)$ 去除以 $G(X)$，得到的余式就是 $R(X)$。特别要强调的是，这些多项式中的"+"都是模 2 加（也即异或运算）。此外，这里的除法用的也是模 2 除法，即除法过程中用到的减法是模 2 减法，它和模 2 加法的运算规则一样，都是异或运算，这是一种不考虑加法进位和减法借位的运算，即

$$0+0=0,\ 0+1=1,\ 1+0=1,\ 1+1=0$$
$$0-0=0,\ 0-1=1,\ 1-0=1,\ 1-1=0$$

在进行基于模 2 运算的多项式除法时，只要部分余数首位为 1，便可上商 1，否则上商 0。然后按模 2 减法求得余数，该余数不计最高位。当被除数逐位除完时，最后得到比除数少一位的余数。此余数即为冗余位，将其添加在信息位后便构成 CRC 码字。

仍以上例中 $K(X)=K^6+X^4+X^3+1$ 为例（即信息位为 1011001），若 $G(X)=X^4+X^3+1$（对应代码 11001），取 $r=4$，则 $X^4\times K(X)=X^{10}+X^8+X^7+X^4$（对应代码为 10110010000），其由模 2 除法求余式 $R(X)$ 的过程如图 4-31 所示。

```
                1101010
        11001)10110010000
              11001
               11110
               11001
                1110
                11001
                 11100
                 11001
                   1010
```

图 4-31 模 2 除法求 $R(X)$

得到的最后余数为 1010，这就是冗余位，对应 $R(X)=X^3+X$。

由于 $R(X)$ 是 $X^r\times K(X)$ 除以 $G(X)$ 的余式，那么下列关系式必然满足

$$X^r \times K(X) = G(X)Q(X) + R(X)$$

其中，$Q(X)$ 为商式。根据模二运算规则 $R(X) + R(X) = 0$ 的特点，可将上式改记为

$$[X^r \times K(X) + R(X)]/G(X) = Q(X)$$

即

$$T(X)/G(X) = Q(X)$$

由此可见，信道上发送的码字多项式 $T(X) = X^r \times K(X) + R(X)$，若传输过程无错，则接收方收到的码字也对应于此多项式，也即接收到的码字多项式能被 $G(X)$ 整除。因此，接收端的校验过程就是将接收到的码字多项式除以 $G(X)$ 的过程。若余式为零则认为传输无差错，若余式不为零则传输有差错。

例如，前述例子中若码字 10110011010 经传输后由于受噪声的干扰，在接收端变成为 10110011100，则求余式的除法如图 4-32 所示。

```
              1 1 0 1 0 1 0
   1 1 0 0 1 ) 1 0 1 1 0 0 1 1 1 0 0
               1 1 0 0 1
                 1 1 1 1 0
                 1 1 0 0 1
                     1 1 1 1 1
                     1 1 0 0 1
                         1 1 0 1 0
                         1 1 0 0 1
                             0 1 1 0
```

图 4-32 接收端码字校验

求得的余式不为零，相当于在码字上面加上了差错模式 00000000110b。差错模式对应的多项式记为 $E(X)$，上例中 $E(X) = X^2 + X$ 有差错时，接收端收到的不再是 $T(X)$，而是 $T(X)$ 与 $E(X)$ 之模二加，即

$$[T(X) + E(X)]/G(X) = T(X)/G(X) + E(X)/G(X)$$

若 $E(X)/G(X)$ 不等于零，则这种差错就能检测出来；若 $E(X)/G(X)$ 等于零，那么由于接收到的码字多项式仍然可被 $G(X)$ 整除，错误就检测不出来，也即发生了漏检。

理论上可以证明循环冗余校验码的检错能力有以下特点。

(1) 可检测出所有奇数位错。

(2) 可检测出所有双比特的错。

(3) 可检测出所有小于、等于校验位长度的突发错。

CRC 码是由 $X^r \times K(X)$ 除以某个选定的多项式后产生的，所以该多项式称生成多项式。一般来说，生成多项式位数越多校验能力越强。但并不是任何一个 $r+1$ 位的二进制数都可以做生成多项式。目前广泛使用的生成多项式主要有以下 4 种。

(1) $CRC_{12} = X^{12} + X^{11} + X^3 + X^2 + 1$。

(2) $CRC_{16} = X^{16} + X^{15} + X^2 + 1$（IBM 公司）。

(3) $CRC_{16} = X^{16} + X^{12} + X^5 + 1$（CCITT）。

(4) $CRC_{32} = X^{32} + X^{26} + X^{23} + X^{22} + X^{16} + X^{11} + X^{10} + X^8 + X^7 + X^5 + X^4 + X^2 + X + 1$。

思 考 题

1. 如何理解数据、信息、信号这几个概念的含义及它们之间的关系?
2. 如何理解数据传输速率和信号传输速率? 它们之间有什么关系?
3. 计算机网络由哪几部分组成? 各部分的作用是什么?
4. 谈谈你对资源共享的理解。
5. 常用的网络拓扑结构有哪几种? 各有什么特点?
6. 判断下列哪些系统是计算机网络,并说明是属于局域网还是广域网。

(1) 在一个计算机房里,100 台微机和打印机等设备连在一起,相互共享文件和打印机。

(2) 在计算机室里有一台功能强大的小型机连接了 10 个终端和打印机,用户可以使用小型机和打印机。

(3) 在一家庭的住房里,有两台计算机互连共享其中一台的打印机和调制解调器。

(4) 一个经常出差的推销员用随身携带的便携式计算机通过普通电话网向公司总部的主机传递文件。

(5) 在一家公司的计算机室里有 20 台独立的计算机,20 位文字录入员各自输入文稿的一部分并存放在软磁盘里,最后在一台计算机上把各部分文稿编辑在一起。

7. 简述 OSI 七层模型中各层的主要功能。
8. 简述 TCP/IP 四层模型中各层的主要功能。
9. 如何利用公用电话网络来组成数据通信网络? 需要用到哪些设备,它们的作用是什么?
10. 常用的传输介质有哪几种? 其各自的特点是什么?
11. 对于带宽为 4 KHz 的语音信号,采用量化级别为 128 的 PCM 方法编码,所产生的数据要用多大传输速率的信道才能传输?
12. 已知生成多项式 $G(X) = X^4 + X^3 + X^2 + 1$,求数据序列 10101011 的循环冗余位。
13. 比较数据报和虚电路交换方式的特点。
14. 试比较报文交换和分组交换的特点,理解并叙述分组交换的原理。
15. 什么是"前向纠错"? 什么是"自动反馈重发"? 为什么在数据通信中大都采用 ARQ 差错控制技术?
16. 分别采用标准曼彻斯特编码和差分曼彻斯特编码画出数据序列 101001 的波形图。
17. 已知数据序列 1100101,试画出它的 FSK 和 PSK 的信号波形图。
18. 简述异步传输方式和同步传输方式的区别。
19. 什么是单工通信、半双工通信和全双工通信? 试举出采用这三种通信方式的实际例子。
20. 为什么码分复用技术可以使所有的用户在同样的时间使用同样的频带进行通信而不会互相干扰?

5 远动装置软件系统

> **引言：** 本章主要介绍计算机远动系统调度端与执行端的软件系统，以及数据库设计和组态软件的设计方法。通过学习，读者应注重掌握以下内容。
> - 软件开发的技术及步骤。
> - 数据库的设计及生成。
> - 调度端软件设计。
> - 执行端的软件设计。
> - 控制组态软件技术。

5.1 软件开发技术

5.1.1 软件技术基础

1. 操作系统简介

1) 操作系统概述

一个计算机系统可以简单地看做由三部分组成，即硬件、软件和用户。就软件而言，又可以分成三类，即系统软件、支持软件和应用软件。应用软件是面向特定用户的，其算法和求解步骤依赖于不同的应用任务，通常由用户自己（或委托别人）来开发。系统软件由计算机公司提供，面向机器本身，其算法和功能不依赖于特定的用户。它的主要任务是使硬件所提供的能力可以得到充分的利用，支持用户的应用软件的运行并提供恰当的服务。支持软件则作为工具，以方便应用软件的开发和开发项目的管理工作。操作系统是最基本的系统软件，是硬件机器的第一级扩充，从图 5-1 所示的计算机系统的层次图中可以看出操作系统的重要性。

2) 操作系统的功能和工作原理

随着硬件的功能和性能的不断提高，机器的处理能力越来越强，提供的资源越来越多。如果仍然采用单个用户独占一台计算机的使用方式，势必造成相当大的浪费。为了更加有效地使用机器的资源，希望有多个用户同时利用机器来完成各自的工作，即各个用户同时使用不同的资源（例如外部设备、CPU 等），既相对独立，又彼此协调。正是在这种实际要求面前，操作系统才得以问世。操作系统的基本特征是"多任务并行和资源共享"。操作系统通过分时服务的方式来完成不同用户提出的服务要求。例如，当用户 A 利用 CPU 进行计算时，用户 B 可以利用外设 1 进行输入，用户 C 可以利用外设 2 进行输出；当用户 B 输入完毕而用户 A 的计算告一段落准备输出时，系统又将 CPU 分配给用户 B 使用，处理输入信息，将外设 3 分配给用户 A 进行输出。这样就可以使各个用户并行工作。当然，也有可能同时有两个以上的用户同时竞争使用某项资源，这时操作系统将按一定的分配策略（例如根据优先级）将该资源分配给某个用户使用，而让其他用户等待。图 5-2 说明了多个用户在操作系统控制下并行工作的情况。从图 5-2 中可以看出，在同一个时间间隔内，每种资源（例如 CPU）至多为一个用户服务。

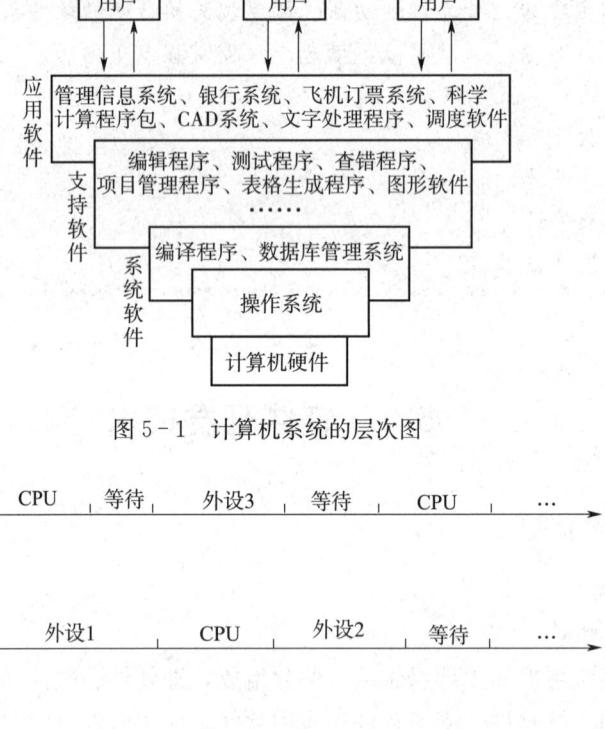

图 5-1　计算机系统的层次图

图 5-2　多用户并行工作示意图

因此，操作系统是这样一个程序集合：它的主要功能是使用户可以充分地利用系统的资源，同时又提供各种友善的方式来帮助用户方便地使用资源。例如，用户可以忽略各种硬件设备的控制细节，只需提出工作的任务和要求，由操作系统来负责操纵设备以完成所希望的工作。

3）操作系统的分类

根据所管理资源方式的不同及提供服务方式的差别，操作系统可以大致分为以下几类。

（1）批处理系统。在批处理系统中，用户一般不直接操作计算机，而是将作业递交给系统管理人员。操作人员将作业成批地装入计算机，由操作系统将作业按规定的格式组织好存入磁盘的某个区域（通常称为输入"井"），然后按照某种调度策略依次将作业调入内存加以处理（在单程情况下一次调入一个，在多程情况下，一次也可能调入若干个），处理的步骤事先由用户设定。处理结果通常也由操作系统组织存入磁盘某个区域，由操作系统按作业统一加以输出，再由操作员交给用户。作业的装入和处理结果的输出可以由专门的前置机来完成，也可由主机来完成。前者叫真脱机处理，后者叫假脱机（spooling）处理。图 5-3 给出了假脱机系统示意图。批处理系统应解决的主要问题是作业的组织控制、用户程序的调入和连接、输入/输出的控制等。一般而言，它比较适合于用户对处理的时间要求不很严格，作业的处理过程比较规范，无需人工干预的情形。

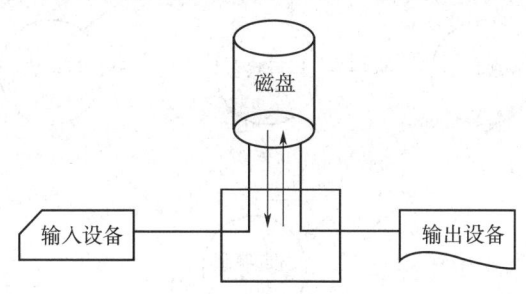

图 5-3　假脱机系统示意图

（2）分时系统。分时系统允许多个用户同时联机与系统进行交互通信。用户可以在终端上向系统发出服务请求，等待机器的处理结果并决定下一步的处理。操作系统接收每个用户的命令，采用时间片轮换的方式处理用户的服务要求，即按照某个轮换次序给每个用户分配一段 CPU 时间，进行各自的处理。当某个用户的处理要求时间需要较长时，则分成几个时间片来处理。这样，对每个用户而言，都仿佛自己"占有"了整个计算机。由于分时系统可以同时接纳数十个甚至上百个用户，内存空间又有限，所以往往采用"滚进""滚出"的存储方法，即将未"轮到的"的作业放入磁盘，一旦"轮到"再将其调入内存，而时间片用完的作业则存回磁盘的方法，使同一存储区域轮番地为多个用户服务。

分时系统设计中应考虑的主要问题是保证用户合理的响应时间，即不致使得用户等待每一个命令处理结果时间过长。它适用于需要频繁交互的情形。通常的计算机系统中往往同时使用批处理方式和分时方式来为用户服务，即时间要求不强的作业放入"后台"（批处理），需频繁交互的作业放在"前台"（分时）处理。

（3）实时系统。实时操作系统的一个主要特点在于有严格的时间限制，即每一个信息接收、分析处理和发送的过程必须在规定的时间范围内完成。这就要求系统的一切活动都必须在一个严格的计时程序的控制下运行，中断信号对系统具有支配作用，而不像批处理系统（时间限制弱）和分时系统（时间限制不严格）那样在作业调度时较少考虑时间上的要求。

以上是 3 种主要的操作系统。此外，还有网络操作系统、分布式操作系统等，它们的重点放在处理机之间的通信问题上。下面重点介绍监控系统中使用较多的实时多任务操作系统。

4）实时多任务操作系统

（1）任务与任务调度。任务是系统中处于活动状态的目标，它执行系统的工作。有时也把它称为进程。任务总是具有五种状态中的一种状态。这五种状态是睡眠状态、挂起状态、挂起睡眠状态、就绪状态和运行状态，如图 5-4 所示。通过系统调用可以实现任务状态间的相互转换。

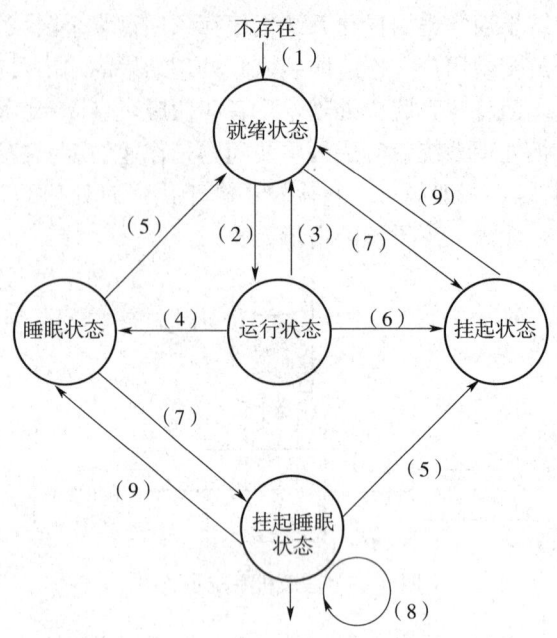

图 5-4 实时多任务操作系统的任务状态及转换

① 就绪状态。具备执行条件，按优先级排队等待占用 CPU 时所处的状态。一般任务在建立启动后即进入此状态。

② 运行状态。任务占有 CPU 而得到运行时所处的状态。在一个 CPU 系统中，在任一时刻，系统中只能有一个任务处于运行状态。

③ 睡眠状态。任务请求等待信息或延迟一段时间时所处的状态。此状态为不可执行状态。

④ 挂起状态。任务被自己或其他任务挂起时所处的状态。此状态为不可执行状态。

⑤ 挂起睡眠状态。睡眠中的任务又被另一任务实行挂起而进入的一种状态。此状态为不可执行状态。

前面介绍了实时多任务操作系统中任务的状态，以及状态的转换。而这些状态的转换是通过一个称为调度程序（scheduler）的执行机构来完成的。调度程序接收处理机系统的中断。此外，它还接收处于运行状态的任务所发出的操作系统调用。

调度程序在其参数区保留着几个任务链，它们是挂起任务链、睡眠任务链、挂起睡眠任务链和就绪任务链。它完成任务切换，即停止运行状态的任务，并启动就绪任务链中的最高优先级任务。一个处于运行状态的任务将继续运行直到发生下列情况之一。

① 该任务发出一个等待事件调用，它将处于挂起等待状态，直到有事件到达。

② 该任务发出一个调用，请求一个不存在的资源（如内存、I/O 等），那么该任务也被挂在挂起任务链中。

③ 该任务发出系统调用，请求进入睡眠状态，该任务被挂在睡眠任务链上。

④ 该任务被一个更高优先级的任务抢占，使其挂在就绪任务链上。

只要上述情况之一发生，调度程序就必须从就绪任务链中选择一个最高优先级的任务并启动它。

任务的调度主要有以下两种方式。

① 循环调度（round-robin scheduling）。

② 基于优先级的抢占式调度（preemptive scheduling）。

(2) 任务的同步和互斥。多任务系统中的各个任务之间本无需内在的同步关系。它们以独立的速度向前推进。然而，在大多数实时多任务软件的设计中，有许多任务必须一起工作，彼此之间存在着不同程度的同步关系。此外，有许多任务的执行需要同时间有某种关系。

① 任务的时间同步。几乎所有的实时多任务操作系统都提供了一些与时间有关的调用。一般的操作系统支持两种形式的时间功能调用来协调任务的时间同步：延时和定时。支持延时的调度通知该任务一段固定的延时已到时间，而定时调用（往往还支持周期性定时激活）则通知调用任务某时某刻已到。

② 任务的启动和停止。多任务系统中任务的启动和停止是一种简单的同步控制。

③ 任务之间的互斥：利用临界区（critical section）实现任务之间互斥；利用测试和设置来实现任务间的互斥。

(3) 任务之间的通信和数据传递。实时多任务操作系统中，每个任务都是一个独立的过程，而且它们彼此以自己的执行速度向前推进。但任务之间有时需要共享某些资源，或者彼此之间要同步。在另外一些情况下，任务之间需要互传数据，以使多任务有序地执行，完成一个整体功能。

几乎所有的实时多任务操作系统的核心都支持任务之间的通信功能。任务之间的通信一般传递两种信息：任务间的同步与互斥的信息；任务间交换的数据。

(4) 实时多任务操作系统的选择。对实时操作系统的要求除了普通操作系统的要求之外，往往还要求它有友好的人-机接口方式、操作系统的可配置性及较强的资源管理能力，以及一些满足有效执行程序的其他目标，例如实时操作、多程序、多任务、有效调度、优先级等。此外，还有系统的可靠性和安全性等。要选择一个实时多任务操作系统，一般要注意以下几点：操作系统的功能；应用方便；文档齐全易懂；人-机接口方便，调试工具丰富；具有汉字平台。

2. 数据库简介

数据库技术是20世纪60年代末期，在文件系统基础上发展起来的。1970年E. F. Codd发表了关系模型的学说，把数据库技术的发展推向一个新阶段。

1) 数据库管理的目标

数据库系统是通过处理数据来达到充分合理地、有效地利用信息资源的目标。数据库管理的基本目的是使一个组织和企业能改善对它的数据资源的使用和控制，这大体分为以下3个方面。

(1) 减少数据冗余度，实现数据资源共享。

文件系统下的用户各自建立自己的文件，数据不能共享，造成数据大量重复，不仅浪费存储空间，而且增加系统开销，更为严重的是容易造成数据的不一致性。用数据库管理与处理数据，使数据不仅减少重复，而且还使数据保持一致性，使不同用户能从不同角度、不同目的去共享数据库管辖的数据资源。

(2) 使数据具有独立性，提高应用程序的生命力。

在文件系统中数据和程序相互依存，一旦数据结构变更，与这些数据有关的程序都必须重新编写（或修改）和调试，这无形中浪费了人力和时间，增加了开支。有人统计过，这项开支约占总开支的 25%。而用数据库系统则因其具有自我维护功能和模式间的映象能力，从而大大减少了对应用程序维护的要求。

（3）实现数据集中管理，提高安全性和完整性。

在文件系统下，各个文件没有统一管理机制，其安全性、完整性无法得到保证。只有将数据资源统一置于数据库管理之下，从总体上采取分级措施，才能改善其数据的安全性和完整性。

2）数据模型

（1）实体间的联系。由于现实世界中实体间彼此关联，因而描述实体的数据也是相互联系的。这种联系有两种：一种是记录内部即字段（或数据项）之间的联系，体现实体内部属性之间的联系；另一种是记录之间的联系，体现实体与实体之间的联系。

实体之间的关系虽然复杂，但抽象化后，可归纳成以下 3 类。

① 1-1（one-to-one）关系。实体集 E1 和 E2，如果 E1 中的每一个实体至多和实体集 E2 中的一个实体有联系，则定义 E1、E2 为"1-1 关系"。

② 1-m（one-to-many）关系。如有两个实体集 E1 和 E2，E1 中每一个实体与 E2 中任意个实体有关，而 E2 中每个实体至多和 E1 中一个实体有关，则定义 E1、E2 为"1-m 关系"。

③ m-m（many-to-many）关系。假如两个实体集 E1、E2 中每一个实体都和另一个实体集中任意个实体有关，则定义这两个实体集为"m-m 关系"（即多对多关系）。

（2）数据模型。数据库系统中表示实体与实体之间关系的模型称为数据模型。数据模型包括两个方面：一方面是表达数据和关系的数字表示；另一方面是有关的运算。数据模型不同，数据库的种类就不同。传统的数据模型有以下 4 种。

① 层次模型。用树形结构表示实体之间联系的模型叫层次模型。树的结点表示实体集（记录集），连线表示相连两实体之间的关系。这种关系只能是"1-m 关系"或"1-1 关系"。图 5-5 是一棵树的结构。图 5-5 中结点 1 为根，结点 2、8、11、14 都是 1 的子树，而结点 3、5、6、7、9、10、12、15、16、17、18、19 是叶子。

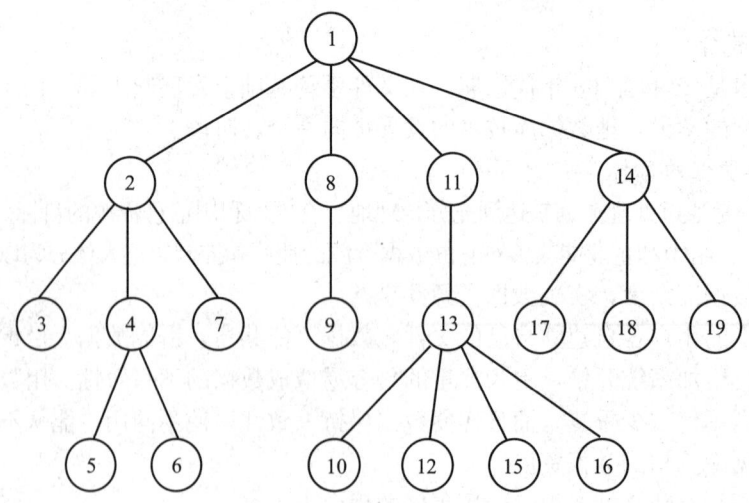

图 5-5 一棵树的结构

在现实世界中，许多实体间的关联本身就是一个自然层次关系。例如，行政机构、家族关系都是层次关系。图5-6是学校行政机构的层次模型。

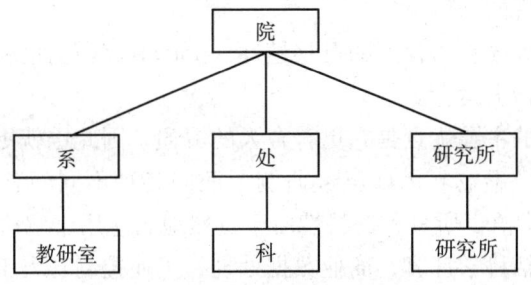

图5-6　学校行政机构的层次模型

表示1-1关系和1-m关系用层次模型既直接又方便，但有两个限制：其一，树的最高结点—根，只有一个；其二，根以外的其他结点都只能和一个父结点相连。因此，m-m关系不能直接用层次模型表示。

② 网络模型。如果每个结点可以有多个父结点，便形成了网络，又称为丛。用网络结构来表示实体之间联系的模型称为网络模型。网络模型可直接表示m-m关系。

网络模型和层次模型，从逻辑上看都是用连线表示实体间的联系，用结点表示实体集。图5-7所示为网络模型结构的例子。

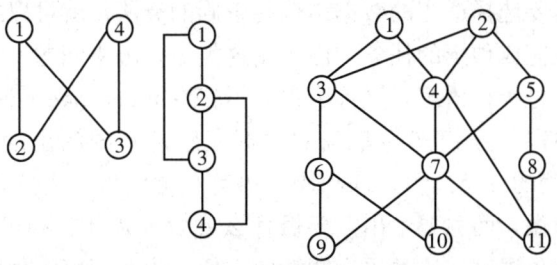

图5-7　网络模型结构示例

③ 关系模型。用二维表格数据来表示实体和实体之间联系的模型称为关系模型。数据看成二维表中的元素，每一行相当于一个记录值。每一列是一个属性值集，列可以命名，称为属性名。属性名的取值范围称为域。

二维表就是实体与实体间的关系，表中每一行是一个元组，关系是元组的集合。如表中有双列，则称其关系为双元关系。必须指出：每一列属性是不能再分的基本字段；各列具有相异的名字；各行必须不同，即不允许有重复元组；行、列的次序均无关。

3. 高级语言

程序设计语言是以计算机可执行的方式来描述算法的。在像汇编语言这样的低级语言中，算法是按照面向计算机的指令器描述的。而像Fortran这类高级语言，算法则是按照更加接近于人的思考方式给出的。

高级语言的主要优越性是提高程序人员的劳动生产率。用高级语言编写程序，比低级语言通常更易于编写、查错、验证、阅读和修改。程序的生存期费用少，花费程序人员的努力也要少。由于用高级语言编写的程序更加易于理解和更加符合人的习惯，所以效率也就更高。此外，程序人员仅仅需要正确掌握和理解算法，以及正确使用高级语言就可以编制程序，而无需关心语言实现的细节。

高级语言的使用大大改善了程序的可移植性（portability）。也就是说，用高级语言编制的程序易于在不同的机器上运行。

由于使用高级语言的主要优点是它更符合人的习惯，因此也就更加希望能用高级语言自然地表达各种问题的有关概念，因此已经研制了面向各种不同问题的高级语言。面向问题（problem-oriented）是指语言所具有的特性便于自然地表达用于解决这类问题的算法。程序设计问题的主要类型包括科学计算、商业数据处理、工业控制、人工智能、系统程序设计和仿真等。这些类型都各有特点，科学计算涉及大量数值问题求解，商业数据处理以处理数据量大且面广为主要特点，实时性要求是工业生产控制的重要性能，人工智能涉及对某些人类活动的表示，系统程序设计典型的情况是构造处理其他程序的程序，仿真是要决定一系列随机事件的影响。

目前世界上使用的语言有数百种，不同的语言适于处理不同的问题。Fortran 和 ALGOL 是主要的科学计算语言，COBOL 是主要的商业数据处理语言，PL/1 是多用途语言，Pascal 广泛地用于系统程序设计，Simula 是仿真语言，LISP 常用于人工智能。

前已述及高级语言是一种面向问题或面向应用的语言（application-oriented language）。这就是说，它是独立于计算机的程序语言。利用这类语言在计算机上解题时，不需要了解计算机的内部逻辑，只需要选择适当的数据结构和正确的算法，就可以编制出解题程序，通过编译并上机运行就可以完成预定的任务。由于用这类语言解决问题，需要详细地描述解题过程，因此常常称它们为过程化语言，又称为强制语言（imperative language）。

20 世纪 70 年代初以关系模型为基础的数据库管理系统的出现，以 SQL（structured query language）为代表的一类高级查询和操纵语言相继问世。用这类语言查询和操纵数据库，无需详细指明如何做，而只要给出需要做什么或要求是什么即可。相对于过程化语言，把这类语言称为非过程化语言。这类语言能够较方便地为非程序人员所直接使用，能大大加速程序设计的进程。

目前较为流行的是面向对象的程序设计语言，如 C 语言。它是在结构化程序设计和数据抽象的基础上建立起来的。

5.1.2 软件开发技术

1. 概述

近年来，随着以计算机应用为中心的技术开发和技术改造在国民经济各部门普遍开展，人们逐步认识到，软件在计算机应用中起着不可忽视的作用。任何一个部门或单位要想用好计算机都必须把软件问题摆在优先地位考虑。事实也一再表明，计算机使用水平如何，能不能充分发挥它的巨大潜力，很大程度上取决于对软件的了解和认识。许多业务部门的技术人员和管理人员现已体会到，为使计算机更加有效地解决自己专业里的具体问题，自己组织力量进行软件开发是计算机应用工作的一个必不可少的组成部分。总之，形势要求我们对软件技术有更进一步的认识。

1) 软件研制工程化

20 世纪 60 年代末期开始出现了软件危机的种种迹象,人们逐渐认识到,用个人编写小型程序的那种手工方式来研制软件已经行不通了,必须寻找新的技术来指导软件的开发。1968 年的一次国际会议上人们首次提出了"软件工程"这一名称。在关于怎样对待程序中的 GOTO 语句的使用问题上展开了热烈的争论,从而导出了结构化程序设计的概念。20 世纪 70 年代中期又提出了软件生命期的概念。在这以后,人们普遍重视软件需求规格说明书和系统设计在软件开发中的作用。20 世纪 80 年代以来,软件工程思想得到系统的归纳和整理,提出了许多工程化的方法。在软件开发环境、软件标准化等方面都取得了显著成果。总之,为了摆脱软件危机,把软件开发工作向前推进一步,人们认识到出路只有一个,就是软件研制走工程化的道路。软件这一智能劳动的成果应当作为商品在社会上流通,并变成为人们共享的社会财富。由于软件产品要面向社会,它的研制工作就必须从用户的要求和市场的需要出发。同时,它在市场上能否得到用户的欢迎,有没有竞争能力,将取决于它的功能、性能、可靠性、价格及扩充能力。总之,软件开发的工程化为软件产品的商品化创造了条件。软件产品的商品化推动了软件产业的兴起,而支持软件产业的重要支柱仍然是软件工程。

2) 软件的生命期

软件和任何其他事物相似,有它的发生、发展和消亡的过程。软件的生命期是指在开发以前,从概念的形成起直到所开发的软件在充分使用以后完全失去使用价值为止的整个过程。软件的生命期大体上可分为三个时期,即定义、开发和维护时期。如果拿人的生命期类比,如同人的婴幼儿时期、青少年时期和中老年时期。图 5-8 表示出了三个时期的关系。

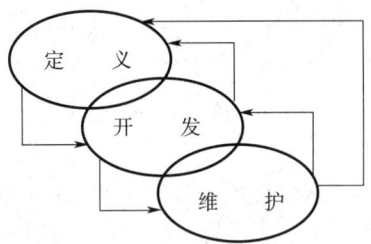

图 5-8 软件生命期关系示意图

软件工程是运用工程学的知识指导研制高质量软件产品的学科。它的主要目标是:把工程的概念引入软件开发的全过程;提高软件产品的质量;改进软件产品的开发过程,提高开发效率;降低软件开发的成本。

2. 软件开发计划的制订

如同任何其他系统工程项目一样,软件开发项目应从制订计划开始,这是必不可少的一步。在制订计划时,要准确地弄清软件项目最终要解决的问题,并考虑相应的对策。经验告诉我们,要在项目开始以前,精确地估计工程量是很困难的。但切不可因此而忽视计划工作的重要性。我们宁愿多花一些时间充分做好计划,也不要在计划不周的情况下开工。例如,对项目所需的人力、资金、设备作出错误的估计,而在工程期限临近时不得不仓促增加人力,造成某些部分之间一致性很差或培训费用的增加。严重的甚至在工程完成后才发现系统功能上存在重大问题。软件计划中的错误可能导致开发后期问题的急剧膨胀。总之,认真执行计划对软件开发是绝对必要的,它主要包含以下几部分:系统定义及分析、可行性研究、实施计划报告的编写。

3. 软件需求分析

在软件开发项目实施计划得到批准以后,便可开始开发工作。这时不可急于进行软件设计,而是要弄清楚用户的需求。也就是真正搞清楚所要设计的软件应该具有哪些功能和特性,或者说,将要让它做什么。表面上看来,这很简单,也很容易办到。然而事实表明,这步工作并不是轻而易举的,为了确切地搞清楚用户的需求,必须掌握需求分析的工具,并且还要在用户的参与下,花一番力气才能完成。事实还告诉我们,需求分析工作如未能给予足够的重视,对整个开发项目势必造成严重的后患。考察软件危机发生的原因,其中之一便是这步工作没有做好。其主要表现在,用户和软件开发人员未能全面地、精确地理解和表达这些需求,致使一些隐藏的问题随着开发工作的进展带给了后面阶段的工作,给开发项目造成很大的影响。图 5-9 表示了需求分析阶段出现的问题给后期开发阶段造成的影响。我们知道,随着开发工作的逐步展开,后一阶段是以前一阶段的工作为基础而逐步开展的。如果在需求分析中发生了差错 A,那么在其后,根据这样的需求所做的设计、编码和测试,必定有所扩展。特别是,若有两个差错 A 和 B,它们的波及范围交叉在一起,将使问题更加严重,并且在开发后期更加难于发现和解决。

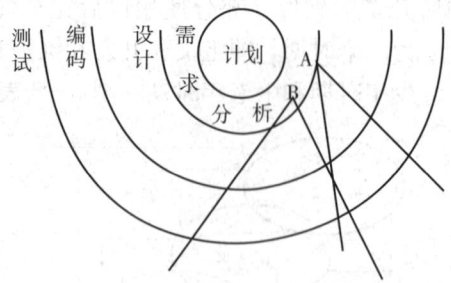

图 5-9 需求分析中发生的问题对后期开发工作造成的影响

1) 需求分析阶段的任务

需求分析阶段的研究对象是软件产品的用户需求。这些需求最终要在所开发的软件产品上能够体现出来或是得到一定程度的满足。这些需求通常包括:功能需求、性能需求、可靠性需求、安全保密需求、成本消耗需求、开发进度需求、资源需求、用户接口需求。

2) 结构化分析方法

结构化分析(structured analysis)方法,简称为 SA 方法,近年来得到了广泛的应用。它适合于开发数据处理类型软件的需求分析,特别是企事业单位中有关数据管理类型的应用软件的开发。这一方法的优点除去比较简明,易于掌握以外,在进入设计阶段以后还能和结构化设计方法(structured design)相衔接,取得良好的设计效果。结构化分析方法利用图形表达需求,避免了冗长、重复、难于阅读和修改等缺点,从而得到具有明显优越性的所谓结构化需求说明书(structured specification)。结构化分析方法使用的工具主要有:数据流程图、数据词典、结构化语言、判定表及判定树。

4. 软件设计

软件的研制工作经过了需求分析阶段以后,已经完全弄清了用户的需求,也就是已经解决了要让所开发的软件"做什么"的问题，并且这些肯定了的需求已经在软件需求规格说明书中得到详尽的叙述和充分的表达。进入设计阶段以后，便可开始着手对软件需求的实施工作，也就是开始着手解决"怎么做"的问题。

通常把设计阶段的工作又分成两步，即概要设计（也称为总体设计或结构设计）及详细设计。概要设计阶段应着重解决实现需求的程序模块设计问题。这包括考虑如何把被开发的软件系统划分成若干个模块，并决定模块的接口，即模块间的相互关系及模块之间传递的信息。详细设计则要决定每个模块内部的具体算法。在概要设计和详细设计完成以后都要进行必要的阶段评审。其目的在于使设计中发生的问题能够被及时发现并得到及时的解决，而不致将其带到开发的后期，造成更大的危害。

1) 结构化设计方法

结构化设计是从整个程序的结构出发，突出了程序模块化的一种设计方法。它利用程序结构图表达程序模块之间的关系。由于数据流程图和程序结构图之间有着一定的联系，结构化设计便可以和需求分析所采用的结构化方法很好地衔接。使用结构化设计方法的关键是恰当地划分模块，采用试探方法处理好模块内部及模块之间的联系问题，逐步达到较好的设计效果。

2) Parnas 方法概述

鉴于软件设计对软件质量有着决定性的影响，Parnas 主张在概要设计时预先估计未来生命期中可能发生的种种情况，并采取相应措施来提高系统的可维护性和可靠性。

（1）提高可维护性的措施——信息隐蔽。大型软件系统一般是多个版本的，在整个生命期中往往要经受多次修改，所以在分解模块时，就应采取措施使将来修改造成的影响尽可能局限在一个或少数几个模块的内部。为了达到这个目的，Parnas 提出了信息隐蔽（information hiding）的原则。

根据信息隐蔽原则，概要设计可以按以下方法进行。

① 列出将来可能发生变化的因素。

② 划分模块时将一些可能发生变化的因素隐含在某个模块的内部，使其他模块同此因素无关。对于这样构造的软件系统，将来这些因素发生变化需作修改维护时，只改一个模块就够了，其他模块可不受影响。也就是说，信息隐蔽技术将某个因素隔离在一个模块的内部，这个因素的变化就不至于传播到所在模块的边界之外了。由于修改极易引起错误，修改的影响范围越小则修改引起错误的可能性越小，所以信息隐蔽技术不仅提高了软件的可维护性，还提高了软件的可靠性。

鉴于上述原因，Parnas 提出的信息隐蔽原则已被软件界广为接受，并成为软件工程学的一条重要原则。

（2）提高可靠性的措施——加强系统各成分间的检查。不良的软件结构容易隐含错误，尤其在修改时更易造成错误，所以软件结构对正确性影响很大，为了提高可靠性，使软件结构简单清晰是一条基本的措施。另外，许多人在设计时，心目中往往会有一种假设："一切都会正常进行"，例如外界环境（硬件、操作人员）将会正常地工作，软件本身也不会有错误，所以，在设计时不考虑任何防护性措施。在以后的生命期中，一旦事实违背了这种假设，例如硬件意外故障或操作人员打入非法信息，这种"脆弱"的系统必然会遭受重大损失。Pamas 主张设计时预计将来可能发生的种种意外，并采取措施提高系统的可靠性。

① 考虑到硬件有可能出现意外故障，所以接近硬件的模块应该对硬件的行为进行检查，以便及时发现硬件的错误。

② 考虑到操作人员有可能失误（也可能是故意破坏），负责从操作员接受输入的模块就应该对输入数据进行合理性检查，辨认非法、越权的操作要求，同时也要为操作员提供纠正错误的手段。

③ 考虑到软件本身也会有错误，所以模块之间要加强检查，防止错误的蔓延。例如，开平方根的模块应检查输入的变量是否大于等于零，而不应假设这一点必然成立。又如，操作系统中应考虑万一发生死锁怎么处理，或者有一个进程发生了故障，它连续不断申请资源而不再归还，系统将如何发现和处理这种异常。

SD方法是面向数据流的设计方法，另有一类面向数据结构的设计方法，其代表有Jackson方法和Warnier提出的LCP（logical construction of programs）方法，以下只介绍Jackson方法。

3) Jackson方法概述

Jackson方法由英国的M.Jackson提出，在西欧率先流行，这个方法适用于数据处理类问题，尤其是企事业管理系统。

(1) 基本思想。Jackson方法的目标是建立简单清晰的模块结构，因为这样的结构易理解、易修改。为了达到这个目标，Jackson方法采用的设计原则是"程序结构同数据结构相对应"。从图5-10（a）可看出，大多数系统处理的数据具有层次结构，如文件由记录组成，记录又由数据项组成。所以，可以以数据结构为基础相应建立模块的层次结构，如处理文件的模块调用处理记录的模块，处理记录的模块又调用处理数据项的模块［见图5-10（b）］。

(2) 描述方式。一般数据处理系统中，数据结构有"顺序""重复""选择"三种类型，由数据结构相应地建立的程序结构，也就有"顺序"、"重复"（循环）、"选择"（条件）三类控制结构。Jackson方法采用图形或语言方式描述上述结构。

Jackson方法采用的图形称为结构图（structure diagram），它可以描述数据结构和程序结构。

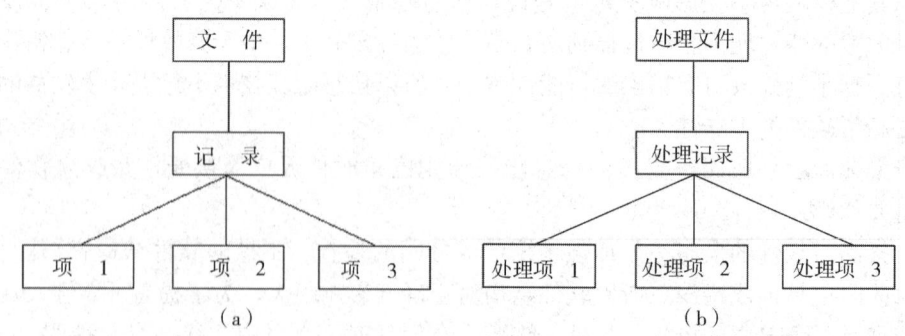

图5-10 数据层次结构

Jackson方法还可用一种语言——纲要逻辑（schematic logic）来描述程序结构。纲要逻辑是一种描述语言，它本身不可执行，但从纲要逻辑容易推导出相应的程序，尤其是

COBOL程序，推导过程可由计算机自动实现。

(3) 步骤。Jackson方法的基本步骤如下。

① 建立数据结构。

② 按数据结构对应地建立程序结构。

③ 列出程序中要用到的各种基本操作，再将这些操作分配到程序结构中适当的模块。

5. 软件测试

测试在软件生命期中占有重要的地位，这不仅是因为测试阶段占用的时间、花费的人力和成本占软件开发的很大比重，而且它直接影响着软件的质量。如果在测试阶段未能很好地把好质量关，很可能对整个系统造成十分严重的后果。

1) 软件测试的基本概念

(1) 测试目的。软件开发工作在测试以前已经历了制订计划、需求分析、设计和编码等许多阶段。由于人们的思维不可能绝对周密，不发生任何差错，更不用说，在大中型软件开发项目中，系统内各部分之间、各种数据之间、各种人员之间有着复杂的关系。因而，目前所采用的开发方法都不能完全避免发生差错，或者说，出现差错从宏观上看有其必然性。测试阶段的任务便是发现软件中隐藏的各种差错。明确这一点是非常必要的，有助于对测试工作建立正确的看法，排除一些错误认识。比如，在测试以前既不要抱有侥幸心理，不愿意揭露出自己程序中的差错，也不要为在测试中发现了差错而感到沮丧，怕自己丢面子。又比如，有人以为测试程序是为了说明程序是没有问题的，这种看法不仅是错误的，而且非常有害。因为，出于这一目的，就要找一些容易使程序运行通过的数据，避免使用那些会暴露程序错误的数据。这一做法将使隐藏的差错得不到揭露，自然也就不可能得到排除。澄清了这个认识，便可建立起衡量测试工作的标准。例如，好的测试数据应该有较高的发现隐藏的差错的概率，成功的测试是能够发现隐藏差错的测试。一切都应围绕着发现隐藏的差错。

(2) 测试用例设计。出于上述的测试目的，测试工作最典型的做法是：选取一些测试数据，运行被测程序，检验运行结果。其中，选取测试数据是整个测试工作的关键。事实告诉我们，一种"天真"的打算是"全面""彻底"揭露隐藏的差错、运行所有可能的测试数据的想法。但由于工作量和所花的时间太长，实际上往往是做不到的。因此，我们必须设法利用有限的人力物力，有效地发现隐藏的差错。在软件开发的实践中，在测试阶段通常要对如何选取测试数据给予足够的重视，因为它直接影响到测试的效果。有两种不同的方法选取测试数据：黑盒方法和白盒方法。黑盒方法又称为功能测试或数据驱动测试方法。按这一方法进行测试时，程序被看做是不能打开的黑盒。在完全不考虑程序内部结构的情况下，依靠程序的规格说明书（specification），从可能的输入条件和输出条件中确定测试数据。也就是根据程序的功能或程序的外部特性设计测试数据。白盒测试又称结构测试或逻辑驱动测试。这种测试允许测试者检查程序的内部结构。自然，程序的内部结构对测试者是已知的，测试者完全不顾程序的功能，而是根据程序的内部结构设计测试数据。我们也常常把选取测试数据的这一步称为设计测试用例。

2) 软件测试的步骤

一个软件产品在交付使用前主要经历以下3种测试。

(1) 单元测试。也称为模块测试，是针对各个程序单元或模块单独进行的测试。单元测试一般和程序编写结合起来，由程序员分工进行，并且多个模块可以平行地展开。它着重发现和解决程序编写中产生的差错，比较重视对程序结构的检验。单元测试是整个测试工作的基础。

（2）集成测试。把已经通过单元测试的模块连接起来，着重检验模块间的接口及软件设计中的一些问题。

（3）验收测试。验收测试是为了确认已开发的软件能否满足验收标准，是否合格，客户决定是否接受的正式测试过程。需求是否能达到，特别是功能是否能达到是最主要的检验目标。验收测试是对软件质量的全面考核。验收测试以前应制定验收标准和验收测试计划。

6. 面向对象的设计方法

由 PASCAL 语言和 C 语言这样的程序设计语言推动的传统的 SP（structure programming）仍是一种面向数据和过程的设计方法，它把数据和过程分离为相互独立的实体，用数据代表问题空间中的客体，借以表达实际问题中的信息；程序代码则体现用于处理加工这些数据的算法。程序员在编程时，必须时时刻刻考虑所要处理的数据结构和类型，对不同的数据格式（结构和类型）即使要作同样的处理计算，或者对于相同的数据格式要作不同的处理都必须编写不同的程序，可见使用传统 SP 方法设计出来的程序或系统，可重用的成分很少。另一方面，当把数据和代码作为不同的分离实体时，总存在着用错误的数据调用正确的程序模块，或用正确的数据调用错误的程序模块的危险。因而，使数据与程序始终保持相容和一致，已成为工程设计的一个沉重负担，这就是为什么在开发一个大型软件或应用系统的过程中，如果用户在工程后期对数据格式或实现方案提出任何改变请求（甚至如果负责设计数据结构或某一模块的人中途改变了某个数据结构或输入输出方案而又未及时通知其他开发人员），那么经常会发生下列景象："什么！改变需求？天啊！请看看文档，还有您的签字！这将需要大量时间重新设计和重新安排计划。"开发者气急败坏，对着用户说："若您一定要如此，拿钱来！请再付重新开发的费用！"，变化摧垮了一切，前功尽弃！

为克服和解决当今许多大型软件工程项目中 SP 方法所难以控制处理和适应其变化的上述种种矛盾及问题而产生的 OOP（oriented object programming）方法与技术既吸取了 SP 的一切优点和长处，同时又正视和顺应现实世界由物质和意识两部分组成，映射到面向对象的解空间就是：具体事物—对象和抽象概念—类；而一个对象无非就是这样一个实体，它具有一个名字标识，并带有自身的状态（属性）和自身的功能（行为）——世界上小至一粒米，大至一个宇宙的所有事物（对象）就是如此奇妙的简单，这正是面向对象方法和技术所追求的目标——将世界上的问题求解尽可能简单化。事实上，用计算机求解的问题都是现实世界中的问题，它们无非都由一些相互具有联系的，并处于不断运动变化的事物即对象所组成。因此，每个具体对象都可用两个特征来把握，即：描述事物动态行为的数据、可施于这些数据上的有限操作。也就是说，应当把数据和对数据进行的操作放在一起，作为一个相互依存不可分割的整体（用 OOP 的术语即"对象类"）来处理（"封装""信息隐蔽""数据抽象"……），并且要考虑不同事物即类之间的联系（"消息""通信""协议"……）和事物即对象类的重用性、变化性（"继承""多态性"…），这才更符合客观世界的本来面目。

概言之，OOP 与传统的忽略了数据与程序之间有不可分割内在联系的面向数据或面向过程的传统 SP 不同，它除了包含 SP 的一切优点与机制外，同时又是一个引入了若干强有力的、更能反映事物本质的新概念、新机制，从而开创了一个程序设计新天地的新方法、新技术。

OOP的基本原理是，用问题领域的模型来模拟大千世界，从而设计出尽可能直接、自然地表示问题求解方法的软件，这样的软件系统由对象组成，而对象则是完整反映客观世界事物具有不可分割的静态属性（"数据结构"）与动态行动（"方法"）的，并且它们是既有联系又有变化发展的实体。

（1）对象——对客观世界事物的表示或描述，世界上任何具体事物均可称为对象。
（2）类——一组对象的抽象定义。
（3）方法——对应于对象的能力。
（4）消息——客观世界中对象之间通信的途径。
（5）继承——对象间具有相同性（可重用部分）和差异变化的关系。

基于以上概念，面向对象就成了一个作为现实世界映射物的封闭缩微世界，一个对象具有自身的属性（"私有数据类型"）和可为自己或别人做工作的功能（"方法""操作""成员函数"），它能通过发送消息与其他对象进行通信，协同完成任务。

OOP是SP、信息隐蔽、知识表示、并行处理领域等概念的继承和发展。OOP的特点是把系统设计成将所需求解的问题分解成一些对象及对象间传递信息的符合客观世界规律的自然过程。OOP方法使程序员摆脱具体的数据格式和过程束缚，将精力集中到对要处理的对象的设计和研究上，从而大大减少了软件开发的复杂度。OOP包括了功能抽象、数据抽象、信息隐蔽即封装等机理，使对象的内部实现与外界隔离，从而提供了更理想的模块化机制，大大减少了程序间的相互干扰和副作用。OOP的抽象数据类型——对象类及继承，则为我们提供了理想的高可重用性的软件成分和机制。

此外，在人工智能领域中，若用OOP方法表示知识则更接近于自然的客观世界的知识表示和认识，因而不仅能表达描述非常复杂的客观事物和知识，而且具有模块性强、结构化程度高的特性，便于分层实现，有利于实际开发及维护。因此，OOP方法和技术的优特点将非常适合知识处理、知识库、专家系统等人工智能领域和数据库、CAD、图形处理（多媒体技术）、系统模拟与构造等大型复杂软件的工程化开发。

OOP技术的特征如下。

（1）封装性。OOP中的封装性是一种信息隐蔽技术，它使系统设计员能够清晰地表明他们所提供的服务界面，用户和应用程序则只看得见对象提供的操作功能（即封装面上的信息），看不到其中的数据或操作代码细节。从用户或应用程序员的角度讲，对象提供了一组服务，而服务的具体实现（即对象的内部）却对用户屏蔽。

由于对象的这一封装机制，使用者不必知道对象行为实现的细节，只需用设计者提供的消息命令对象去做就是了。

总之，也可以这样来定义封装。
① 一个清楚的边界，对象的所有私有数据、内部程序（成员函数）细节被固定在这个边界内。
② 一个接口，这个接口描述了对象之间的相互作用、请求和响应，它就是消息。
③ 对象内部实现代码受到封闭壳的保护，其他对象不能直接修改本对象拥有的（私有）数据和代码，只有通过本对象类的内部代码来修改。这就是OOP中对象的封装性。它避免了程序过程（函数）间的相互干扰。否则，仅仅由于重名引起的冲突就可能导致用错误的函数去处理正确的数据，或用正确的函数去处理错误的数据，甚至二者兼错。这对于多人协作

设计一个大型软件项目更是如此。

（2）多态性。OOP 支持多态性，它指的是相同的函数调用为不同的对象接收时，可导致不同的行为。利用多态性，我们可以把函数的不同的实现细节留给接受函数调用的对象，而程序中则用同一函数名进行一般形式的调用。例如，调用函数（print）被发送到一图形对象时和将其发送到一正文对象时的结果肯定不一样。

（3）动态连接。在运行前的编译，以目标代码的形式完成系统连接称为静态连接，而在运行时进行上述连接则称为动态连接。

传统的 PASCAL 语言与 C 语言仅支持静态连接，而面向对象的程序设计语言在其实现中使用了动态连接技术，因而允许以目标代码的形式在运行过程中才与系统进行连接。这使得系统的灵活性和方便性大大增强。

因此我们常说，OOP 在这一方面（指以动态连接取代静态连接）比传统的 SP 有明显的优势。

（4）消息驱动。OOP 中的消息驱动（激活）机制不同于 SP 中的子程序调用，这是因为，子程序调用者与被调用者有控制与被控制关系，并且凡调用必有返回。而消息驱动则是当一个对象激活另一个对象的某个能力时，它把请求（命令）以消息的形式传送给接受者就算了事，至于接受对象如何行动，如何处理该消息，完全是接受者自行决定的私事，其行为既不受发送者控制，也不一定有求必应和必有返回。其优点和灵活性是：不一定要知道消息来自何方，接受对象收到此消息后，能处理（或该怎样处理）就处理，否则便什么也不做或控制回送或传给其他对象。这种将相关对象（现在对象间已不存在"调用"或"被调用"关系）摆在同等地位上的处理方式，有助于组合（组装）协调多个对象的工作，而不是死板的调用、被调用关系。

5.2　微机监控系统的数据库设计

牵引供电监控系统的各项功能都是建立在数据库的基础上的，数据库系统可为所有的功能子系统提供数据接口，并形成与功能子系统相对应的子数据库，如图 5-11 所示。

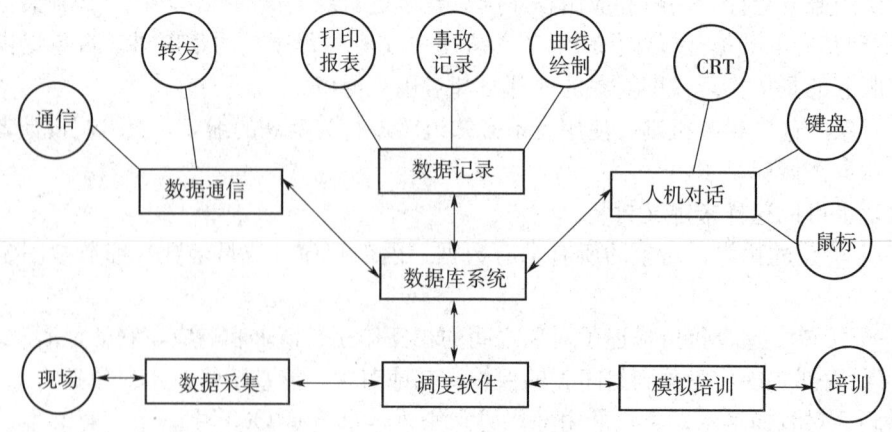

图 5-11　数据库支持的各项功能

数据库系统是牵引供电监控软件最重要的组成部分，数据库子系统的性能将大大影响牵引供电监控系统的性能。同时，根据牵引供电系统运行的特点，决定了牵引供电监控系统中的数据库系统不同于一般商用数据库的性能要求。

（1）实时性好。由于牵引供电系统的工况变化是连锁反应的，其影响是迅速的，这就要求数据库系统具有良好的实时性，应能快速地完成对数据的访问。

（2）可靠性高。由于牵引供电系统是连续不间断运行，所以数据库系统应该具有自身的保护措施，以保证在任何操作错误和软/硬件故障的情况下都不得中断运行。同时，数据库系统应具备检查和纠正错误的功能，以保证数据库的高可靠性。

（3）存取方便。即具有良好的人-机对话能力，操作者可以按统一标准的方法进行读写，使用方便。

（4）维护方便。由于牵引供电系统是在不断发展和变化的，数据库应适应牵引供电系统的变化，方便进行扩充和修改，但不会影响应用软件系统的正常运行。

（5）数据库的多重化与分布化。当今牵引供电系统中各管理部门之间和其他计算机管理系统之间都通过网络连成一个整体，这就要求数据库应多重化与分布化。因此，根据牵引供电系统的特点，对其数据模型和数据库进行研究是很有必要的。

5.2.1 牵引供电监控系统的数据模型

根据以往对牵引供电监控系统的研究和现场实际运营的经验，数据库设计时应遵循以下一些基本原则。

（1）数据模型必须包括所有必要的数据。
（2）每一数据单元、每一数据单元组必须是可命名的。
（3）过程运行的数据、存取线路数据和处理数据必须分开保存。
（4）数据必须具有多级结构。
（5）数据的特征和种类也是数据。
（6）外部装置接口不允许用来确定数据结构。
（7）对各个对象——分别命名描述，同类可以按一定规则合并。
（8）数据模型的结构必须简单并且可无变化的适应新要求。

1. 数据类型

牵引供电监控系统的数据库不同于一般的商用数据库系统，它是根据特定的系统特点和要求来建立数据库的，在数据库中不仅要详细描述监控系统对牵引供电系统的处理，而且要描述监控系统本身，以及监控系统对数据的处理、显示等，即数据库不仅有对牵引供电系统构成的描述数据和牵引供电系统运行的数据，还要有监控系统工作过程的数据。

在 SCADA 系统中，数据库包含的数据可归纳为四大类。

（1）需要采集的非牵引供电系统数据——来自 SCADA 系统本身表明系统运行状况的数据。
（2）需要采集的牵引供电系统数据——来自牵引供电系统的实时监测数据。
（3）不需要采集的非牵引供电系统数据——对牵引供电系统数据的描述数据和系统的配置数据。
（4）不需要采集的牵引供电系统数据——通过对来自牵引供电系统的采集数据经过某些操作或计算机处理后的数据和牵引供电系统的固有数据。

2. 数据模型

数据模型的结构应该是严格遵循牵引供电系统结构。在监控系统中软件运行依赖于所输入的牵引供电系统数据模型，而不是直接取决于牵引供电系统的当前"实际"物理状态。所以，数据模型关系到是否能准确地将牵引供电系统对象的状态反映到计算机系统的运行中去，也关系到计算机系统的运行结果是否符合牵引供电系统的运行实际。

牵引供电系统数据模型是由对象定义和当前实际状态两个部分组成。具体来说由索引信息、显示信息、通道地址信息、报警信息和转换信息等组成。

从系统调度员的角度上观察，牵引供电系统是由众多的供电设备所组成，例如线路、断路器、隔离开关等。这些供电系统设备就是数据模型的对象。通过对供电设备、性质和执行端名的描述，由此构成牵引供电系统数据对象的定义内容。SCADA 系统的数据模型由站名、元件类型、元件名及状态组成。

在 SCADA 系统的几种数据类型中，最复杂的是模拟量，其数据模型应包含表 5-1 所示的内容，其他类型的数据模型可仿照模拟量进行定义。

表 5-1 模拟量的数据模型

记录项标识	长度（字节数）	说　明	记录项标识	长度（字节数）	说　明
ID	2	点索引号	SN	1	站号
AS	2	状态字	AV	4	模拟量值
RT	1	记录类型	CM	1	命令字
SC	2	采样周期	PN	8	点名称
CN	20	汉字说明	EU	6	工程单位
IV	4	初始值	PV	4	前周期值
AP	1	报警级别	AT	6	报警时间
HL	4	报警上线	LL	4	报警下限
IL	4	报警增量	DB	4	报警死区
HS	4	变送器上限	LS	4	变送器下限
IP	2	输入进制数	HA	2	通道地址
VC	4	转换电压	TC	4	转换系数

3. 数据结构

牵引供电监控系统中的数据库是该系统所服务的牵供电系统所有数据的集合地，这些数据完整地描述牵引供电系统和它的生产运行过程，因此需要有明确的描述和记录关于数据结构和它的功能及系统所使用的格式和方法。

在数据库中数据结构有两个形式，一个是逻辑数据结构，另一个是物理数据结构。操作人员只触到用户级的逻辑数据，而不了解，也不关心所操作的数据是如何在数据库内执行的，即接触不到物理数据。另一方面，在数据库中所真正执行的过程是依赖物理数据进行的，而不触及逻辑数据。所以，对使用数据库者来说，首要问题是确定和了解逻辑数据的结构和描述，对数据库实现者来说，首要的问题是物理数据库结构的合理性。

5.2.2　牵引供电监控系统的数据结构

逻辑数据库结构有三个基本的组织方法，即分层法、关系法、网络法。在某些场合也将分层结构中的特征因素结合到关系型结构中，也就是说关系型结构的某些内在联系反映了分层的特征。人们将这种结构称为半关系型。目前，在 SCADA 中，关系和半关系型数据库结构是采用最多的，纯网络结构的数据库是很少使用到的。

1. 牵引供电系统数据库的逻辑结构

数据库除了具有描述牵引供电系统生产运行的实时数据之外，还包含关于这些数据处理的控制数据。按照数据的逻辑意义，不同的数据分别在数据库中不同的区域中进行存储。实时数据库的不同区域包含了大量的文件，每个真实世界的实例概念与数据库中文件有着严格的对应关系。例如，牵引供电系统中开关状态信息是通过开关量文件描述的，它包含了当前状态描述和历史记录。数据库中每个区域都是以共同逻辑意义安排的文件，这恰好表达了数据库的逻辑结构。一般可以划分出以下几个区域。

（1）采集数据区，含有模拟量、开关量、整定值等。
（2）显示数据区，含有显示数据、报告数据、事件记录数据、画面显示数据等。
（3）记录数据区，含有事件表格、测量值表格、时间表格等。
（4）计算数据区，含有对计算模型的控制数据、累计值文件等。
（5）牵引供电系统应用数据区，有变压器容量、母线馈出线数等数据。

每个数据文件包含了若干记录，每个记录都对应于实际概念中的一个实例。这里的实例指的是一个具体数据的完整描述或表达。在数据库中实例概念的性质对应于若干项，每个项对应于每个实例中各个不同的属性内容，即一个记录由若干项组成。例如，每个开关状态信息的性质是由若干项来描述的，这些项都包含在开关状态信息文件的记录中。

2. SCADA 数据库的逻辑结构

在 SCADA 系统的系统数据库中，除了有关牵引供电系统本身的数据外，有一部分文件是专门用于描述识别的数据和 SCADA 系统本身的数据。这些文件有以下几种。

（1）SCADA 系统的设备配置和运行状态的描述。
（2）RTU 数据的识别与数据库中数据识别及交叉访问。

为了在不停运实时数据库的条件下维护数据库，数据库一般还应含有下列辅助文件。

（1）为生成修改数据的控制文件。
（2）生成数据库使用的数据输入格式的描述文件。
（3）用户标识符与数据库中对应的识别之间的交叉访问文件。

3. SCADA 物理数据库的结构

以逻辑数据库结构作为依据，决定了物理数据库的结构。物理数据库的结构取决于使用的存储器类型，是主存储器还是外存储器。

各种数据按照存储和性能的需求，设置在不同存储器上，通常大量的数据是设置在外存储器，需要快速访问的数据设置在主存储器内。

5.2.3　牵引供电监控系统的数据库设计及生成

1. 数据规划

1）数据范围的划分

可将 SCADA 系统数据库中的数据划分为两大类：静态数据和动态数据。静态数据主要是用于描述构成控制系统和牵引供电系统的组成元素，主要包括以下几种。

(1) 与控制系统硬/软件配置有关的数据。
(2) 构成牵引供电系统的有关设备参数。
(3) 与接入系统的 RTU 硬/软件有关的数据，包括各种 I/O 口的数据。
(4) 与工程项目有关的参数。
(5) 与牵引供电系统布置图有关的数据。

动态数据主要反映运行状态及变化的数据，主要有以下内容。
(1) 实时采集数据。
(2) 控制系统运行实时数据。
(3) 计算值。
(4) 历史归档数据。
(5) 预测估算和研究开发数据。

从上述各种数据的范围可以看出，传统的远动化范围仅仅是系统数据规划中的一部分内容，当然也是最基本的内容。数据规划不能仅仅以传统远动化范围来作为规划要求，而需要建立新的概念，为将来的综合自动化提供必要的后备。

2) 数据规划的原则

数据库数据的规划过程是将数据格式化和标准化的过程，是以数据库文件要求的逻辑形式对那些真实世界中的各种数据的特征、属性进行统一描述和定义，使得规划后的数据文件能很方便地实现管理、识别、维护。

对牵引供电系统设备的描述应与调度运行管理制定的设备命名原则一致。这样不仅能体现设备的物理属性，也能表示设备在牵引供电系统运行管理中的特征，更主要的是便于调度运行管理人员的识别。

模板的板地址、信息的字地址及位地址的编排要尽可能全系统确定统一的编排原则，以有利于数据库的维护管理和数据的交流使用。

2. 数据库的设计

1) 内外存的合理安排

一般的商用数据库系统其数据库都是安排在外存，虽然访问数据库时采用了一些加速措施，但其实时性还是不够的，不能满足 SCADA 这样对实时性要求很高的系统要求，所以一般不能采用或直接采用这样的商用数据库。对 SCADA 系统，要求不能把所有的库全部存于外存，而是根据系统容量的大小和实时性的要求，选择库的存储介质。比如对经常使用和实时性要求较高的数据库，可以把它们安排在内存中，即创建一个内存库，这些库可定期或根据要求在外存中建立备份，以便以后使用。对一些实时性要求不高的数据库，如历史数据库等，可把它们安排在外存上，外存的容量可以很大，基本上没有限制。这样安排既节省了内存空间，又满足了实时性的要求。

2) 数据库的分布化

随着系统综合自动化的发展，数据库的网络功能显得越来越重要。用户不仅可以访问当地的数据库，也可以访问异地的数据库。用户访问数据库有以下两种可能。
(1) 用户可以指明访问哪台机器上的哪个库。
(2) 用户只指明要访问的数据库名，而不指定机器名。

为了保证所有机器上数据的一致性，用户一旦对数据库中的某些数据进行了修改，数据库管理系统就通过网络，自行将该修改命令传送到其他机器上，对该机器上数据库中相应的数据进行修改，而无需用户干预。

3）数据库的开放

数据库系统的开放性包含以下几个方面的含义。

（1）接口开放：系统一般应提供三个接口：一是用户可以用高级语言编写程序访问数据库；二是交互式的人-机接口，用户可以以联机的方式根据提示，交互访问数据库；三是用国际标准数据库操作 SQL 语言编写程序，访问数据库。

（2）操作开放：用户不仅可以存取、修改、删除现有数据库中的数据，也可以根据提供的简单操作命令组合起来，生成自己新的操作命令。

（3）机器开放：基于同一操作系统的数据库应可以相互移植。

SCADA 数据库系统除了具有一般数据库管理系统具有的功能（如数据库的定义、录入、编辑、控制、维护、故障的恢复、安全保护及网络通信等）外，还应具有适用于系统的特殊功能。

由于 SCADA 系统对系统的实时性要求较高，为了满足实时性的要求，需要采用一些具有针对性的访问方法。

各种数据库访问方法的访问速度是不一样的。对于内存库，由于全部数据库都是常驻内存的，访问数据的速度是最快的，无论采用什么访问方法一般都能满足实时性的要求。对于磁盘库，访问速度要受到一定的影响，为了提高访问的速度，可采用页缓冲机制等加速的办法。

3. 数据库的生成

数据库的生成有两种格式，一种是数据库的离线生成，另一种是数据库的在线生成。数据库的离线生成一般是用于整个 SCADA 系统数据库的框架，是在工程师终端上进行的。离线生成的关键是确定新建立数据库的大小和容量。这里生成的容量大小就是根据数据库规划设计的结果（近期与远期相结合）而确定的。

在离线生成文件中可以直接观察到数据库存储空间的起始位置和数据文件的布局。一般情况下数据库设计者规定了每个文件的内容和每个内容的字节长度，以及每个内容编写的字符形式（是采用英文、ASCII 码，还是其他形式）。

数据库的在线生成是在离线的基础上进行的，它包括两个方面的内容：一是根据牵引供电系统新建设内容对数据库进行扩充的在线生成，二是对数据库进行在线修改。但是这些工作都是在离线生成已确定的数据库容量和布局的前提下进行的，所有的定义和内容不得超过离线生成已确定的约束。在线生成工作是在系统的工程师终端上进行的，是通过数据库管理系统提供的对话格式进行操作的，一般是以各种各样的表格形式进行对话操作，操作者不需要了解数据库文件的结构和布局。

5.3 微机监控系统的调度端软件

一套成熟的监控系统都具有功能齐全的支持软件，这些软件在实时多任务操作系统的管理下，完成实时数据管理、历史数据存储和管理、牵引供电系统现状画面显示、监控系统状态显示、参数列表显示、趋势显示和生产记录的打印和管理等功能。本节将讨论监控系统调度端的软件及其功能和结构。

5.3.1 调度端软件的基本功能

微机监控系统调度端软件一般是基于一个实时多任务操作系统来实现的。其功能因各自不同的现场条件、用户要求等不尽相同，但是基本功能是类似的。电气化铁道牵引供电监控系统调度端软件的基本功能如图 5-12 所示。

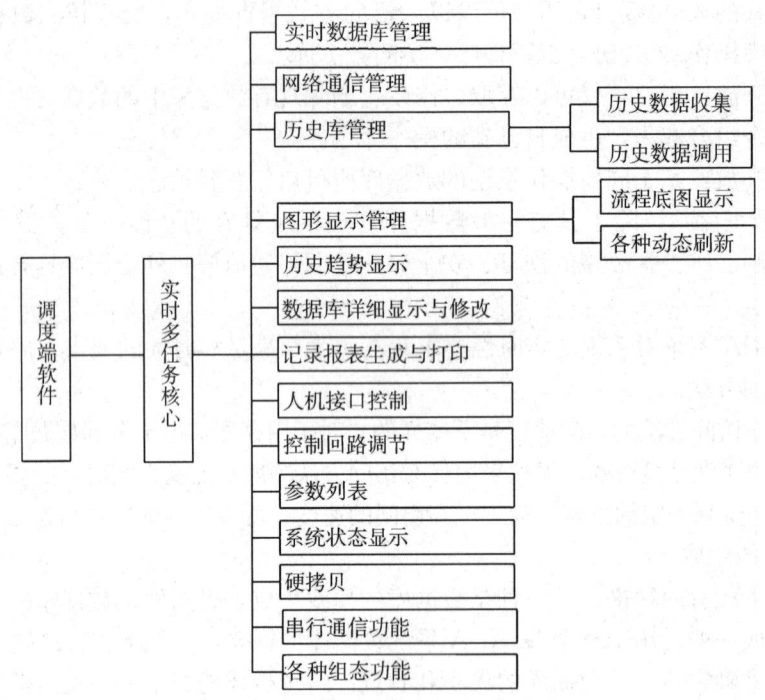

图 5-12 调度端软件的基本功能

5.3.2 调度端软件的结构

一般监控系统调度端完成的功能很多，它一方面要求并行处理许多任务（如图形的显示、报表的打印、数据的网络传输等），另一方面又要求其具有实时性（如键盘响应的实时、控制调节的实时性）。

在设计一个实时多任务应用系统软件时，首先是要明确系统所要完成的功能，接着确定所采用的实时多任务操作系统。下一步的工作就是任务的划分，明确各任务完成的功能，并定义各任务之间及它们同操作系统的接口关系。

任务划分并不是件容易的事，实际经验告诉我们，应注意以下几个方面的问题。

(1) 使任务的规模适中，尽量减少任务间的通信和数据交换。软件设计时，一般都采用模块化结构，这样有利于软件的调试和维护，又可方便软件升级。在多任务结构中，一个系统分成任务的数目一定要适中。将太多的功能由一个任务来完成，系统中只有少数几个任务，会导致系统的实时性差。相反，任务划得太细，任务数目大大增加，系统的开销会增大，除降低系统的性能，还大大增加了系统软件结构的复杂性。一般系统的任务数不超过 20 个。

(2) 任务的划分受开发人员数目的影响。一个实时多任务控制系统的软件往往需要很多人共同完成。但是，一般不要将一个任务分配给两个或两个以上的人去做。而且，每个人完成的任务同其他人员完成的任务在功能上和接口上要尽可能独立。

(3) 任务的划分要考虑到维护和升级的方便。随着软件的不断完善，新的功能不断加入和升级，因此多数实时多任务系统的各软件任务一般分层实施，以充分利用多任务操作系统的优先级和特权级来保护任务和资源。调度端软件按其优先级分成若干层，其体系结构如图5-13所示。

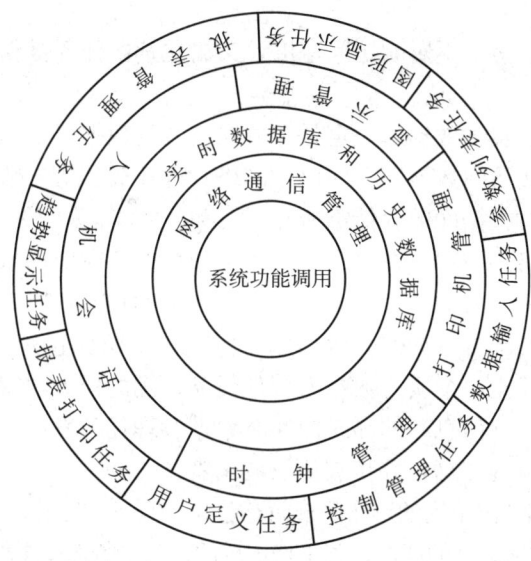

图5-13 调度端软件的体系结构

下面逐一分析一下图5-13中各部分的内容。

1. 实时多任务核心和系统功能调用

该部分是系统软件的核心，是调度端软件开发的基础。它具有任务调度、事件管理、资源管理等功能。

2. 实时数据库和网络通信管理

微机监控系统的一个关键技术是网络通信和数据库的管理。网络是连接各个执行端和控制中心的动脉，在任何时刻都应保证网络通信的畅通。监控系统对网络通信的要求是高可靠性、实时性、灵活性。高可靠性意味着硬件上要高度可靠，同时在软件上要求有较好的容错能力，即当有不正确的通信要求或收到不正确的信息包时，它应当自动处理而不会死机。实时性意味着执行端的实时数据要及时传送到调度端，同时对于各站对其他站的定向请求要及时实现。在调度端操作人员要检查某一执行端的详细状态，该请求应该尽快地通过网络发给所关心的执行端，该站收到信息之后，应立即给予答复。灵活性是指支持多种数据信息格式的能力和较为方便地增加和删除网络节点。为了提高可靠性和实时性，可以将信息的格式规定得很死、很少。但是为满足各种要求，信息格式要有足够的灵活性。要综合考虑实时性和灵活性指标，使两者都能得到较好的满足。

调度端的实时数据库子系统由实时数据和管理程序两部分构成。实时数据部分来自牵引供电系统和监控系统本身,而管理执行代码则是监控多任务软件系统中的一个任务。它负责对实时数据的系统管理(如备份、下装等)及处理其他任务对实时数据的实时请求,并负责将其他任务对执行端的数据请求(读或写)变成标准格式发给网络通信管理任务。

实时数据库存储的数据是实时系统各任务交换数据的基础。实时数据库的访问频率很高。网络管理任务不断地接收数据并要求放入实时数据库。有的任务(如报警管理任务、历史数据库任务等)对实时数据库的访问也是极其频繁的。而另外一些任务则较少访问实时数据库,而且只访问一些个别记录。例如,工况画面显示任务在显示某一工况画面时才访问画面中所用到的数据库点。

一般在软件设计中,为了不影响访问速度,又简化别的任务操作,可以设计以下两种访问形式。

(1) 公共数据访问。实时数据库一定是存放在公共的数据区中的。这样,就可使网络管理任务、历史库任务直接访问数据库。因此,网络管理任务和历史数据管理任务要保存实时数据库的指针,清楚实时数据库的存储结构。

(2) 事件(信息)格式访问。在一个具有一定规模的实时应用软件设计开发中,往往涉及许多人共同工作。每一个人的编程技术水平和习惯都不相同,所以应该简化任务间的接口关系,而且对一些关键的部分(如实时数据库)应该尽量减少直接访问它的任务数。所以,在实际系统中,一般是建立一个实时数据库管理任务。别的任务,特别是那些对数据库访问不很频繁的任务则以事件(信息)的形式向实时数据管理任务发出请求,由实时数据库管理任务从数据库中取出相应的数据,并将它传给调用者。

实时数据库事件的格式因不同的操作系统而有差异。但一个实用的实时数据库管理任务应当处理以下几种事件:一点全记录的读写、若干点记录的读写、数据库文件的热备份和热加载等。

3. 趋势和历史数据库

1) 概述

用计算机来控制和管理一个实时工业过程的突出优点是:计算机可以方便地对数据进行采集、存储和分析。这不仅可帮助操作人员对系统中的各点进行横向分析、比较,而且还可以将一段时间内的数据存储起来,供操作员进行变化趋势分析。同时,还可以将一段时间(通常较长,如一天、几天、一个月)内的重要数据组织起来,汇成表格,以帮助管理人员进行各种高层次的综合分析(如节能、提高生产率、计算总产值、总能耗等)。这就要求我们在计算机系统中建立一个历史数据库来存储这种历史的信息。

系统对历史库的要求一般要比对实时数据库的要求复杂很多,因为不同的目的对历史库所存放数据的种类和时间间隔要求有很大的差别。例如,控制调节时要用到定值,以及测量值和输出控制值的趋势曲线显示,以帮助控制工程师调节合适的控制参数。这种趋势数据间隔很小,一般一到几秒。另外一些,如分析某一班组一周的工作记录,也可以以曲线的形式显示出来,但这种曲线要求的数据间隔就大多了,一般几分钟或十几分钟。所以,在设计历史数据时,一定要充分地考虑到系统的应用目标,然后定义出所需要的数据记录格式。根据以往的工作经验,历史数据库要包括以下几类数据。

(1) 短间隔趋势显示用历史数据。

(2) 长间隔趋势显示用历史数据。

(3) 带有计算的趋势显示用历史数据。

2) 历史数据库的数据结构

针对不同的历史数据存储类型，可以定义以下几种数据结构。首先，为了合理地利用内存和磁盘的空间，可以将历史数据库分成若干组，例如每组记录 64 个点，每组只是记录一种时间间隔的数据。

(1) 短时间间隔的历史数据存储结构。这种数据结构并不复杂，因为记录的数据一般是以当前时间为基准，保留过去若干时间的数据。因此，可以定义图 5-14 所示的结构。这种结构形成一个循环缓冲区。

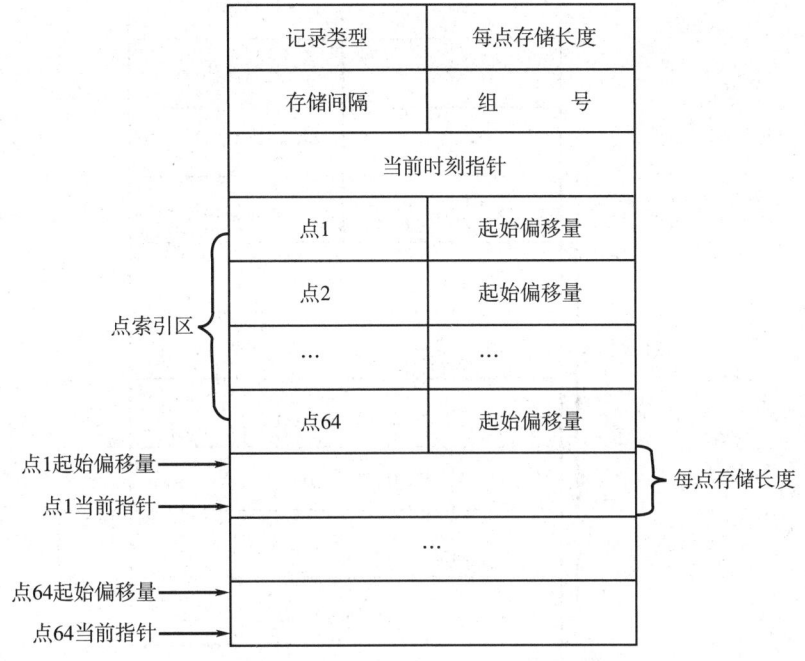

图 5-14　短时间间隔历史数据存储结构

记录类型：可以取值 1、2、3，分别表示第 1、2 或 3 类历史数据。

每点存储长度：表示每一点要存储的历史数据的个数，如可以取 60、100、120 等。

存储间隔：表示该组的时间间隔，如可取 10、20、30、50 等，单位为 s。

组号：表示该组的组号，以区别于其他组。

当前时刻指针：表示当前时刻要存储的下一个点的位置离该点开始处的偏移量。例如，在存储时刻到达时，某点要存储的位置是通过该点起始偏移量+当前时刻指针所指向的位置。将 64 点的该时刻值存入之后，要修正当前时刻指针。如果当前时刻指针＞每点存储长度，则置当前时刻指针为 0。这样就可以形成循环操作了。

在一个系统中，可以存若干组这样的数据。当然，在整个系统中，还要有一个固定的数据区存放各组的标志信息，如系统中的最大组号，每组是否为空，以及每组是否到存储时刻等。

这类数据的取法也很简单，每次取都是将该点的全部数据都取出。因此，只要索引区找到该点的开始偏移量，再根据最大长度和当时时刻指针，将数据按时间顺序（或相反顺序）排列一下就可以了。

（2）长时间间隔的历史数据存储结构。这里只以 24 h 存盘一次为例，来说明这类数据的存储。因为时间固定，所以可以利用时间来定位数据。例如 5 min 存储一次，其数据结构可以定义为如图 5-15 所示。

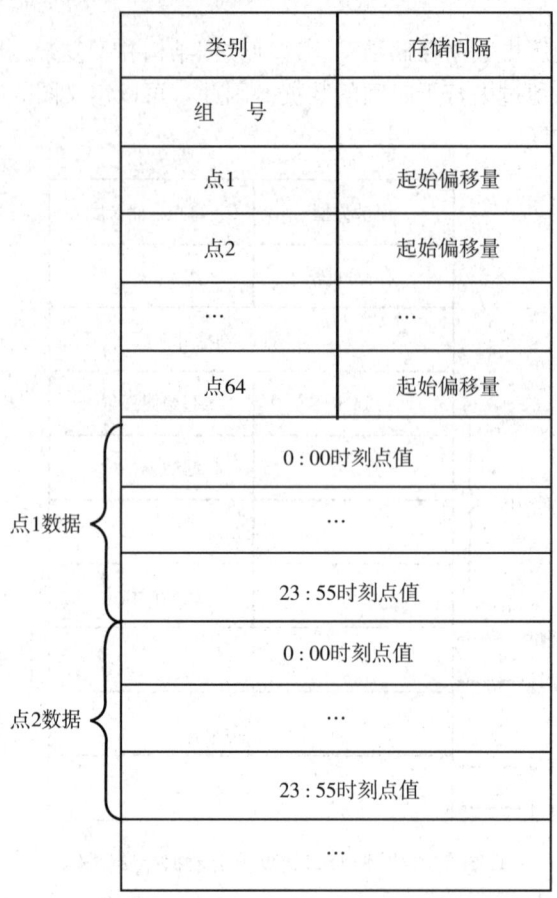

图 5-15　长时间间隔的历史数据存储结构

历史库管理任务在存储数据时，先根据当前的时刻计算出当前时刻偏移量，就可直接存储数据了。取出时，要根据不同的要求，作一些计算。例如，第 1 组的历史数据每 5 min 存储一次。而现在该任务要调取某一点从某时刻开始的历史数据。假如每 20 min 取一点，要取出 100 点，从 t 时刻（t 是每分钟的整数倍）开始。这时，首先要计算出 t 时刻（如果在当天）所对应的起始偏移量，然后从该处开始，每隔 4 点取一点。

（3）磁盘文件。因为长时间间隔的历史库通常要求存储的时间很长，如一个月。这时，必须将当天的历史数据存入磁盘。一般可以分别建立若干文件来存储。

3）历史数据库的调用方法

历史数据库的存储和取出都较复杂，一般专门建立一个历史库管理任务来定时向实时数据库中取数据，存入历史数据库。而别的任务要用历史数据时，也要通过向历史库管理任务发出请求，历史库管理任务在接到请求之后从库中取得调用数据并返回给调用任务。

4) 历史数据库管理任务结构

历史数据库管理任务分成两个部分。一部分为存储部分，它完成定时检查每组的数据，到存储时刻从实时数据库中取出数据，存入相应的位置。例如在 0 时 0 分，该部分负责将历史数据存入磁盘。另一部分负责处理另外的任务的数据调用。

这两部分的工作比较独立，设计成两个单独的任务更加方便。取数的过程较为复杂，但原理很简单。下面只对长间隔数据的取法作一些解释。

（1）在经过参数合法性（正确性）检查之后首先要判断调用参数起始时间的日期是否是今日。如果是的话，则直接从内存中取数。如果不是，则说明该部分数据在盘上，因此要从盘上来取这部分数据。

（2）可以一次将整个文件读入内存的一个缓冲区中，也可以将涉及的部分读入内存。

4. 人-机会话管理和外设管理任务

调度端的各功能是靠多任务来实现的，为了使各设备如 CRT、打印机和操作键盘有序工作，必须对每一设备指定一个队列，使得任一时刻只能有一个任务占用资源。

5.4 微机监控系统的执行端软件

微机监控系统最突出的特点是利用某种通信网络将分散在现场（或现场附近）执行数据采集和控制功能的各执行端与位于操作中心（或监视中心）的各个操作、管理站连接起来，共同实现分散控制、集中管理的功能。构成微机的监控系统的执行端在组成上和能力上有较大的差别，有的执行端能力很强，它可以完成几百点（甚至上千点）的数据采集，实现八十到上百个控制回路，甚至可以实现一些高级控制功能，如自适应控制功能和一些基本的专家系统功能。而有的执行端由一个简单的单片机组成，完成十几点到几十点的数据采集，实现几个控制回路。此外，有些执行端只具有采集处理功能而无控制功能，它们只能称为采集站。但是，一个较通用的执行端一般应具备各种数据点（如模拟量输入、开关量输入、脉冲累积量输入）的采集，控制输出（模拟量输出、开关量输出，有的还具有脉宽调制输出）、自动控制（包括连续调节控制和顺序控制）及网络通信功能。要实现上述功能，执行端应该配有一个功能完善的软件系统。

5.4.1 执行端的软件结构

执行端要具有很高的可靠性和实时性。所以，除了执行端的硬件适应当地特点（如高可靠的结构、器件，较高档的处理器，较强的中断处理能力）以外，执行端的软件也应具有高可靠性和实时性。此外，执行端一般无人机接口（或人机对话不太方便），所以它应具有较强的自治性，即软件的设计应避免死机发生，并且具有较强的抗干扰能力和容错能力。

多数执行端软件采用模块化结构设计，有时甚至不用操作系统。软件系统一般分为执行代码部分和数据部分。执行代码部分一般固化在 EPROM 中，而数据部分则保留在 RAM 中，在系统复位或开机时，这些数据的初始值可从网络上装入。

执行端的执行代码一般分为两个部分：周期执行部分和随机执行部分。周期执行部分完成周期性的功能，例如周期性的数据采集、转换处理、越限检查、控制算法的周期性运算、周期性的网络数据通信及周期性系统状态检测等。周期性的执行部分一般由硬件时钟定时激活。另外，执行端还有一些实时功能，如系统故障信号处理（如电源掉电等）、事件顺序信号（sequence of event）处理、实时网络数据的接收等。这类信号发生的时间不定，而一旦发生就要求及时处理。这类信号一般用硬件中断激活。

早期的计算机控制系统的软件一般都是专用的。它们大都采用数组的形式来定义数据结构，而且数据和代码部分密切相关。当今软件一般都是采用通用形式，即一套系统可以应用于不同的控制对象。对于不同的对象，只需生成不同的数据库即可。为了使执行端能够应用于不同的对象，它的软件必须设计成代码部分与对象无关，而不同的应用对象只会影响数据部分。

一个典型的执行端软件的执行过程如图 5-16 所示。

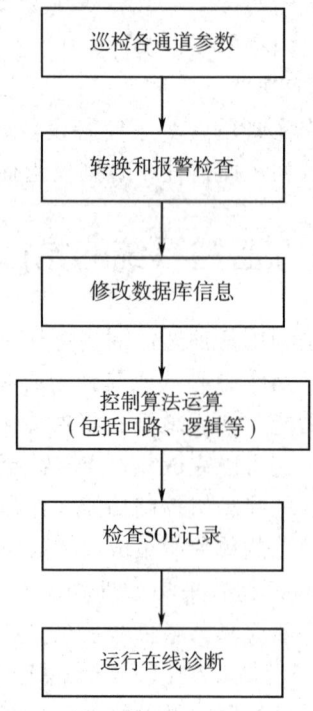

图 5-16 执行端软件的执行过程

5.4.2 执行端的数据结构

前面已经介绍了执行端软件的结构和特点。从而得知，促使执行端能够在不修改程序代码的核心是执行端的数据结构，因为实时数据库在系统运行过程中不断地刷新它的内容，直接反映了该执行端的运行状况。从图 5-17 可以看出，实时数据库是整个执行端软件系统的中心环节。它相当于一个运载工具，将各部分的信息（包括状态、控制、数据）从一个执行模块传到另一个执行模块。也可以将它理解成一个仓库，从各通道采集来的数据，以网络传给执行端的数据都存在实时数据库中，而别的模块（如输出模块，控制算法等）需要数据时，可以不直接到硬件上去取，而是直接从实时数据库中去取就可以了，同时运算的中间结果也存放在实时数据库中。实时数据库的另一个作用是实现数据共享，如几个控制算法都需要某一个模拟量输入信号，如果没有实时数据库，则每次用到此数据都得去通道上输入，同时每个模块必须重复地输入、转换和存储该数据。而有了实时数据库，只需要一个输入模块周期性地输入该点的信息,并完成转换、极限检查,将结果放在数据库中,这样不论有多少控制算法需要此点的数据,只要去实时数据库中取用即可。

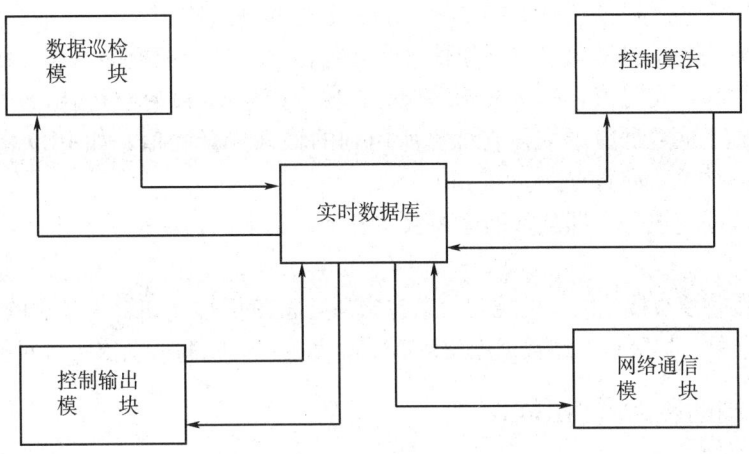

图 5-17 执行端的软件结构

目前,微机监控系统执行端的实时数据库结构千差万别,各具特色。但一般的通用系统的实时数据库应该包括系统中所处理的各种点(包括采集点、输出控制点、计算中间变量点)的几方面的信息:点索引标识、点字符名称、说明信息、报警管理信息、显示用信息、转换用信息及一些算法的计算用信息。系统中不同的点所对应的信息是不同的,有的很长,如一般一个模拟量点可能需要 100 多个字节,而一个开关量可能只需要 60 个字节的信息。为了节约内存,通常在系统的实时数据库中定义几种不同的数据结构,但又不能过于琐碎,否则会增加访问的难度和时间。例如,系统的硬件支持以下几种类型的信号:模拟量输入、模拟量输出、开关量输入、开关量输出,同时目标系统中往往还存在着大量计算,而这些计算产生的中间结果也要参与报警检测和显示,因此这些信息也要存入数据库,以方便管理。模拟量信号的输入和输出只是转换的方式和数据传输方向不同,转换需要差不多相同的信息。因此,一般定义模拟量输入和输出信号为一种数据结构(AN 结构);定义开关量的输入和输出为另一种数据结构(DG 结构);定义计算量(模拟计算量)为一种数据结构(AC 结构);此外还定义脉冲量累计为一种数据结构(PA 结构)。

为了节省内存和方便查找,执行端的实时数据库通常可以设计成图 5-18 所示的结构。

| 索引指针区 |
| AN数据区 |
| DG数据区 |
| AC数据区 |
| PA数据区 |

图 5-18 实时数据库的存储结构

数据库的大小与实际的点数有关,这些数据信息一般存储在现场控制的 RAM 中,该

RAM通常为带电池保护,以防掉电后数据丢失。该数据区通常为一个公共数据区,各输入、输出模块和控制算法模块都可以直接访问。因此,该数据区的存储地址(特别是索引区地址)一般是固定的。对该数据区的访问一般有下列几种形式。

(1) 输入模块和输出模块取得通道信息和转换信息,进行相应的运算,并将结果存回数据库。输入模块存回实时值,报警检验结果等,输出模块则存回执行输出的结果状态。

(2) 控制算法从数据库中取得它计算所用到的输入变量的值,如 PID 算法的相关参量值等,而将控制结果写回数据库。

(3) 广播数据模块每周期从数据库中取出各记录的实时值广播到网上,刷新其他各站的数据库。

(4) 网络接收模块接到网上的控制信息包之后,将该信息(如果为某点的改变了的信息)写回到该点记录中。如接收下载数据库信息后,则直接将接收的信息依次写回各点记录。

5.4.3 执行端的输入/输出软件

前面简单地介绍了执行端的总体软件结构。一般的微机监控系统中,执行端的执行代码(包括输入、输出处理模块,控制回路运算模块和顺序逻辑控制模块等)都固化在 EPROM 中。而且,各算法均是以模块的形式编程的。各个模块的调用顺序按系统生成的数据和算法执行。以下讨论一下执行端输入、输出处理模块的结构和特点。

一般情况下,执行端所处理的输入和输出按以下几种方式进行。

(1) 按数据所设定的周期定时巡回输入和输出,一般由硬件时钟定时激活。

(2) 某些事件顺序记录信号的输入是靠硬件中断来驱动的。

(3) 为了提高实时性,一般的控制算法可以直接调用数据库中的数据,经过算法运算,接着调用输出模块将控制结果直接送往输出通道。

一个通用的执行端上一般固化有下列几种数据处理模块:开关量输入模块、开关量输出模块、模拟量输入模块、模拟量输出模块、脉冲量输入模块、中断处理模块。

下面介绍一下输入处理模块。

执行端的输入处理模块一般包括模拟量信号的输入、开关量信号的输入、脉冲累积量的输入等。有的系统执行端可以和别的智能控制站(如单回路调节器、可编程逻辑控制器或智能仪表等)相连。因此,这种执行端还支持某种串行接口的数据输入、输出(一般采用 RS-232、RS-485 协议)。

周期性的数据输入巡检过程可以有两种执行方式:一种是依次将各物理通道的机器码输入,将结果存入一个中间缓冲区,然后再逐个地进行信号的处理、转换及报警检测等;另一种方式是根据数据库中各数据点的顺序,对每一点进行输入处理,将结果存入数据库,然后输入处理下一点。

1. 开关量的输入

开关量的输入一般是分组进行的,即一次输入操作可以输入 8 位或 16 位开关状态,然后分别写入对应的实时数据库,并进行报警检测。开关量的报警检测相对来说很简单,只要判别一下当前值与系统所设的报警值是否一样,如果一样,则置报警位。

2. 模拟量输入处理

与开关量输入信号相比,模拟量输入信号的处理要复杂很多,首先是送出通道地址,选中所输入的通道,接着启动 A/D 转换,延时,读入 A/D 转换的结果,然后软件要进行一系列的处理(如尖峰信号的抑制、数字滤波、工程单位值的转换、报警检查、仪表测量报警检测、写回数据库等)。下面讨论软件所做的处理。

1) 尖峰信号的抑制

在连续性模拟量信号的输入中,由于过程参数一般不可能瞬间突变,所以真正的物理信号一般不应出现尖峰信号,如图 5-19 所示。但会产生强烈感应电压的电气设备(如电焊、大的电动机等)在附近突然启停、雷电、电源故障、仪表或电缆故障都可能在信号传输线上产生尖峰干扰。尖峰信号一般持续的时间很短暂,但是如果恰好出现在采样时刻,就会造成较大的失真。尖峰信号抑制是一种消除这类突变的方法。实际处理中,可以用下面方法实现某种程度地抑制尖峰干扰。在每一时刻,同时保留上一周期的值和一个允许的信号变化范围。如果本周期的 A/D 转换结果超出上周期值的允许变化范围,则取消本次输入的 A/D 转换结果,延时一段时间,重复采集该通道的输入值,然后再进行比较。如果一个或几个毫秒之后,该值恢复了正常范围,则取该正常范围内的值为有效输入值。否则,如果几次重复采集输入之后,输入仍为空或满量程,则说明传感器或输入通道上出现了故障,应当报警。

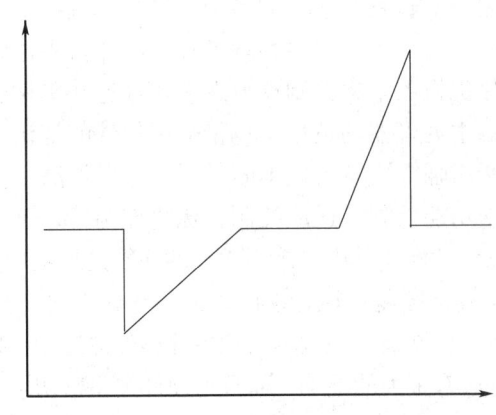

图 5-19 尖峰干扰信号

2) 数字滤波

执行端所直接处理的大部分信号,所对应的对象或过程都具有较大的惯性和时间常数,所以一般不会产生突变。但由于各种电气干扰的存在或设备不稳定,信号输入计算机时,不可避免地会引入一些微小的波动。有时,电源的波动也会引起信号波动。虽然在硬件线路中一般都有滤波措施,但在软件中也可以采取一些软件滤波技术来得到较好的信号值。常用的软件滤波技术有以下几种。

(1) 运行平均。运行平均就是采用本周期的实际采样值和前几个周期的平均值进行算术平均得到的值作为本次输入。用公式表示为

$$y_k = \frac{1}{n}y_{k-1} + \frac{1}{n}y_{k-2} + \frac{1}{n}y_{k-3} + \cdots + \frac{1}{n}y_{k-n+1} + \frac{1}{n}x_k$$

其中,y_k 为本次平均结果;x_k 为周期内 A/D 转换器输入值;n 的取值范围为 2~5,一般不应过大,它由信号的性质决定,n 越大,处理后的结果也越平滑,但反应也越迟钝。

(2) 移动平均。移动平均是利用本周期和前几个周期的输入值直接进行平均运算而得到

结果，即

$$y_k = \frac{1}{m}x_{k-1} + \frac{1}{m}x_{k-2} + \frac{1}{m}x_{k-3} + \cdots + \frac{1}{m}x_{k-m+1}$$

（3）加权平均。加权平均是在运行平均的基础上新增加近期的输入所产生的影响，从而提高反应速度的一种滤波方法，如下式：

$$y_k = \frac{1}{2}x_k + \frac{1}{4}y_{k-1} + \frac{1}{8}y_{k-2} + \frac{1}{16}y_{k-3} + \frac{1}{32}x_{k-4}$$

各种不同的微机监控系统可根据理论分析或实际运行经验选用不同的滤波方法。

3. 输入转换

A/D 转换输入的是电压信号，接下来的工作是根据各 I/O 通道对应的信号，将电压信号转换成对应的用实际工程单位表示的物理量。根据不同的信号类型，执行端选用不同的信号转换类型。

在众多微机监控系统中，执行端的功能差别很大，有的执行端功能很简单，只是由一些基本的模块组成，很多功能则上移到上一级的系统中进行。现在，有一种趋势是将微机监控系统进一步分散，即多采用智能自动化仪表和现场总线将各仪表连到执行端。这样会带来软件的变化。另一些是用单片机将各采集控制模板智能化，这些单片机本身可以实现基本的控制功能，由此减轻了执行端主处理器的负担，也带来了软件的变化。

随着处理器的功能不断增强，成本价格不断下降，不但提高了执行端的性能，同时又可以将许多上位机的高级控制功能（如自适应控制、优化控制等）下移到执行端进行。

执行端还有许多其他软件功能，其中一个很重要的功能是自检功能。多数的执行端都具有很强的自诊断功能，它们一般是固化在执行端的独立程序，在每个处理周期，系统处理完采样、控制和输出之后，总转入自诊断程序对本站的各部分硬件进行自检，并进行错误诊断和冗余切换等。这一功能实现方法有很大的差别，而且与硬件关系密切，这里不再展开讨论。

5.5 微机监控系统的组态软件

微机监控系统的组态功能包括很广泛的范畴，从大的方面讲，可以分为两个主要方面：硬件组态和软件组态。微机监控系统的硬件结构是采用模块化的结构，又因为硬件模块的选择与系统的价格关系较为密切，加上硬件的配置与现场的要求联系较紧，因此硬件的基本配置在合同谈判阶段就已基本确定。常见的硬件配置包括下列几方面的内容：监控中心设备的选择（包括机型、CRT 尺寸、内存、硬盘、打印机、模拟屏等）、执行端设备的选择（包括执行端的个数、地域分布、每个现场执行端中所配的各种模块的种类及数量）、电源的选择等。

硬件的配置对不同的系统差别很大，而且一般是根据现场的具体要求而定，相对来说选择工作量不大。

微机监控系统的软件一般是较为成熟的模块化结构。系统的图形显示功能、数据库管理功能、控制运算功能、历史数据存储功能等全部都有成熟的软件模块。但通常不同的应用对象，对这些内容的要求有较大的区别，所以一般的微机监控系统提供一个（或一组）很强的软件工具包（即组态软件），该组态软件提供一个友好的用户界面，使用户在不需要编什么代码的情况下便可生成自己需要的应用"软件"。

软件组态的内容比硬件配置更丰富,它一般包括基本配置的组态和应用软件的组态。基本配置的组态是给系统一个配置信息,如系统各种站的个数,它们的索引标志(地址),每个执行端的最大控制量、最短执行周期、最大内存配置,每个监控中心的设备配置信息及设备功能信息等。而应用软件的组态则具有更丰富的内容(如数据库的生成、历史库的生成、图形生成、控制组态等)。

过去的工业控制计算机系统的软件功能(如实时数据库、历史数据库、数据点的生成、控制回路及图形、报表功能的实现)是靠软件人员通过编程实现的,工作量大得惊人。可以说在一个应用系统确定之后,硬件的选择还不算太麻烦,而绝大部分的开发工作量是在软件上。这样设计出来的软件通用性极差,对于每个不同的应用对象都要重新设计或修改程序。这种方法实现的软件功能可靠性也较低,因为对每次系统应用,其软件都是新的。

随着分布式计算机控制系统的发展,人们越来越重视系统的软件组态和配置功能,即系统中配有一套功能十分齐全的组态生成工具软件。这套组态软件通用性很强,可以适用于一大类应用对象,而且系统的执行程序代码部分一般是固定不变的。为适应不同的应用对象只需改变数据实体(包括图形文件、报表文件和控制回路文件等)即可。这样,既大大提高了系统的成套速度,又保证了系统软件的成熟性和可靠性。

大多数的组态、生成功能是离线进行的,即在应用系统的设计开发阶段完成系统的组态和配置,特别是系统结构、最大控制量等一般都不能在线修改。但是一般的工业控制计算机系统提供在线参数修改和控制参数整定功能。大部分微机监控系统的组态生成软件一般包括如图 5-20 所示的组态功能。

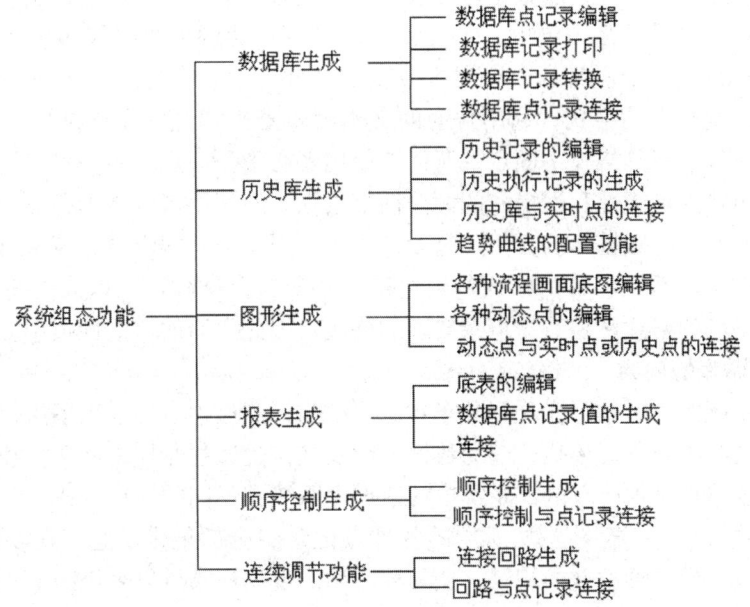

图 5-20　微机监控系统的组态与软件功能

5.5.1 实时数据库生成软件

根据系统对现场三种量（模拟量、信号量、脉冲量）的要求，可以建立三类实时数据库，分别为实时模拟量数据库、实时状态量数据库、实时脉冲（数字）量数据库。这些为直接量，即它们可以从现场直接得到。同时，系统中还有以下情况，如功率、功率因数、馈线的带电情况等。这些量不能直接从现场得到，而由其他量计算得到。对于这些量，可以根据计算的结果不同，再定义两种实时数据库：实时状态关系量数据库和实时模拟关系量数据库。实时数据是微机监控系统最基本的资源。工程实践表明，在设计一套完整的微机监控系统过程中，要分析清楚各 I/O 控制点数据记录是一个很费时、很复杂的工作，是需认真对待的必要工作。首先，对于 I/O 控制点来说，各点记录的内容确定了该点的索引信息、显示信息、通道地址信息、报警信息和转换信息等。执行端就是根据这些信息对每一个模拟量点和开关量点进行实时采集和处理的。同样，各控制点确定了控制点的各种信息。而这些信息的内容因不同的现场用户而不同，但它们的格式却相同。对这些信息可以建立一个通用的数据管理库。

早期的控制系统没有将记录格式的生成与执行软件区分开来，而是在设计应用软件时直接用数组来定义实时数据结构。这种方法很不方便，因为每个现场应用都要求修改软件。建立和修改实时数据库记录的方法有很多。一种常用的方法是用通用数据库工具软件来生成数据库文件，系统直接应用这种数据格式进行管理。有的系统在用通用数据库管理软件生成数据库之后，再用某种方法将生成的数据文件转换成实时数据库系统所要求的格式。例如，美国西屋的 WDPF 系统数据库可以用关系数据库建立起来，然后再转换成 WDPF 数据记录格式。这种建立和管理数据的方法建立容易、熟悉的人多。目前，许多微机监控系统都采用这种方法建立数据库。但这种通用数据库方法对数据记录项的检错功能差，实际上大多数数据的数据记录项内容是受很多限制的。第二种方法是用普通的屏幕文本编辑器（如 AEDIT、KEDT、WordStar 等）直接编辑一个文本数据源文件，然后再通过一个转换程序将源文件的各项转换成系统要求的格式。利用普通的文本编辑器来建立数据库的优点是记录格式灵活，用户熟悉；其缺点是格式不固定。所以，使用者必须先规定一个格式。用这种方法来建立数据记录，出错的可能性和误操作的倾向性都很强，给使用者带来不必要的负担。第三种方法是建立和修改实时数据库的方法，是设计一个专用的屏幕编辑器，该编辑器具有很详细的操作指导和提示，而且屏幕的格式与数据格式相对应。这样，可以大大简化使用者的操作，而且由于采用的格式就是数据记录要求的格式，因此出错的可能性很小。

1. 实时数据库的内容

微机监控系统的实时数据库采用分布式数据结构，监控中心站、现场执行端都有各自的数据库系统，监控中心和现场执行端的数据内容及结构是通过监控中心建立和修改的，并通过通信途径下装给现场执行端的。系统中的数据库系统在不同的层次（或部分）采用的结构不同。在现场执行端上，存储该站所用的各种点记录的全部记录信息。现场执行端有模拟量、开关量和设定量几种类型的记录，这几种类型的数据记录可以采用图 5-21 所示的格式生成一个源文件。

实时数据库生成的第一步工作就是建立各个现场执行端的各点记录并用一个数据文件来存储，也可以分成数个数据文件来存储。具体的文件数可以根据系统现场执行端的数据容量来确定。因为各种数据的存储格式是固定的，所以每种类型的点数一旦确定，它所占据的存储空间也就确定了。数据库的建立大都用键盘输入各记录项内容，键盘输入的是文本字符。因此，可以先不进行转换，直接将输入的文本字符按具体的数据记录格式存放起来，生成一个文本源文件，然后再将该文件转换成各类数据格式（如整数、浮点数等）。另一种方法是边输入边转换。前一种方法的优点是源文件还可以用作其他用途（如可以用来打印，产生硬拷贝，供应用设计人员检查和存档用）。

| 模拟量点数 |
| 模拟量记录指针 |
| 设定量点数 |
| 设定量记录指针 |
| 开关量点数 |
| 开关量记录指针 |
| 模拟量记录区 |
| 设定量记录区 |
| 开关量记录区 |

图 5-21　现场执行端数据记录源文件结构

2. 数据库生成软件的功能

数据库的建立就是利用某种填表格式建立起各现场执行端的数据记录内容，并转化生成下装文件。

数据库的编辑过程一般支持各种记录文件的建立、各点记录的加入、删除、内容修改、点记录的拷贝等功能。同时，一般还支持记录文件的格式打印功能。而编译过程则支持数据格式的转换、点索引号的自动生成、现场执行端下装文件和监控中心下装文件的自动生成和对各种非法内容的自动检查。如西屋 WDPF 系统的数据编译过程可以检查输入数据项的范围格式（如有的为整数，有的为浮点数）、输入点名是否重复、输入的硬件地址是否合法、是否相重等。这些功能有效地避免了系统执行时的有关错误。

5.5.2　画面生成软件

微机监控系统中，CRT 显示技术是不可缺少的功能，它为系统的操作员、管理员提供许多便利之处。工业流程画面显示技术不仅是把过去用数十平方米的模拟屏显示功能高度集中到一个 CRT 监视器上，而且还将各仪器设备的数据及功能也集中到了 CRT 上。这样，使得操作员不需要时刻在排列的仪表盘上检查各仪表的数据，或巡视整个模拟屏来得到过程的运行情况，而只需轻松地坐在 CRT 终端前面，就既可以观看整个流程的工作概况，又可以逐层细化入微，观察某个调节回路的工作细节。同时，CRT 的流程画面技术还支持各种趋势曲线、历史曲线、棒图、报表等功能。

1. 程序作图技术

早期的图形显示全是用程序来实现的，如果系统支持高级语言（如 BASIC 语言和 C 语言），则作图时用图形命令来编制各图素，而用专门的子程序来实现动态图素的变化刷新。这样的作图过程相当费时，因为编程和图形显示是分步进行的，编程时只能估算某一图素在

CRT 上的位置和坐标,而实际上,一个图素的定位需要多次反复试画才行。较好的高级语言(如 BASIC 语言和 C 语言)都提供了较强的作图子程序(命令)。

如果计算机系统本身不支持带有图形功能的高级语言,那么作图只能用汇编语言来实现,这样就更难了。目前这种方法已较少应用。

2. 图形编辑器作图技术

用程序语言直接编制流程画面实在是费时,而且乏味。为了解决这一问题,许多计算机控制系统厂家一方面试图借助于成熟的作图技术(如 AutoCAD 等)来编制流程画面,再编制一些程序来显示图上的动态信息。另外,更多的厂家则是自行设计一个流程画面编辑器,该编辑器充分地利用了 CRT 显示器的图形功能,配上键盘(或鼠标、轨迹球等)可绘制相当复杂的背景画面,而且还支持功能很强的动态信息刷新显示功能,是目前流行的主要作图方式。

3. 流程画面的生成

一般工业流程画面的显示内容可以分为两种:一种是构成背景图形的部分(如变电所接线图、系统配置图等),这些图素一次显示出来,只要画面不切换,它就是不变的,也称为静态画面;另一种则是随着实时数据的变化而周期性地刷新(如图中的各种开关状态、动态数据等)。此外,在该流程画面上往往设一些激励点(poke point),当光标处于这些点时,只要按下某些特殊功能键或鼠标就可以打开某些窗口。

1) 背景画面

仔细地分析一幅流程画面,它可能由许多变压器、互感器、隔离开关等组成。但这些较为复杂的图形块又可以细分为一些基本的图素,可以用这些基本的图素构成几乎任何工业流程画面。表 5-2 中列出了工业流程画面中常用的图素。当然,光靠这些基本图素来编制工业流程画面是不行的,有时一幅画面会很多次地应用到一些特殊的图形块,这些图形块结构不规范,又较复杂。因此,多数的图形编辑器除了支持表 5-2 中所示的基本图素之外,还支持用户建立自己的扩充图素,这样在应用中就可以很方便地编制各种流程画面了。

表 5-2 工业流程画面中常用的图素

种类		种类		种类	
多样直线 虚线	⌐_⌐_	弧	⌒	多边形 涂色	◆
多样符号	○ ×	圆	●	过程数据 (数值、棒)	100.0 ▬
文字	A 加热	扇形	◣	过程状态	AUI
矩形	▭	模式块	⊥	光标	⇨

续表

种类		种类		种类	
变压器		断路器		重合闸	
电动隔离开关		手动隔离开关		电抗器	

背景画面的生成软件应支持这些基本图素的选择、删除、恢复、移动、拷贝、变色等操作，同时还应支持自扩充图素的建立和调用。

2) 动态画面

工业流程画面不同于普通的 AutoCAD 图形软件的很重要一点是前者不仅要显示形象的工业过程背景画面，在画面上还要显示出各种实时信息，包括重要数据点值的显示、棒图显示、位置显示、曲线显示等，这些信息的显示状态（值、位置等）是随着实时数据的刷新而变化的。因此，在微机监控系统的监控中心站上显示工业流程画面时，要不断地访问数据库，并刷新动态信息。在生成工业流程画面时，不但要画出背景部分，还要画出"活"的部分，而且还要让用户可以设置动态信息的刷新周期。这部分的建立往往比背景部分复杂得多。

显示一幅完整的工况图的步骤是：先调出该工况图的背景画面，再根据数据库的内容刷新该工况图的动态信息。

3) 接口技术

在工业流程画面上，常常设置一些"热键"。在显示该画面时，只要按下这些"热键"，就可以转向处理这些"热键"功能。"热键"功能可说是一种简单、粗糙的"窗口"功能。

5.5.3 报表生成技术

报表是系统进行统计和管理的重要手段，一般分为周期性报表和触发性报表。周期性报表一般记录生产过程中的操作和事故并进行一般统计（求和、平均等），用它代替操作人员人工制作的报表；而触发性报表用来记录在某些特定的事件发生前后的某些过程点的信息，该报表对事故或故障的分析是很有用的。

报表的生成和画面的生成类似，不仅要编制表格本身，还要建立报表和动态数据相关的信息。一般在生成一张报表时，要确定以下信息。

(1) 公共信息：报表种类、报表名称（它属于报表底图的一部分）、报表形式（包括各种线、框、框内文字说明等，它也属于底图的一部分）。

(2) 对于周期性报表，则还需确定下述信息：报表统计的时间和周期、报表内统计的数据点的名称、报表统计的计算方法。

(3) 对于触发性报表，则还需确定下述信息：触发信号源、触发性列表的前后时间间隔、触发性列表所列各点的名称。

一般情况下，报表的种类还可以进一步细分，其周期性报表、触发性报表如表 5-3 和表 5-4 所示。各类报表所打印的内容，可以是数值，也可以是状态或文字描述。此外，触发性报表还包括报警记录列表及键盘调用报表等。

表 5-3 周期性报表

报表种类	有效的记录数据	说　　明
分钟报	短周期历史库中的数据或记录数据	分钟报表是指在一小时内打印几次的报表，打印周期由用户设定，打印的内容一般是过去一段时间内的实际值
时报	实际值 小时统计值 日统计值	时报是指一天之内打印几次的报表，打印的时刻和周期由用户设定，打印的内容一般有历史实际值和区间值，如班报（每班打印一次）是最典型的时报表
日报	实际值 小时统计值 日统计值	日报的打印时刻由用户设定，日报一般打印一天的实际值、日统计值，有时也打印每小时的统计值
月报	实际值 小时统计值 日统计值、月统计值	月报的打印周期是每月一次，这样的报表一般包括实际值、小时统计值、日统计值和月统计值，一般在月底或下月初打印

表 5-4 触发性报表

报表种类	有效的记录数据	说　　明
触发性	触发性数据值	触发性报表的产生依赖于某些用户指定的触发条件的成立。这类报表一般记录和打印至触发信号产生前和产生后的两段时间内的有关值。打印的数据点的多少和哪些点要打印是用户设定的。报表的长度（如前后各 3 min 或各 10 min 的数据）也可以设定

5.5.4　控制组态软件

前面已详细地讨论了监控系统执行端（及监控系统的本身）所支持的控制功能。目前，一般的监控系统都配置了十分齐全的控制功能。这些功能是以独立的控制算法模块的形式提供的，而且这些算法模块一般存储在执行端的 EPROM 中。这些算法模块并不能直接应用于现场控制，要实现一个具体的应用控制，必须用某种方法将所用到的控制算法模块依照控制要求连成合适的结构，并且还要用合适的参数值来初始化任务控制模块，才能实现一个具体的控制回路。例如，在实际应用中，要配置一个简单的 PID 控制回路，至少要用到三个不同的控制模块才能实现（见图 5-22），即模拟量输入转换（ADC）、控制模块（PID）和模拟量输出转换模块（DAC）。当然，如果借助实时数据库的概念，即控制可以依靠点名到实时数据库中去取数据，而且控制运算的结果又可写回实时数据库，由巡检任务自动输入和输出的话，则控制组态可以简单些这样图 5-22 中的 DAC 和 ADC 模块可以去掉，取而代之的是两个变量的名称。

1. 组态原理

将控制软件的算法和参数分离是实现控制回路组态的关键，各个控制功能块（如 PID 调节器、前馈/滞后补偿器、比例调节器等）通常固化在 EPROM 中，只需要用这些模块的名字（或索引号）来进行控制回路的组态。组态生成一个数据文件，该数据文件与各算法相对应，并且含有该控制算法执行所必需的参数。这个数据文件将下装到执行端的 RAM 内存中，因此更改容易。这样，就可以将控制功能算法模块编成标准形式，并且可以应用于很多应用系统。对于每个不同的控制对象，要修改的只是数据文件。

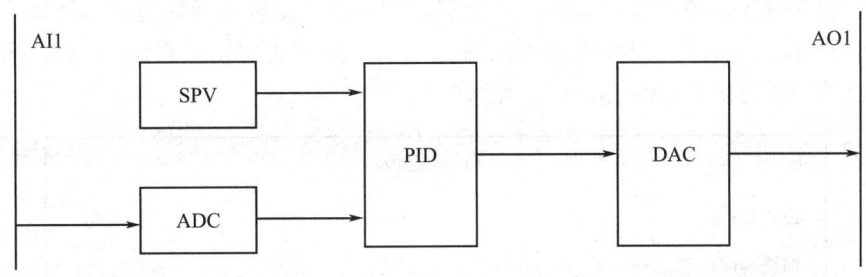

图 5-22　简单回路组态

诸多控制算法模块通常以一个库文件的形式固化在 EPROM 中。每个算法的入口地址和入口参数是已知的，这样，在执行时，CPU 只是顺序地根据下装到 RAM 中的数据文件而依次调用各子程序。返回的参数再根据数据文件的内容写回实时数据库或输出直接控制。图 5-23 显示了某系统中控制软件的分离结构。和编程中用的子程序调用一样，在一个应用控制系统中，可以重复地调用某一控制算法模块。

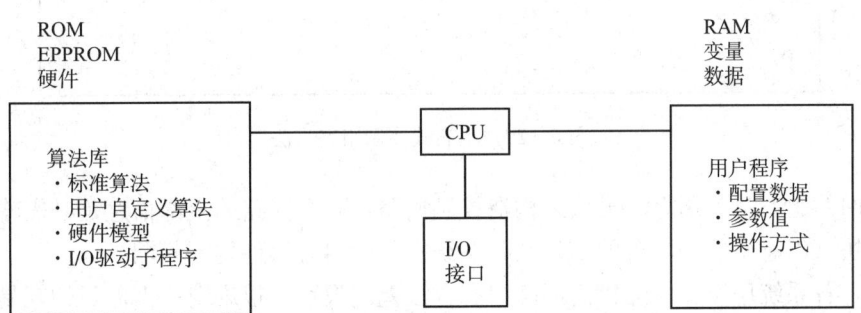

图 5-23　控制软件的分离结构

对于多次重复调用同一算法的情况，如果执行端采用了实时多任务操作系统，则各算法模块必须设计成可重入的，即每次调用时不会破坏前次调用的信息。此外，在参数系统中，下装的控制参数一般是放在带有电池保护的 RAM 中，即使在系统掉电的情况下，系统加电复位后便马上可以投入正常运行。

2. 控制回路的组态方法

控制回路的组态就是利用某种方法将适当的控制算法模块连接起来，以完成特定的控制功能。上面介绍了将控制算法分离成执行代码和参数模块，使得控制回路的组态变为可能。但如何将这些算法和参数连起来，生成一个数据文件，该文件包含了控制算法的调用信息和控制算法的执行参数。各厂家提供的方法千差万别，最早的方法就是用填表或回答问题的方式，来实现控制算法组态和功能参数的设定。如同大家熟悉的 DBASE Ⅱ（或Ⅲ）一样，系统在屏幕上出现一个菜单，菜单上显示提示信息，如图 5-24 所示。

图 5-24 只是一个粗略的填表式控制组态的例子。这种方法不是很直观，整体性也较差，但应用起来比较方便。目前，这种方法已很少使用。

后来发展起来的控制组态方法是图形提示方法。这种方法是先在 CRT 上显示出控制算法的方块图和各输入参数表格，用连线表示信号的连接。控制回路组态中遇到的一个普遍问题是控制算法的内容选择。我们知道，一个实际的控制回路所包括的内容不只是输入、输出和一个简单的算法，有时还包括许多其他信息（如控制方式切换：自动/手动，输入、输出的极限检验等，还有诸如非线性补偿、死区等）。

```
                        控制组态

回路号：8                                  控制周期：

回路名称：TC1                              控制输出：

输入变量：T105-21

设定变量：COM001

控制算法：FID

控制参数：

P：

I：

D：
```

图 5-24　填表式控制组态方法

　　控制回路组态就是用算法模块来构造控制回路，一个回路的全部信息是必需输入的，但是每个模块（组态元素）所含的信息及各系统提供的组态软件均不相同。

　　总之，各系统厂家提供的控制回路组态方法差别很大，很难统一。但目的就是提供一个支持软件，可以使控制工程师集中精力去考虑和设计控制回路的内容，而省去了编程的烦恼。同时，采用成熟的组态软件，大大提高了系统的软件可靠性。

　　关于回路组态的讨论还涉及系统以外的因素，如某系统的控制软件在什么装置上运行，是工程师站，还是操作员站，可否在系统以外的其他机器（如 PC 机）上进行等，这些因素会影响组态的方便与否和工程时间。一般在应用中，控制组态具有较重的工作量。如果系统组态可以在其他通用机（如 PC 机）上进行，那么在系统硬件成套完成之前，用户和项目负责人员可以先在普通机上组态，等系统硬件成套后，将组态结果下装到应用系统上就可以了。

　　对控制回路组态的另一个要求是：控制回路组态的结果应该能够打印出来，包括图形和参数，这样控制工程师可以方便地进行检查和校对。控制回路组态图和参数是应用系统的重要文档材料。

思 考 题

1. 简述操作系统、数据库等在应用软件开发中的作用。

2. 什么叫软件工程？它在软件开发中的作用是什么？
3. 什么是面向对象方法？它与其他方法在设计思想上的异同点是什么？
4. 说说控制中心软件的结构、功能。
5. 简述执行端软件的结构、功能及在设计等方面与控制中心软件的异同。
6. 组态软件的优点是什么？
7. 微机监控系统的组态软件由哪几部分组成？它存在的问题和可能的解决方法是什么？
8. 如何看待微机监控系统软件的标准化？

6 国产APCS2000TD牵引供电远动系统实例

> 通过学习,读者应注重掌握以下内容。
> - APCS2000TD牵引供电远动系统的特点。
> - APCS2000TD牵引供电远动系统的构成和结构。
> - APCS2000TD牵引供电远动系统的功能。

6.1 APCS2000TD牵引供电远动系统的特点

APCS2000TD电气化铁路远动系统集数据采集与控制、报警、安全、绘图、显示、报表、历史趋势分析等功能为一体,并提供WEB浏览等应用现代网络技术开发的功能模块。由于APCS2000TD系统结合了我国电力、铁路、地铁、城市轨道等行业自动化的需要,针对性强,适用性广。

APCS2000TD系统采用的是开放的全分布式网络结构,结构简单,扩展方便,因而系统的规模视具体应用需要可大可小。系统的节点(运行APCS2000TD系统相关软件的计算机)按功能和地域分布,能完全实现跨平台操作和异种机联网,并可互换互补。由于本系统的设计严格遵循了"开放"的原则,因此任何硬件更新、功能增强和规模扩展都不会影响现有系统的基本结构和已实现的功能。和以往传统的SCADA系统相比,这无疑是一种革命性的变化。

APCS2000TD系统的主要特点如下。

(1) 先进性。APCS2000TD系统采用了当今先进的计算机软、硬件技术,并能与之同步发展。

(2) 开放性。系统的开放性程度主要由系统所支持的硬件平台和软件平台两方面的因素所决定。APCS2000TD系统支持各种国际标准的硬件平台,如DECVAX、ALPHA系列、INTEL奔腾(Pentium)系列、IBM微通道(Micro Channel)系列等硬件平台;支持各种国际标准的软件平台,如OPEN VMS、OS/2、QNX(UNIX BASE)、UNIX和Windows NT等操作系统。在同一系统中可以将各种硬件平台和软件平台混合使用,并保证用户界面完全一致。

(3) 扩展性。APCS2000TD系统采用的是分布式网络结构和标准化、模块化的设计思想，因此系统中要增加新的计算机节点，只需安装操作系统和 APCS2000TD 软件，然后接入网络即可，不影响现有系统的运行，真正实现了"即装即用"。而系统的新增功能模块只要采用标准化设计，即可实现在线安装，同样不影响现有系统的正常运行。所以，本系统具有非常良好的扩展性。

（4）安全性。APCS2000TD 系统具有双重的安全保护策略，除可以给每位操作人员分配不同的操作权限外，还可限定其现场操作范围（安全区域）。同时，系统能实时跟踪每位进入系统的操作人员的进入时间、退出时间及进入系统期间所做的每项操作，并在相应的计算机上留下记录。此外，系统还具有安全环境保护功能，使操作员只能在预先设定的操作环境中工作。

（5）实时性。APCS2000TD 系统的设计从各方面严格考虑了应用对象的实时性要求。从系统角度来说，主要需要考虑操作系统和实时数据库两个主要环节的实时性。因此，APCS2000TD 系统的标准软件平台选用了基于实时、多任务的 UNIX 操作系统或 Windows NT 操作系统，数据库采用的是现代实时应用领域最先进的面向对象实时数据库技术。经典的关系型数据库虽然在传统的（商务和管理的事务型）应用领域获得了极大的成功，但在现代的工程和时间关键型应用面前却显得软弱无力，所以出现了具有维护数据完整性、一致性并兼顾实时性性能的实时数据库。

本系统各应用层任务的设计采用了当前最新的计算机技术，数据处理支持基于时间和基于异常两种方式。基于时间处理方式的时间间隔可以任意设定，最小可到 0.05 s；基于异常处理方式主要指某些重要数据发生变化时或某一事件发生时，系统能及时响应，并快速进行处理。系统能快速处理各厂站端送来的实时数据，并显示到用户画面，及时响应操作员的各项操作命令。此外，系统支持在线修改各种配置，如在线增加或修改数据库点、在线修改实时画面及动态点连接、在线修改报表、在线增加通信通道和 RTU 等。这不同于传统的控制系统，即修改配置之后，需关掉系统重启，这样必然影响系统连续运行。

（6）组态方便。APCS2000TD 系统为全功能组态系统，系统中各项配置、各种功能均可以通过界面友好的面向对象的组态工具进行组态。系统突出人性化的设计思想，只要是与人机交互有关的内容都可以按每个使用者自己的习惯及喜好在线修改设定，如系统功能键、数据库编辑界面、实时画面、趋势曲线等，而一般的自动化系统这些内容不可修改或只有通过修改源程序来实现。

（7）宏命令语言。APCS2000TD 系统提供功能强大的宏命令语言集，此宏命令语言不需要进行复杂的编译、连接工作，且非常简单，易掌握。系统通过使用宏命令语言可生成许多用户需求的新功能，并且宏命令语言的使用和新功能的生成均可在线完成。

（8）客户机/服务器（Client/Server）结构。传统的监控系统中，服务器不断地通过网络将全部数据向每台工作站发送，网络通信量极大，且数据的一致性差。APCS2000TD 系统采用客户机/服务器体系，系统中全部数据源均可作为服务器方提供数据，全部数据目标地（数据需求方）均可作为客户方请求数据，服务器方只有当客户方请求数据时，才传送所请求的部分数据，这样可极大地减少网络通信量，提高了整个系统的性能。

（9）标准化。APCS2000TD 系统的设计和开发遵循和引用了各种国际、国内标准，主要有：GB（中华人民共和国国家标准）、DL（中华人民共和国电力行业标准）、CCITT（国际电报电话咨询委员会标准）、ISO（国际标准化组织标准）、IEC（国际电工委员会标准）、

IEEE（美国电气电子工程师协会标准）、ANSI（美国国家标准委员会标准）、EIA（电子工业协会标准）、UL（美国保险商试验室标准）、NFPA（美国国家防火协会标准）等。

例如，数据库严格遵循 DDE/NETDDE、SQL/ODBC、Internet/Intranet 等标准，具备此类标准的应用软件在安全许可的条件下可直接读取数据库、实时数据和历史统计数据，可采用 WWW 技术标准向外发布。此外，系统还提供完整的 Visual C/C++ 或 Visual Basic 库函数供二次开发；图形系统兼容多种图形格式，如 BMP、PCX、DXF、ADF 等，并可将实时画面转换成 Web 页面供浏览；支持 OLE 技术，画面的动态点数据可直接与支持 DDE、SQL 标准的数据源连接，如 Excel、Access、SQL Server 等；系统支持 TCP/IP、NetBIOS/NetBEUI、IPX/SPX 等网络协议。

(10) 分布式处理。APCS2000TD 系统设计中最重要的部分是具备在网上进行真正的分布式处理的能力。许多系统以一种分等级的方式进行处理，这使得网上任意部位的故障都危及系统。本系统允许在网上所有节点上分配关键的功能。每个节点可以同网上的其他各个节点通信，但本地任务的执行并不一定需要依靠其他节点。这种分布的设计极大地提高了系统的可靠性，其分布式处理能力可以应付各种系统配置方案和处理策略。

(11) 维护方便性。为提高系统可用率和便于维护，APCS2000TD 系统均选用技术成熟、符合现代工业标准、具有相当生产实力并在世界计算机领域占有一定比例的标准产品。公司建立有远程维护中心，此中心与所有的用户系统通过公共电话网联网，这样就能及时方便地维护用户系统，如在线进行修改配置、诊断和调试系统、升级新的版本等维护操作。

(12) 简单易学。APCS2000TD 系统尽管功能丰富、技术先进，但它对使用者而言是非常简单的，系统的建立和维护等工作都是在形象的图形工具、简单的对话框、列表框等友好的用户界面环境中完成，并且提供详细的在线帮助。此外，系统还提供完整的自学教程软件。

6.2　APCS2000TD 牵引供电远动系统的构成和结构

APCS2000TD 牵引供电远动系统的设置一般以供电段为单位，每个供电段设置一套，每套系统由 1 个控制站、若干个被控站设备、1 个接触网远动控制设备、2 个复示终端及通道等部分构成，采用 1∶N 型结构形式。每个控制站设 2 到 3 个调度台，与此对应通道为 2 到 3 个链式环形"流动群"信道。被控站设备安装在沿线的牵引变电所、分区所，用于对其管辖范围内的牵引供电设施进行实时数据采集和集中监控。在各供电段可设置远动复示终端设备。APCS2000TD 远动监控系统如图 6-1 所示。

APCS2000TD 远动监控系统通过数据通信通道和各所内的通信设备对管辖范围内的牵引变电所、分区所、开闭所等各被控站的供电设备进行远程监控和管理。

本远动装置除完成对上述供电设备的集中监控及对沿线供电设施的调度管理外，还具有高度的可靠性、灵活的扩展性、完备的自检性及良好的可维护性。系统的设计采用 RAS 技术，系统的软、硬件采用模块化结构，冗余配置，所提供远动系统的各组成设备具有良好的运行业绩，且技术成熟、功能完善、性能先进。

6 国产 APCS2000TD 牵引供电远动系统实例

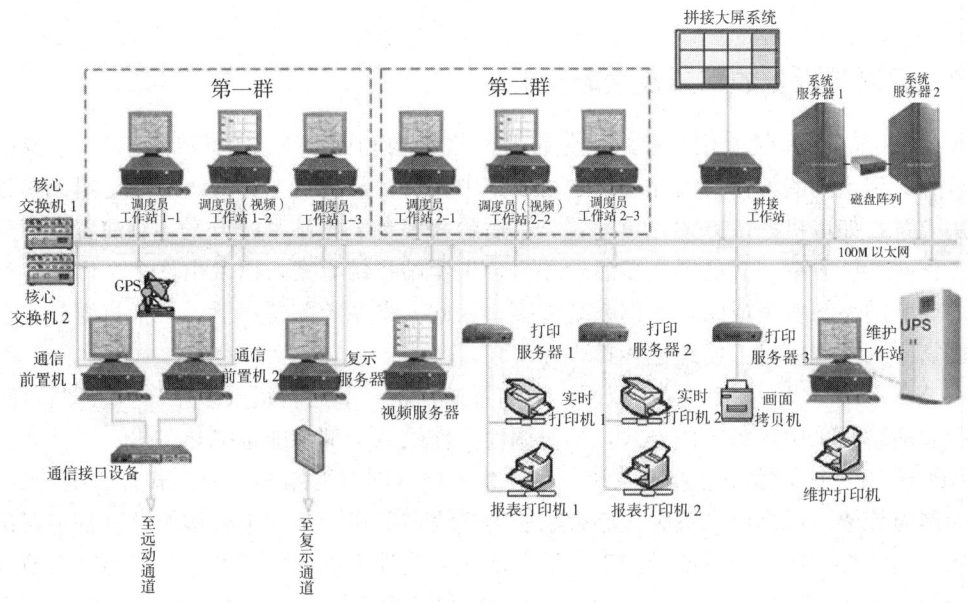

图 6-1　APCS2000TD 远动监控系统

APCS2000TD 系统还能构成一个广域网结构的庞大的分布式监控系统，广域网络系统通常由多个局域网、通信线路、路由器等构成。通信线路可以为光纤、专线、PSTN、ISDN 等。广域网系统将先进的计算机技术、通信技术及自动化技术融于一体，在 APCS2000TD 广域网系统中任意一台工作站上，无论你是在哪个局域网中，只要安全权限许可都可以监视和控制整个广域网内的现场数据和设备，监视全网的报警和信息，以及维护和管理整个广域网。当然，某些工作站上不需要的功能，如控制其他区域的设备、监视其他区域的信息和报警等，可以在系统组态时屏蔽掉。

6.2.1　系统构成

APCS2000TD 系统采用计算机型远动装置，集中监控方式，系统结构为 1∶N 型，通信规约使用查询（polling）规约；远动系统的设计完全遵循模块化、分布化、冗余式配置原则；控制中心采用开放型分布式计算机局域网络，服务器/工作站模式，主从接点方式；网络采用高可靠性的双以太网结构，互为备用，并行工作，并采用"1＋N"冗余工作模式；被控站远动终端采用模块化、多微处理器的工业控制板结构；主模块采用 32 位高性能处理器，并配有 2 MB 的内存；应用软件则是基于实时多任务操作系统；远动通道利用既有通信通道环接，引入控制站和被控站，传输速率不小于 1 200 波特可调。

本系统的主机采用双重配置，冗余结构，互为备用。在故障状态下，切换时间小于 15 s。

系统设备包括控制站设备、通信接口设备、被控站设备、供电段复示终端设备等四部分。

系统在容量和接口（如变电所综合自动化系统）上留有足够的冗余度，以利于将来扩充。应用软件为开放式结构，用户可以根据工作需要，方便地增加和减少监控对象和 RTU

的数量。

6.2.2 调度端设备的配置及性能要求

APCS2000TD 系统采用开放的全分布式网络结构和面向对象的设计思想，系统的各项功能可分布到不同的计算机上完成，也可以集中在一台计算机上完成，从而可组成多种不同的应用方案，如单机系统方案，单前置、单后台和多台工作站系统方案，双前置、双后台和多台工作站系统方案，多前置、多后台和多台工作站系统方案，以及由许多个以上各种系统配置的局域网系统所组成的广域网系统方案。因此，本系统配置灵活，可任意组合，随着用户发展需要，其规模可方便地逐步扩大。

在 APCS2000TD 系统中采用双网、双前置通信机、双后台机及多工作台方案。前置机、后台机和网络均采用热备工作方式，同时调度工作站的全部功能也能热备份。

APCS2000TD 调度中心监控系统采用计算机局域网双网结构、分布式计算机控制系统，以以太网为骨架、计算机设备为核心、功能为模块、节点为单元进行构架。设备主要由系统服务器、调度员工作站、系统维护工作站、前置通信处理机、模拟屏驱动器等网络节点设备及相应的人机接口设备、实时数据及文档管理报表打印机、画面拷贝机、模拟盘、UPS 电源设备、GPS 卫星对时系统及完善的软件资源组成。

1. 计算机网络

1) 概述

在本系统中，APCS2000TD 采用标准的开环总线式以太网，双重配置。双网结构是专为电气化铁路远动装置的实际需要而设计的，可提高系统的安全性并进行有效的数据分流，从而可减轻网络负荷，增强系统的可靠性，同时具有一定的容错能力。系统的网络访问方式采用客户机/服务器访问方式。

计算机网络通信协议为 TCP/IP 协议。网络采用非碰撞的双网冗余配置，具有网络负载均衡技术，能够实现双网互备同时工作。系统服务器及工作站计算机分别通过双网卡挂接在双网上（各节点机自身完成双网络路由功能），并分别通过双网交换信息，可根据需要分担不同的数据传输或平衡网络负荷，确保任一服务器出现故障时，系统仍能可靠运行。系统网络具有良好的扩展性，客户机的增加不影响网络性能。

本系统采用著名的生产高端网络产品的 CISCO 公司生产的 Catalyst2950-24 作为局域网的交换机，该产品是一种高效率的 10 Mbps/100 Mbps 自适应可堆叠的交换机。

2) APCS2000TD 系统网络结构的特点

对于一个分布式网络结构的系统来说，网络上各个节点之间如何互相传送数据是系统成败的关键。它关系到系统的网络效率、可靠性、数据的正确性、实时性、系统扩充的方便性等重要方面。因此，从系统设计的角度讲，如何设计网络上的数据通信是一个最重要的任务。

在局域/广域网络的物理层之上，APCS2000TD 系统构架了工业标准的工业网络——分散自律式高速对等网络。

在计算机网络中，有两种基本的通信方式：一种是 client/server 方式，或称为客户机/服务器方式；另一种是 P2P（即 peer-to-peer）方式，或称对等通信方式。这两种通信方式的区别在于互相通信的两个网络节点所采用的服务方式。在 client/server 方式中，一方是委托方，而另一方是服务方，两个节点在功能上是有差异的，服务方的功能比较齐全，它可以为委托方提供其不具备的功能。而在 P2P 方式中，两个通信方具有相同的功能，它们之间可以互相提供服务，以便互相共享资源，即这种方式要求两个节点都是功能比较齐全的节点。因此，P2P 方式实际上是双向的 client/server 方式，具备 P2P 通信能力的系统也可以提供 client/server 通信。

APCS2000TD 监控系统的工业对等网络，在 SCADA（supervisory control and data acquisition）与 SCADA 节点之间，采用了标准的 P2P 通信方式，在 SCADA 与 MMI（man machine interface）节点之间采用 client/server 方式，构架在开放式的高级网络对等通信协议——TCP/IP 协议之上。

现场监控系统中的计算机依据工业对等网络的 P2P 通信方式，可进行分布式采集与监控，监控系统在各节点机之上功能分布。计算机之间协同工作，实时系统资源共享，执行网络上基于优先级的多任务操作。由于采用了计算机网络底层的通信协议开发，将传统的基于消息循环的慢速主从网络运行机制改造成具有优先级机制的实时多任务机制，实现了网络任务按网络 IP 地址自动寻址的实时操作，即实现了底层网络 TCP/IP 高级通信功能的实时化。监控系统中的各监控计算机实现了按功能的自由分布，由此构成了本地网监控系统。

远动系统总体上采取的是客户机/服务器（client/server）模式，即被称为"按需求传送数据"的策略，来解决网络上的数据通信问题。这种方式有以下优点。

(1) 使网络负担大大减轻。由于系统在实际运行当中，实时数据都存放在具有 SCADA 功能的节点中，即 SCADA 节点的实时数据库中。当其他节点需要使用实时数据时，就必须通过网络到实时数据库中去取。而在大部分时间里，需要实时数据的节点在某一特定时刻只使用实时数据库中极小的一部分数据。因此，需要哪些数据就传送哪些数据，而大量暂时不需要的数据就可以不必传送，这样减少了很多在网络上传送的数据量，从而对实时响应性具有极大的改进作用。

(2) 提高了网络中各个节点相互之间的独立性。以"按需求传送数据"方式连接的各个节点可以获得最大的独立性，避免了各节点之间的互相影响。在不需要传送数据时，每个节点的运行都不依赖于其他节点，因此系统的整体可靠性相当高。在某个节点因故障退出运行时，它只在其他节点需要这个节点的数据时，才会出现"数据不可用"这样的错误信息（但不影响取数据的节点的正常运行）。一旦故障节点恢复运行，错误信息将立即被清除，整个系统可继续正常运行。相反，如果一个只需要其他节点为其提供数据的节点出现故障（如 MMI 节点），系统将不会受到任何影响，只是少了一个 MMI。一旦它恢复运行，马上可以和其他节点沟通网络连接并投入正常使用。

(3) 极其简便的系统扩充。由于远动装置所采用的网络通信方式，使得系统的扩充非常简单易行。以下几种扩充是最容易实现的。

① 扩充 SCADA 节点（或全功能节点）。在需要扩充系统容量而又不希望对已有系统的运行造成任何扰动时，采用扩充 SCADA 节点的方式最为合适。用户只需将要扩充的 I/O 点接入一个新的 SCADA 节点，并定义好它的实时数据库，然后简单地将这个 SCADA 节点接入已运行的网络中就可以完成扩充。当然，要让其他节点可以使用新节点的数据，还需要使用系统组态软件（SCU）进行一些定义，并在显示画面中定义新节点中的动态点。所有这些工作都可以在线完成，已运行系统是不需要停止运行的。

② 扩充 MMI 节点。这种扩充更加简单，用户只需要将一个 MMI 节点接入网中就可以立即运行。在新节点上的组态可以在接入网之前预先完成。

③ 扩充应用节点。扩充应用节点的情况和扩充 MMI 节点一样，用户可以先离线地将所有在应用节点上运行的应用软件调好，并用系统组态软件（SCU）将各个系统参数定义好，然后将应用节点接入网中就可以使其立即运行。

④ 扩充远程节点。如果已有系统的网络支持广域网（WAN），则可以扩充远程节点，新扩充的节点可以是任何类型。由于远动装置系统出色的网络通信功能可以最大限度地降低网络中的数据传输量，因此在扩充远程节点时这个优点将更加突出。

当然还可以通过对已有系统的计算机升级、扩充容量、扩充数据库等方式实现扩充，但这些扩充方式都会或多或少对原有系统的运行造成扰动。

(4) 多路径访问能力。远动装置系统支持分布式实时数据库功能。在一个网络中，允许配置多个带有实时数据库的 SCADA 节点，而需要使用实时数据的节点只要定义了相应的访问路径，就可以访问每个实时数据库。这样，远动装置系统为用户提供了极为灵活的选择，在需要集中数据库的场合，可以选用性能较高的 SCADA 节点，将所有实时数据集中在一个实时数据库中；而在需要分布式数据库的场合，则可以用多个 SCADA 节点，将实时数据分布在不同的实时数据库中。远动装置可以保证各个节点能够同时高效地访问各个实时数据库。

2. 系统服务器

系统服务器又称为 SCADA 节点机。本系统的系统服务器采用双重配置，冗余结构，互为热备用状态，切换时间小于 15 s。两套系统服务器通过网络适配器同时接收或发送网上数据，具有相同的功能，但仅在线机具备数据流控制及管理功能，主、备后台处理机支持数据校验以保证完整一致的数据库，同时提供对双机工作状态的在线检测。

系统服务器主要用于数据的后台处理、历史数据管理、网上节点资源分配等，同时还可以用于运营管理、完成调度文档管理、生成统计报表、执行系统演示及模拟培训等。其主要功能包括：遥测、遥信功能，包括数据的工程量值转换、越限检查等；遥控功能，包括控制命令的发布、控制条件的检查、模拟盘操作等；告警处理功能，包括报警条件的设定，报警的发布、确认等；历史数据处理功能，包括历史数据的收集，历史曲线的显示，历史统计资料的存储，历史统计报表的建立、打印等；安全管理功能，包括个人账户的建立，操作权限的检查，操作区域的划分、检查，操作过程记录等，操作口令级别远大于 3 级；系统显示功能，包括各种单线图、曲线、图表等画面的显示；系统组态，完成网络节点、路径、报警、安全等参数的设置功能；网络资源分配功能；运营管理功能，包括调度文档管理，统计报表生成、制作等。

SCADA 节点机是整个远动装置的核心，担负数据处理、报警发布等功能，因此采用国际通用型、适用于工业系统控制并具有高可靠性的 64 位服务器 SunFire280R Server。该机超越了当前中档 SMP（对称多处理）服务器的所有性能指标，是 SUN 公司在数据库技术、复杂的基于 PCI 的 SMP 结构、UNIX 集群和高性能网络领域无可匹敌的专业技术的证明，其强大的处理能力和扩展性为用户提供了一个可增长的平台。在 APCS2000TD 系统先进的网络结构基础上，本远动装置的扩容或铁路上其他系统的信息（如行车调度），在需要时可以灵活接入，实现方式简单可靠。此外，APCS2000TD 系统的标准化程度可保证所有开发和移植的有效性。

APCS2000TD系统为本系统服务器配有较新版本的64位UNIX操作系统和成熟的支撑软件平台，具有丰富的开发环境和强大的网络支持能力。能够充分地保障系统软件、支撑软件、应用软件的驻存，以及日报、月报、操作记录、卡片内容等的存储要求及用户扩充的需要。此外，该机还能方便地进行中断扩展、I/O扩展和磁带机扩展，6个64 bit PCI扩展插槽与32 bit适配器完全兼容，以满足软件开发及维护的需要。

每套主机配置人机接口设备，包括图像显示终端（CVDU）、键盘、鼠标。键盘具有较好的弹性和手感及较长的按压距离。鼠标灵活并运行准确。

为保证系统具有足够的数据存储容量和将来系统的扩充需要，服务器数据存储系统采用双服务器共用磁盘阵列存储方式，配置Sun StorEdge A1000磁盘阵列，容量218 GB，RAID5管理方式（RAID是"redundant array of independent disk"的缩写，中文意思是独立冗余磁盘阵列，就是采用硬件或软件的方法，将台硬盘透过RAID控制器结合成虚拟单台大容量的硬盘使用，其特色是N台硬盘同时读取速度加快及提供容错性）。系统另外配置磁带机一套，容量20 GB，用于数据转存。

3. 调度员工作站

本系统可根据需要配置若干个调度台，每个调度台分别设2个调度员工作站。两台调度员工作站具有双台监护制遥控功能：遥控操作员在一台工作站上选择遥控操作，等待遥控监护人在另一台工作站上确认，如正确无误将遥控命令发下去，否则取消遥控命令。调度员工作站用于调度员的控制操作及对牵引供电系统的实时监视，并完成对所辖的牵引供电系统调度管理。各调度员工作站采用双重设置，通过10/100M以太网适配器与网络相连，每台独立，两台并行工作。

调度员工作站设计为MMI（man machine interface）人-机交互方式，具备系统维护功能，主要用于完成整个系统数据库的建立及修改、画面建立及修改、报表生成、以标准数据库格式完成历史数据库的管理、系统运行参数的定义、修改及系统程序的维护和开发等。此外，还可对系统运行状态（包括信道、控制站及被控站设备工作情况）进行实时监视、对重要工况参数进行实时打印（如系统各个节点机设备的运行状态、被控站工作状态、通道状态等），以及可以查看系统的各类历史记录数据等。其主要功能包括以下几个方面。

（1）遥信、遥测数据显示，进行越限检查等。

（2）遥控功能：发布控制命令，检查控制条件，操作模拟盘（如灯光试验、灯光复归、亮暗屏操作）等。

（3）与模拟屏设备实现一对一显示。

（4）对各种故障信息进行实时多窗口动态报警，以及告警信息的接收、确认。

（5）历史数据显示，显示历史曲线。

（5）打印实时数据及报表、拷屏CVDU画面。

（6）安全管理，包括个人账户的建立，操作权限的检查，操作区域的划分、检查，操作过程记录等，操作口令级别远大于3级。

（7）友好的汉化人机对话框及丰富的画面和窗口显示，包括各种单线图、曲线、图表等画面的显示。

（8）设置系统参数。

（9）运营管理，包括调度文档的管理、统计报表生成及制作、系统演示、模拟培训等功能。

除上述功能外，调度员工作站还具备以下功能。

（1）口令管理功能。操作调度员工作站具备安全操作口令设置功能，每个调度员工作站各设置一台感应式IC读卡机，调度员操作采用IC刷卡进入方式，每一个调度员配备一张IC卡，从根本上解决操作安全问题。

（2）地线标志闭锁功能。调度员能在CVDU装置上对所操作的馈线设置地线标志，该标志具有软闭锁功能，如果该标志不清除，调度员则不能进行相应馈线的送电操作工作，同时APCS2000TD系统会发出语音提示，以提示操作员地线标志未清除。

（3）时标通话录放功能。APCS2000TD系统具有通话录放功能，当调度员与变电所、分区所值班员或行车调度员通话时，调度员工作站可以记录通话内容，并以带时标数字语音信息形式存储于工作站的外存，可根据需要随时查找播放。

本系统的调度员工作站采用国际通用型、高性能64位工作站——Sun Blade1000 Workstation。SUN公司的该型工作站采用高级系统体系结构和内存子系统，能提供强劲卓越的性能，具备支持至少4个I/O设备的驱动能力。此外，它还具有革新的可用性特点，例如智能热交换、内置双工装置等，能保护系统中的数据不被破坏和丢失。网络适配器选用10/100M自适应以太网网卡。该网卡通用性好，网络软/硬件资源丰富，支持10Base T和100Base Tx及TCP/IP协议。工作站的各模块和部件具有互换性，并配置外存设备、图形处理设备及高速数据缓冲器。

APCS2000TD系统为国际标准的全功能全组态系统，系统的使用非常方便、灵活，系统生成及优化等工作（包括数据库定义、画面编辑、报警、报表设置、趋势分析等）均有明确的文字说明或图形提示引导用户完成，并可随时通过鼠标的直观拖拽完成系统功能的修改、更新、添加，无需编程、编译等复杂的程序级工作。任何一位了解自身行业特性的工程人员，经过简单的培训学习，均可成为APCS2000TD的系统级管理员。

4. 系统维护工作站

系统维护工作站用于生成、修改和管理系统实时数据库、历史数据库及用户画面，定义、修改系统运行参数，维护、开发系统程序等。同时，该工作站完成对系统运行状态（包括信道、控制站及被控站设备工作情况）的监视，并对重要工况参数进行实时打印（如系统各个节点机设备的运行状态、被控站的工作状态、通道状态等），以及可以查看系统的各类历史记录数据等。

系统可在线随时修改和定义数据库、用户画面及系统运行参数，修改时不会影响系统的正常运行。系统数据库、历史库及画面的修改均采用无需编程的人机对话方式。另外，系统维护工作站还具备模拟仿真和模拟培训功能。系统维护工作站与调度员工作站的软硬件配置及功能定义完全相同，维护工作站的工作画面及修改权限仅与口令有关而无需进行其他配置。系统维护工作站可与任意调度员工作站互换，成为调度员工作站设备的备用设备，以解决某些特殊情况。同时，系统维护工作站配置1台打印机。

系统维护工作站也采用Sun Blade1000 Workstation工作站。

5. 磁盘阵列

系统配置SUN StorEdge A1000磁盘阵列，容量218 GB，RAID5管理方式。

磁盘阵列具备随系统容量的增加而扩充硬盘容量的功能，并设置刻录光盘机，以满足数据备份的要求。

6. 实时数据打印机

本系统为每个调度台配备 1 台实时数据打印机。实时数据打印机工作方式采用假脱机方式，主要用于打印调度员操作记录、故障报警、事件顺序记录、遥测量越限记录及故障点参数等。打印机应采用彩色针式打印机。

7. 报表打印机

本系统为每个调度台配备 1 台报表打印机。报表打印机工作方式采用假脱机方式，主要用于对数据管理的报表打印等。打印机应采用彩色喷墨打印机。

8. 系统维护打印机

系统维护打印机可也采用彩色喷墨打印机，主要用于维护工程师进行程序打印。

9. 画面拷贝机

在本系统中，每个调度台配置 1 套高性能、低噪声的彩色激光画面拷贝机，拷贝机连接在调度台上的一台调度员工作站上。拷贝机提供国际标准字符集，工作方式采用假脱机方式。画面拷贝机具备画面拷贝功能，可在系统运行的任意时间，由调度员通过键盘或鼠标发出的画面拷贝命令，打印出系统在命令发出瞬间的任意一个画面。

每个调度台的报表打印机与系统维护打印机、画面拷贝机能够相互备用，当其中任一台打印机故障时，均可由上述其他打印机代替。

10. 模拟盘

模拟盘由模拟盘驱动器和模拟盘盘体组成。模拟盘驱动器通过标准通信接口与前置通信处理设备相连，从控制站主系统获取信息。当操作员发出控制命令及采集到的被控站传送的信息发生变化时，模拟盘驱动器自动控制模拟盘显示变化。与控制站信息相一致，实现调度员不下位操作（即自动控制或键盘操作）。

模拟盘驱动器采用美国 Nematron 公司的 ATX-4U 工业控制计算机。该机是专为工业监控而设计的模块化、高性能工业 PC 系统。它可装在标准工业机柜上，在恶劣环境下具有高度的稳定性、可靠性和耐用性，有良好的驱动能力。该工控机支持的基本 I/O 数为 6 个 PCI 槽。其各模块及零部件具有互换性，同时提供高性能图形加速卡，配置灵活，使用、维护方便。

模拟盘采用 DMDS-2000 模拟盘。该系统检测功能丰富、齐全。此外，根据系统需要配置若干智能控制箱、遥信转接箱、遥信状态灯、光带灯、厂站光字牌及时钟安全运行仪、告警音响等。

模拟盘软件模块是 APCS2000TD 系统软件中对电气化铁路、电力调度模拟盘进行驱动、显示、管理的应用程序。它可以及时捕捉现场变化与调度操作信息，并在模拟盘上实时显示，使调度员及时了解现场运行状况。模拟盘软件可分为模拟盘定义、模拟盘驱动和模拟盘维护三个功能模块。

模拟盘采用分体自立式结构，马赛克拼装元件，平面镶嵌毛玻璃的 LED 显示方式，可按群组装。模拟盘架采用钢结构，有足够的机械强度以保证设备安装后无晃动、盘架无变形，同时装备有检修用照明灯。模拟盘的防护等级为 IP40。马赛克元件采用抗腐蚀、阻燃、防变形材料，模块大小为 16 mm×16 mm。显示元件采用单元结构，两种颜色，三种状态，可满足显示整个监控对象的要求，显示区域不小于 11.2 m×1.4 m，显示灯灯光元件使用寿命不小于 17 000 h，模拟盘的水平及垂直平整度、模块间隙度均满足有关的国际标准。

模拟盘模拟显示的内容包括：各被控站设备单线接线图和开关设备的运行状态；接触网的带电状态（光带显示）；当地、远方、事故、预告、站名等光字牌的显示。在模拟盘上设有实时钟显示，显示内容包括年、月、日、时、分、秒。该时钟与系统主时钟同步，提供安全天数窗口，其中年、月、日显示时钟每隔 1 min 显示 1 次安全生产天数，时间为 5 s。开关设备用灯光显示其合/分状态，用红色表示"合"，用绿色表示"分"。模拟盘由各控制台上的键盘或鼠标器实行不下位操作。

站场接触网模拟线路采用光带显示，带亮表示有电状态，带灭表示无电状态。

在模拟盘主接线上方，开设站名显示窗和故障显示窗，显示变电所站名、当地、远动等重要信息。

模拟盘具备事故、预告、当地、远动（故障）和事故停钟等标示功能，当发生上述事件时，相应的站名和故障显示光字牌点亮并闪烁，经操作员确认后停闪；当发生事故时，时、分、秒显示时钟自动停止于事故时间，并不断闪烁，如此时发生第二次事故，则仍显示第一次事故时间，直至人工确认后时钟停闪并恢复正常时间显示。

模拟盘内设置两套报警装置，每套有不同的音响效果，用于区分事故和预告报警。

模拟盘具有驱灯、验灯、音响实验功能。

模拟盘具有亮/暗屏：当某站发生事故时，站名窗和相应开关显示灯闪烁（开关对象闪烁方式为红→灭→红，绿→灭→绿），并伴有音响报警；如此时模拟屏处于暗屏状态，则相应列自动转为亮屏运行。

模拟盘具有自动/手动转换功能。

非遥控对象的显示可由调度员通过调度台键盘和鼠标器对其进行置位。

11. 前置通信处理机

前置通信处理机（RCG）是专为处理大量远程数据通信而设计的设备，主要作为远动数据通道接口，扩大远程 I/O 的容量，完成数据的发送、接收及数据的预处理，如通信规约的变换等，减轻控制站主机节点的 CPU 负荷。

本系统通信处理机采用美国 Nematron 公司的 ATX-4U 工业控制计算机，双重配置，冗余结构，互为热备用，通过以太网络适配卡与网络交换机相连。两套通信处理机采用主/备工作方式，实时监视主/备工作状态，同时具备自动/手动切换功能，具有很强的抗干扰能力和一定的容错能力。该工控机支持的基本 I/O 数为 6 个 PCI 槽。其各模块及零部件具有互换性，同时提供高性能图形加速卡，配置灵活，使用、维护方便。

为了满足日益增长的需要和技术的发展，RCG 采用了一种实时、多任务、多用户的 UNIX 操作系统——QNX，它满足 IEEE/POSIX 1003.1、1003.4 标准，支持 255 个同步进程，100 个终端用户，这使 RCG 的功能不仅满足当前 SCADA 系统的需要，还可以随着软件硬件平台的升级换代而得到更新，使得系统具有更长的生命周期。

1) RCG 的主要功能

（1）远程数据通信。每个 RCG 单元对提供多达 64 路串行通道实现远程数据通信。每路串行通道的通信速率可在 150～9 600 波特范围内预选或在线设定。基本 RCG 单元包括 8 路或 16 路串行通道，并可按 8 路通道一组的方式扩充，直到 64 路。因此，一个 RCG 单元最多可以容纳 4 组智能串行通道板。按照不同的应用需求，RCG 要求远程数据通信设备分别选择同步通信或异步通信。

（2）通信规约处理。RCG 可以处理多种不同的通信规约和通信体制。尤其是在 polling 制下，RCG 允许接入使用多种通信规约的远程终端单元（RTU）。在通信规约和通信体制的选择上，RCG 允许按通道选择，不受组的限制。另外，每个通信口都可以分别设定波特率、校验方式、奇偶位及启停标志等通道参数。在 polling 制下，RCG 以秒为单位设定每条通道的扫描周期，最短的扫描周期为 1 s，最长为 43 200 s（12 h），每条 Polling 通道可以设定不同的扫描周期。在 CDT 制下，扫描周期根据 RTU 的帧结构和数据通道的波特率设定。

（3）与主机系统通信。RCG 提供标准 Ethernet 接口，实现与主机直接的高速数据通信。由于 RCG 可对两台主机同时通信，因此为系统的冗余设计提供了极大的方便。

RCG 与主机系统的实时数据传送有两种方式，一种是"全数据传送"（full data report，FDR），另一种是"阀值数据传送"（exception data report，XDR）。FDR 一般在系统启动或发生故障切换时使用，XDR 在系统正常运行时使用。判别模拟量变化的依据是死区。RCG 对模拟量死区设定的默认值是 0.5%，该死区可以通过 RCG 本身的控制台或通过主机进行按记录的修改和设定。为了保证 RCG 与主机系统通信的正确性和可靠性，对于每一次通信都有回答信息，以确认通信是否正常完成。

（4）通信质量的监视、记录、统计和报告。RCC 具有通信质量监视任务，这个任务收集各个通道的通信情况，并为每个通道进行统计记录。这些记录可以在 RCG 本身的控制台显示或打印，也可以报告给主机，由主机处理。

RCG 为每个通道设定一个出错限值，在通道错误超过限值后，就要进行通道切换处理。各个通道出错限值的缺省值是 20%，它可以通过 RCG 本身的控制台或主机口实现在线修改。

2）RCG 的主要特点

（1）高度智能化。采用 Intel 的高性能 Pentium 4 处理器，可以处理多达 64 条串行通道，并允许接入多种不同的规约。

（2）采用高效率的实时 UNIX 操作系统，遵循国际标准 POSIX，为产品的升级和扩充打下坚实的基础。

（3）对于主机采用速度为 10/100 Mbps 的 Ethernet 接口，可以与双主机实现数据交换，支持主机系统的冗余设计。

（4）对通道可以实现备用及自动故障的切换。主通道和备用通道可以在同一个 RCG 单元内，也可以在不同的 RCG 单元中。

（5）RCG 具有通信质量的监视和出错记录、出错率统计。这些信息可以在 RCG 本身的控制台显示或打印，也可以送到主机系统实现显示或打印。

（6）有关远程通信的参数（如接口设定、备用通道选择、通信规约的设置、扫描周期参数、扫描死区等）均可以在线修改和设置。此项工作可以在 RCG 本身的控制台上进行，也可以由主机下载。

3）RCG 的冗余设计

RCG 的冗余包括两个内容：一个是 RCG 主处理单元的冗余，另一个是远程通道的冗余。

在 RCG 主处理单元冗余的系统中，SCADA 节点主机将这两个 RCG 视为主/备关系，在对主 RCG 通信发现不正常时，可立即转向与备用 RCG 通信。在同时有主处理单元和远程通道冗余的设计中，互相备用的远程通道分别放在不同的 RCG 主处理单元上，以便在某个主处理单元出现故障时不致使远程通道全部失效。

4）RCG 的主要性能指标

（1）通道数量：支持 64 路或更多。

（2）远程终端站数：255 个。

（3）通信线路速率：150～9 600 波特。

（4）与主机的数据交换速率：10/100 Mbps。

（5）可同时在线处理的规约种类：8 种。

（6）POLLING 扫描周期：1～5 s 可调；

（7）时间误差：<10 μs。

12. 时钟同步系统

为保证整个远动装置的时钟同步，本系统在控制站配置 1 套 TD－2000 型 GPS 卫星时钟系统，作为控制中心的主时钟。GPS（全球定位系统）拥有 24 颗卫星，构成一个全球定时定位网。GPS 系统同步时钟可同时接收视场内 8 颗 GPS 卫星信号，任何天候和地域条件都能自动选择最佳 GPS 星座定时定位，走时精度 0.2 ms，定时精度±1 μs，功耗小于 4 W。

基本功能：由 RS－232C 串行口向主计算机传输年、月、日（天/年）、时、分、秒等信息，校正主计算机的时钟，主计算机再通过网络校正系统的时钟。

当系统中的 GPS 系统设备均工作正常时，远动系统所有设备以 GPS 系统为同步时钟。当 GPS 故障时，系统则通过网络进行软件对时，以保证整个系统的时钟同步。

13. 复示系统接口设备

本系统提供复示数据转发接口设备，实现控制中心向供电段复示终端的实时数据转发，接口设备满足数据传输的安全性、可靠性、简洁性和高效性的要求。数据传输规约对用户完全开放，接口的物理特性及电气特性满足国际通用性及标准化的要求。

14. 控制台、维护台及打印机台

制造商提供远动系统配套控制台、维护台及相应的打印机台，控制台放置在调度所控制室内，尺寸不小于 3 m×1 m。维护台放置在机房内，尺寸不小于 3 m×1 m。打印机台放置在控制室内，尺寸满足打印机放置需要。所有控制台采用钢-木结构，美观、牢固、稳定，结构满足运行调度的需要，并方便运行操作。

15. 系统软件资源

本系统提供运行成熟、先进可靠、标准化的软件资源。软件结构采用模块化设计，软件功能丰富、实用、自动化水平高，编程手段简捷、易学。

软件组成包括系统软件、支持软件及应用软件三部分，系统软件、各种商业软件、商业数据库、应用软件开发平台等均应使用国际知名正版软件。

1）操作系统软件

主服务器、操作员节点采用 64 位 UNIX 操作系统，前置机采用实时、多用户、多任务 UNIX 操作系统，模拟盘驱动节点选用 Windows NT 操作系统。

2) 支持软件

本系统提供的支持软件包括以下几种。

(1) 遵循 X-Windows 标准的窗口管理系统软件。

(2) 网络软件：系统采用著名的 TCP/IP 协议组实现网络通信，系统按该协议设计的网络软件可使不同类型的计算机及不同类型的计算机网络之间彼此通信。

(3) VC++、VB++、C++高级语言的编译软件。

(4) SYBASE 商用数据库软件。

3) 应用软件

控制站设备主机系统选用了组态软件作为其基本的 SCADA 支持软件。这是一个高度商品化的、可支持多种计算机平台的、非常成熟可靠的软件系统。当前的版本采用了图形用户界面（GUI），相应其内部的图形处理是基于第三代图形技术，即面向目标编程方法（OOPS）。这使得 SCADA 软件具有更直观、更生动、操作效率更高的特点。

该软件是一个高度模块化的软件系统，各个软件模块可以按一定规则互相搭配，形成不同功能的节点，而多个节点通过网络互相联成系统。这些特点使用户可以根据现场情况、功能要求、投资条件等各种因素进行综合考虑，组成最适用的应用系统。而且，由于该软件有很好的开放性，使得在不同平台上建立的节点可以在同一个网络中互相连接，配合运行，而在用户界面上，诸如操作、显示、输入方式等各方面都按统一的规范进行，使用户完全感觉不到不同计算机平台的区别。

以下分别介绍组态软件的各个模块。

(1) 基本模块。基本模块中包括以下几个程序。

① 系统组态。这个程序允许用户在离线状态下定义各种系统的组态参数，其中包括：网络组态、I/O 驱动程序组态、数据库名称组态、系统启动参数及初始启动任务组态、报警组态、文件路径组态、SCADA 组态、安全保护组态。

② 网络管理（network support）。这个程序实现在各个节点之间进行通信和实时数据在网络中共享的功能。网络管理还对网络环境下的报警功能提供支持。

③ 安全保护管理（security）。这个程序实现对操作员限定使用系统功能（操作权限）和限定现场可控范围（操作范围）这两方面的安全保护，防止越权操作。

④ 数据库建立和在线显示/修改（database builder）。这个程序提供以交互方式建立实时数据库和在线显示/修改实时数据库的功能。被建立的实时数据库将在系统运行中作为主要的实时数据来源。

(2) 数据平台模块。数据平台模块包括了以下几个程序。

① 扫描、报警和控制（SAC）。这个程序完成对现场数据的扫描、信号调理、数据格式和数据类型的转换、报警条件判别及实现遥控输出等功能。SAC 将处理过的现场数据送入实时数据库，或将需遥控输出的数据送到 I/O 驱动程序以实现遥控输出功能。

② 报警管理（alarm manager）。这个程序对 SAC 产生的报警信息进行管理，以实现网络环境下的报警处理功能。

③ 数据类型的处理。

(3) 实时数据库模块。实时数据库是 APCS2000TD 系统的核心，它采用了当今最先进的数据库分布技术、Internet/Intranet 技术、数据库开放互联技术、客户/服务器等计算机技术，具有良好的开放性、实时性、可扩性、安全性、可靠性及数据库一致性。此外，系统还提供强大的数据库编辑、管理和优化工具，使用户能够容易地建立和维护数据库。

实时数据库主要的技术特点如下。

① 实时性强。数据库中数据块（或数据点）的扫描支持多种快速扫描方式，如变化扫描、一次扫描、周期扫描等。

② 开放性好。数据库访问支持动态数据交换（DDE/NETDDE）、SQL/ODBC 等标准，具备此类标准的应用软件可直接读取数据库。系统为二次开发提供完整的 Visual C/C++ 或 Visual Basic 库函数。

③ 可靠性高。数据库可冗余热备或多机热备，并严密保持一致性，能自动或人工备份数据库，当系统故障或数据库破坏时，能自动恢复故障前的数据库。

④ 安全保护严格。系统对每一个数据库点均可设置安全级别、安全区域，以防止其被破坏。

⑤ 实时库为一分布式数据库，数据库的编辑及维护工作可在所有的计算机上同时进行，数据库支持并发操作，且保证在并发操作条件下数据库的完整性和一致性。

⑥ 数据库点类型多达 30 多种，根据需要还可增加新的数据库点类型，且不影响数据库原有的结构。

⑦ 支持客户机/服务器（client/server）数据访问方式。

⑧ 支持 Web 浏览技术向外发布实时数据。

⑨ 强大的数据库管理功能，有方便的数据库查询、排序、拷贝、显示、打印功能；能在线重装不同的数据库；能将多个数据库合并为一个数据库；能以文本方式输入或输出数据库；能对数据库进行错误校验。

⑩ 友好的数据库编辑界面，方便和丰富的数据库编辑工具，并且用户可根据需要自行组态设计数据库编辑界面和数据库列表显示内容。

（4）人机界面模块。人机界面模块提供图形处理及动态实时数据显示功能。其中包括以下部分。

① 绘图（draw）程序。画面编辑是 APCS2000TD 系统中重要的组成部分，它提供了需要制作实时计算机画面所需要的图形、文字、数据、动画和图表工具等所有功能，也给用户提供了各种各样的方法进行画面之间的操作。操作员可以使用"画面显示（view）应用"来阅览在画面编辑中制作的画面。

画面编辑具有如下特点：直观的图形用户界面（GUI），通过使用下拉菜单、按钮、列表框和图形用户界面的其他部分，能很快掌握画面编辑功能并灵活方便地使用该功能；具有完整的在线帮助功能；支持高分辨率的图形格式；装有 256 种（或更多）颜色显示驱动程序；可以在网络中访问系统数据库中的任意一点；具有用户化的画面编辑工具，包括可配置的工具箱和颜色箱，工具和颜色种类都极丰富；可直接切换到画面显示中，快速观察画面编辑中的结果；具有多种多样的操作员输入对话框；在屏幕布局和排列里有直线排列、空间分布、缩放和网格定位。

② 数据提取和关系数据库标准接口（SQL 服务）模块。该模块提供数据提取功能和关系数据库标准接口功能。这个模块可以将用户选择的数据从实时数据库中提取出来，使应用程序可以利用这些数据。关系数据库标准口提供了与商用关系数据库的 SQL 标准接口，形

成 SCADA 系统和管理信息系统（MIS）的数据桥梁。

③ 实时数据库访问接口（EDA）模块。该模块提供用户自己开发的应用软件和实时数据库之间的 C 语言接口。用户可以利用 EDA 提供的各种调用去访问实时数据库中的数据。

④ 历史数据库访问接口（HDA）模块。该模块提供用户自己开发的应用软件和历史数据库之间的 C 语言接口。用户可以利用 HDA 提供的各种调用去访问历史数据库中的数据。

⑤ 动态数据交换服务模块（DDE server）。这个模块为 APCS2000TD 系统和其他通用的应用软件之间提供实时数据和历史数据桥梁。

⑥ 报表服务模块。APCS2000TD 采用了通用的报表软件提供强有力的报表功能（如 Microsoft 公司的 Excel）。它需要动态数据交换服务模块作为数据桥梁。

（5）系统功能扩展模块。基于铁路电力综合自动化发展的要求，APCS2000TD 系统扩展了以下功能。

① 多媒体语言报警功能。监控系统传统的报警方式一般有音响、灯光及画面闪烁等，系统值班人员要想知道报警的详细情况需查看报警信息，然后进行相应的处理。随着多媒体技术的不断发展，语音报警也应运而生，当系统产生报警时，语音报警软件能及时、准确、详细地将报警情况用语音形式告知运行值班人员，使其能快速处理各类报警。语音报警技术的使用可以极大地减轻系统值班人员的工作强度。

② 计算机数据通信功能。APCS2000TD 系统能与各种网络系统互联，如管理信息系统（MIS）、上级和下级网络系统，能通过 PSTN、ISDN、专线、光纤等线路经路由器与远程网络系统组成广域网系统，能以多种通信方式［如点到点（peer to peer）、客户机/服务器（client/server）和 Web 浏览］实现数据的共享和交换。

6.3　APCS2000TD 牵引供电远动系统的功能

6.3.1　调度操作监视管理功能

1. 遥控功能

本系统的遥控对象包括变电所、分区所内 27.5 kV 及以上的断路器、电动隔离开关、重合闸投切开关。本系统的控制命令有两种类型：有校核控制和无校核控制。有校核控制包括开关分合、重合闸投切、试验控制、程序控制。有校核控制过程按"选择—返校—执行"的原则操作执行。无校核控制包括信号复归，保护复归，变压器挡位调节、复归。无校核控制的控制方式为单步操作，选择命令送出不经校核执行。

本系统的遥控结果由遥信返回，系统自动检查结果情况，并记录在遥控操作表中，内容有命令发出时间、对象及操作性质、执行结果和操作人姓名等。

APCS2000TD 系统的遥控功能可分成以下几类：单控，程控，遥控试验，开头闭锁控制，手动模拟置位操作，遥信闭锁、解锁，全召。

1) 单控

单控主要用于对被控站内的某一开关设备的运行状态进行控制、自动装置的投切控制及二次回路的复归控制。遥控过程严格按"选择—返校—执行"的原则操作执行。

单控有两种方式：直接控制方式和操作前先选择方式。

（1）采用直接控制方式时，操作员通过鼠标或键盘直接对控制对象发出控制命令，APCS2000TD 系统检查是否具有操作权利，当操作权利满足要求时，系统直接将控制命令发给被控站设备，执行控制。直接控制方式除进行操作权利的检查外，还可进行软闭锁检查，即检查操作条件是否具备；如果操作条件不满足，系统将停止操作，并打出信息提示操作员。

（2）操作前先选择方式分两步进行——选择、执行。首先操作员用键盘或鼠标器调出被控站主接线图，然后再按以下步骤操作。

① 选择控制对象。被选中的对象分别在显示器和模拟屏上按不对应原则闪烁。若选择成功，则在显示器上用汉字提示，并有打印记录；若选择失败，亦在显示器上提示，并打印记录，同时显示器恢复原状态显示。只有选择成功方可进行后续操作。

② 执行。按下执行键，发出执行命令。若遥控执行成功，显示器画面状态刷新、停止闪烁，并有打印记录。若遥控执行失败，则显示器上开关恢复原态显示，并有打印记录。模拟屏上的显示方式与显示器一一对应。

2）程控

程控完成对被控站一系列开关设备按预定的顺序进行状态控制，分站内程控和站间程控两种。程控操作就其执行过程而言与单控相似，它是若干个单控过程的组合。在 APCS2000TD 系统中站内程控和站间程控的操作过程没有差别。首先调出被控站的主接线图，然后再按以下步骤操作。

（1）按程控键，调出程控操作菜单，选择程控卡片，此后返回主接线图。被选中与该卡片有关的开关对象，便分别在显示器、模拟屏上以原态颜色按不对应原则闪烁，同时选择结果在显示器上显示，并有打印记录。若因操作有误或条件不符而选择失败，则恢复操作前状态并有相应的提示。

（2）确认并执行。这时，系统将按照预先定义的控制顺序，逐步执行。当上一步执行结果检查无误后，再执行下一步。已经控制结束的开关分别在显示器和模拟屏上刷新、停止闪烁。程控的最终结果将在显示器上提示并打印记录。程控过程中，若该被控站发生了事故，则程控自动终止。程控过程中还可根据需要而手动终止。被终止的程控将恢复原始控制状态。

3）遥控试验

在 CVDU 主接线图画面上设有遥控试验开关光标，各被控站远动分机内设有一个模拟试验开关。当操作员用鼠标或键盘选择"遥控试验开关对象光标"并发出操作命令后，系统将被控站远动装置模拟试验开关置位，则系统发出的所有控制命令将不传送到执行机构，系统进入遥控试验状态，用以检查遥控过程的各环节设备是否正常。

4）开关闭锁控制

开关闭锁控制用于对被控站内的任何开关设备的操作进行闭锁。当对闭锁开关进行再操作时，在 CVDU 上将显示适当的提示信息。系统也可对变电所内所有开关进行快速操作闭锁。

5）手动模拟置位操作

当 RTU 或通道故障时，系统将相关点的运行状态置为手动状态，相应开关的运行状态可由操作员根据实际状态手动设置。

6) 遥信闭锁、解锁

在 APCS2000TD 系统中，每个现场采集的信号具有两个运行状态位，一个是扫描状态，另一个是运行状态，可由操作员根据运行的需要设置。当扫描状态设置为 OFF 时，系统停止对该信号的处理，即该信号停止更新。运行状态位有两个值：手动状态和自动状态。当该位设置为自动状态时，该信号的值收（发）于被控站；当该位设置为手动状态时，该信号的值只能由操作员设置而不接收来自被控站设备的信号。

当 RTU 或通道故障时，为了实时掌握现场开关的实际状态，可以用鼠标点击闭锁按钮，闭锁电动开关的遥信信息，并在 CVDU 画面上利用开关模拟置位操作功能对开关进行手动置位。当点击解锁按钮时，画面上所有处于闭锁状态的电动开关立即解锁，变为自动扫描状态，接收被控站设备的遥信信息进行更新。

7) 全召

当用鼠标点击 CVDU 画面上的全召按钮时，系统实时召唤该画面所对应的所有站的遥信与遥测，并刷新带电状态与画面遥测值。

APCS2000TD 系统的所有操作均进行合理性校验，采用双台监护制遥控，以防止操作员的误操作。双台监护制遥控的操作方式是：遥控操作员在一台工作站上选择遥控操作，等待遥控监护人在另一台工作站上确认，如正确无误将遥控命令发下去，否则取消遥控命令。

另外，系统还提供自动目标编程的接口界面，实现自动控制（如自动投切电容器）。

2. 遥信监视功能

各被控站远动 RTU 将各种开关状态、保护动作信号及其他报警信息传送到调度所控制中心，实现对牵引供电系统运行状态的监视。

1) 遥信对象

本系统的遥信对象包括以下几类。

(1) 各所（亭）遥控对象位置信号。

(2) 各所（亭）中央信号（包括事故总信号、预告总信号、自动装置动作、控制回路断线、控制方式、交流回路故障、直流电源故障、远动电源故障、压互回路断线）。

(3) 变电所进线有压/失压信号。

(4) 牵引变压器的各类故障信号（含保护动作信号）。

(5) 各所（亭）馈电线的各类故障信号（含保护动作信号）。

(6) 变电所电容补偿装置的故障信号（含保护动作信号）。

(7) 变电所动力变压器的各类故障信号（含保护动作信号）。

(8) 各所（亭）液压、气压操作机构的工作状态信号。

(9) 各所（亭）远动装置、远动通道运行状态、程控进行状态的监视信号。

(10) 各所（亭）的大门开闭信号（预留）。

(11) 一次设备绝缘远程在线检测装置报警信号。

2) 正常运行状态的监视

不论装置在何种状态下，所有牵引供电系统、电力变配电系统的被监控设备的分、合状态均可以在显示器和模拟屏上进行显示。其中，"分闸"用绿色表示，"合闸"用红色表示。

3) 异常运行状态的监视

当牵引供电系统发生故障和事故时,变位信号优先送往调度所控制中心,在模拟屏和显示器上提示,模拟屏上对应发生事故或故障的站名灯、故障信号灯闪烁。如果有跳闸,则相应的开关闪烁,并伴有音响报警(可手动复归),显示器上事故站主接线图自动跳出;同时在屏幕窗口显示事故内容细目,并打印记录。事故发生后,操作员可使用事故确认键或鼠标确认事故。事故未被确认前,事故画面不可被关闭。如果有几个站同时发生事故,则在画面上按故障处理等级对故障站名排序,紧急故障优先处理,同一等级的故障以先后次序排序。

当发生一般性故障(即预告信号)时,其处理与事故报警相同。故障报警与事故报警将发出有明显区别的音响。

为了方便遥信信号显示,在调度所控制台上设有显示复归、闪光复归、音响复归、暗屏等功能键。

4) 警报提示

APCS2000TD 系统报警处理功能有报警一览画面、实时打印、存档及声光报警等。当牵引供电系统及供电设备出现非正常运行时,发出非紧急故障报警,出现事故时发出紧急故障报警,两种音响有明显区别,并提供警报确认。报警可分为高、中、低不同优先级,报警条件可根据要求在组态时定义,所有报警可根据不同的条件分别提取并显示、打印。

(1) 报警条件:变电所(亭)保护及自动装置动作、开关事故跳闸;牵引供电系统异常或故障;电力变配电系统异常或故障;RTU 故障或通道信号低电平噪声;系统设备故障等。

(2) 报警处理。对警报的处理可按照要求做如下处理:产生可视信号及音响提示;在 CVDU 上显示警报信息;修改相关的显示警报信息和显示页面;在实时数据打印机上打印相关信息;值班调度员确认;自动输入新的警报至警报表。

(3) 警报种类。系统的所有警报将根据警报条件在警报表上分别列出显示。

① 越限告警。系统可对需要报警的值设置上下限,当越限状态变化时,发生越限报警。越限报警通过窗口显示文字,同时相应数据变色或闪烁,并根据需要打印记录。

② 变位报警。当系统发生正常变位时,CVDU 画面中变位点显示变位状态,系统打印变位状态及变化时间,推出文字信息,同时根据需要发出语音告警。

③ 事故报警。发生事故后,系统发出事故告警:CVDU 显示画面中跳出事故站点名称;变位点发出醒目闪烁及变色;推出文字信息,详细说明事故原因;同时伴随语音告警,提醒操作人员直到确认;立即打印各种信息;启动事故追忆变位打印。

④ 设备故障告警。当被控站设备通信中断或主站设备发生故障时,发生告警信息,提示维护员及时处理。

(4) 音响报警。当牵引供电系统及其设备、电力变配电及供电设备出现非正常运行时,发出非紧急故障报警,出现事故时发出紧急故障报警,两种音响有明显区别。

5) 显示和处理方式

APCS2000TD 系统 CVDU 显示器和模拟屏上可实时显示牵引供电系统及其设备的运行状态,显示器及模拟屏上开关符号的颜色:"合闸"为红色,"分闸"为绿色。

当发生事故跳闸时,可实现显示器上报警栏内所发生事故的被控站名闪光;同时在故障记录画面中记录有故障内容,此被控站的跳闸开关符号闪光,音响报警产生,等待操作员进行确认处理。当有两个以上的被控站发生事故跳闸或出现非紧急故障时,在报警栏内同时显示所有发生故障的被控站名或另设用于显示故障站名的专用画面，在画面上按故障处理等级对故障站名进行排序，紧急故障优先非紧急故障，同一等级的故障以先到控制中心的故障为优先。此外，在模拟屏上相应的被控站名灯、故障信号灯及跳闸开关指示灯闪光，等待操作员确认处理。

操作员可采用单幅画面整屏显示或用多窗口显示监视不同被控站运行状态。同时，对调度员的每次输入，均进行合理输入校验，以防止操作员的误操作。

显示器除能显示上述各种遥信外，还可显示主接线、站场线带电与否的状态。

6）专用画面

事件记录画面：以事件发生的时间顺序进行排列（包括发生、站名、对象、性质、事件内容等），存储容量不小于1 000条。

操作记录画面：以操作时间顺序并分站进行排列（包括发生时间、站名、对象、性质、事件内容等），存储容量不小于2 000条。

故障记录画面：以故障发生的时间顺序并分站进行排列（包括发生时间、站名、对象、性质、事件内容等），存储容量不小于2 000条。

上述各种画面可进行存档，并通过光盘刻录机将信息转存入光盘。

3. 遥测监视功能

1）遥测对象

APCS2000TD系统的遥测内容主要有：牵引变电所主变电流；牵引变电所进线电压；牵引主变压器一次侧功率、有功及无功电度量；牵引变电所馈线电流；牵引变电所当日最大电流，最高、最低电压及其出现时间；牵引变电所过负荷及其发生时间和持续时间；27.5 kV母线电压；馈线故障点参数（馈线号、阻抗值、公里标）；电容补偿装置电流；各分区所闭环电流、接触网末端电压；主变压器温度。

2）遥测参数的采集方式

电流、电压通过交流采样，由RTU采集，通过A/D变换及处理后，送至控制中心。故标量通过原有的故标装置输出码和串、并接口实现通信。

3）显示处理方式

APCS2000TD系统CVDU显示器上所显示的被控站主接线图的任意位置，都可放置电流、电压及功率等遥测量参数的显示并实时进行更新，显示位数可由用户定义。

APCS2000TD系统可用专用图表画面来显示遥测参数，包括电流、电压、功率等曲线图，故障点的参数值，电度量棒图，统计表格图显示电度量、最高和最低电压、最大电流统计参数，电流、电压越限时间、复限时间及持续时间的记录表等。

APCS2000TD系统可建立历史数据库，通过日报表/月报表方式显示遥测数据，报表可打印、显示和存档。日报表显示内容可包括：每小时的电度量、当日最大电流及出现时间，最高、最低电压及出现时间等参数。月报表显示内容包括：每天的电度量、当月最大电流及出现时间，最高、最低电压及出现时间等参数。

4）模拟量数据处理

模拟量数据处理包括以下内容。

(1) 功率（有功、无功、功率因数、相角）的处理和推算。

(2) 电压、电流处理和标度转换。

(3) 将物理地址转换成数据库中的逻辑地址。

(4) 阈值监视。系统只接收有效变化的值,当数值变化超过指定的死区范围时传送给控制站,每个模拟量值的阈值可参数化,阈值可在线设定或修改,并可通过数据库进行修改。

(5) 刻度值处理。每个模拟量值具有通过数据库定义的特性曲线,它定义了测量值转换成工程值的规则。量程范围可在线修改。

(6) 信号抗干扰、数字滤波、数据有效性判断。

(7) 限值校验。每个模拟量值可根据数据库定义的四个限值进行检验,并可进行变化率的报警检查。限值包括上限、上上限、下限和下下限,所有限值均可在线进行修改。每个量与正常值的偏差限在数据库中定义。

(8) 最大最小值的计算。选出所定时间范围内遥测点的最大和最小值,并存入数据库中。

5) 脉冲量处理

脉冲量处理包括以下内容。

(1) 按固定时间间隔对脉冲累计值进行冻结、读取、解冻。

(2) 触点防抖动处理。

(3) 数据有效性合理判断、标度变换。

(4) 检错纠错处理。

(5) 累计值溢出处理。

(6) 传送数值定义至数据库地址。

(7) 增量和刻度的计算。

(8) 限值校验。

(9) 为电度量参数提供手动置数功能。

6) 运算法则计算功能

APCS2000TD 系统提供算术运算及布尔运算功能,算术运算公式包括加、减、乘、除、绝对值、乘方、开方等常用计算公式;还可完成较复杂的运算,包括功率因数的计算及积分运算。$\cos\varphi$ 的计算公式在签订合同时提供。

APCS2000TD 系统还可完成以下特殊操作。

(1) 计算各被控站遥测值所设定时间范围内的平均值、极大值、极小值及其出现的时间及功率时段积分值等,其中某些量的计算公式中的项数、运算符及自变量均应能以对话方式定义或组合,并可在线修改。

(2) 能对电压累计越限时间,并计算出合格率。

(3) 趋势曲线同一测点可按用户要求定义不同的采集周期。在同一趋势图上可显示限值及计划值曲线,并能将曲线上任一点值以数值显示在画面上。

(4) 趋势曲线的数据可取自实时数据库、历史库。

(5) 可在 CVDU 上看到多幅趋势曲线图且可在同一幅画面上同时显示 8 条曲线,并以不同的颜色区别。

(6) 趋势曲线图可由硬拷贝设备进行拷贝打印。

(7) 合理性检查。

(8) 零点校正处理。

(9) 取绝对值。

(10) 实测脉冲计数值。

(11) 可通过计算公式对采集到的脉冲信号进行电能量计算，并可由用户在线修改计算公式。

(12) 调度员可通过 CVDU 画面人工设定电能量。

(13) 用户可设置报警死区来防止遥测值在限值附近波动而频繁报警，该值可在线进行修改。

(14) 画面可用不同颜色的字符表示系统重要参数的运行情况。

4. 遥调功能

该 APCS2000TD 系统的遥调功能是针对牵引变电所有载变压器位置调节开关而设置的。利用 APCS2000TD 系统的遥调功能，可实现对有载调压变压器抽头位置的分级调节，同时系统能显示主变压器相应抽头和开关的位置及相关参数。

5. 运行数据的打印及画面拷贝功能

APCS2000TD 系统允许操作员根据需要通过键盘或鼠标操作随时对所需画面进行拷贝记录，并可实时打印发生的各种事件。打印记录的内容包括：事件发生的时间、站名、对象、故障或状态内容等。也可根据需要定时打印（时间可设定并在线修改）每日的报表记录和每月的月报表记录。记录内容及格式均可由用户任意定义及修改。所有的报表以 Excel 电子报表为支持软件，数据可取自实时数据库或历史数据库。

另外，操作员可通过鼠标或键盘发出命令，随时召唤打印需要打印的报表。

系统还有事件启动打印功能，即系统自动将事件处理结果输出，包括 RTU 等设备的状态、遥测越限、遥控操作记录、系统操作记录、遥信记录、事件记录等。

打印软件在流水记录满一页时会自动打印，也可指定打印。打印输出中有日期，其中年份用 4 位数字表示。

6. 汉字功能

APCS2000TD 系统为用户提供全部汉化的人机界面。所有用户画面和打印信息，包括各种设备运行状态信息、故障信息、操作提示信息等，均具有汉字显示和打印功能。汉字数量不少于中华人民共和国一级汉字库（GB 2312），共 6 763 个汉字。汉字输入方式包括全拼、区位与双拼智能 ABC 等多种手段。

7. CRT 用户画面分类显示功能

主要 CRT 用户画面种类如下：牵引供电系统图画面；供电臂接线图画面；变电所主接线图，该种类图可显示出电流、电压、功率、电度量等参数，可以用明显的变化区分母线、开关等设备的运行状态；电压、电流、功率、电度量及故障测距参数等监视图画面；统计参数报表画面，包括日报表、月报表等；操作记录和故障记录画面；程序控制项目表画面；系统配置图画面和通道监视画面；曲线图（包括趋势值、计划值、限值等）；表格（实时数据及计算数据）；报警一览及报警综述；测点表及测点操作一览表（包括测点退出、禁止报警、禁止遥控、挂牌）；棒图；饼图；资料画面。

画面的调用方法有：软功能键盘调用、二级键盘调用、光按钮调用、画面翻页。

系统能实现画面切换、翻页、拼接、平滑移动、放大缩小，并可利用窗口功能实现一个屏幕上同时监视多个站或多点数据。系统设有特殊功能键，可让运行人员调用画面一步到位。

8. 口令系统功能

APCS2000TD 系统有口令系统功能模块，该模块采用个人账户和分级账户两种方式。除可对各等级的运行管理人员进行口令级别设置和检查外，还可为每个调度员设定个人账户，确定每个调度员的操作权限，并将调度员的登录时间、注销时间记录存档，以明确区分每个调度员的责任。

APCS2000TD 系统将 SCADA 功能的所有操作（如数据库编辑访问、画面编辑、历史库修改、控制命令发布等）分别建立成独立的 85 种功能模块。当进行操作安全组态时，可为每个操作员进行独立授权，建立每个操作员的独立账户。通过操作权限的检查，控制操作员越权访问应用程序、画面、过程数据库点的修改、控制命令的发布等。

另外，APCS2000TD 系统软件引入安全区的概念，将所有的被控对象最大可划分为 254 个安全区域，可为每个操作员分配 1~254 个安全区，每个操作员只能在指定的安全区内进行授权的操作行为。一旦超过安全区及授权操作，系统将拒绝执行，并给以相应的提示信息。

操作调度员工作站具备安全操作口令设置功能，每个调度员工作站各设置一台感应式 IC 读卡机，每一个调度员配备一张 IC 卡，调度员操作采用 IC 刷卡进入方式。

系统还设置数据库和应用软件管理级口令，只有维护人员才能对系统的数据库和应用软件进行修改。设置这一口令的目的是防止数据库及某些软件模块被误操作而造成破坏，以保证系统正常运行。

当系统正常运行时，操作系统中的软、硬件参数、设备配置及相关信息等不允许被修改，设置系统软件维护管理口令的目的正是为了防止系统及设备参数被修改而引起运行不正常。

在一个操作员操作过程中，系统将跟踪全部操作过程，并将所有的操作过程记录在历史信息库中，以备随时查验。

9. 事件重演功能

APCS2000TD 系统可以在线查询某一历史时刻的画面、显示状态等，用于事件重演。

10. 事故追忆功能

APCS2000TD 系统具有完善的事故追忆功能，事故追忆触发点定义可在线修改。事故追忆功能被触发时，在显示器上推出画面向调度员发出提示。追忆数据可以用表格方式显示和打印。追忆功能可将事故发生时前后各 1 min 的电流、电压等曲线自动地保存下来，供事故分析使用。

11. 系统运行事务管理功能

APCS2000TD 系统中具有调度系统事务管理功能软件包。该软件包具有设备管理、统计报表生成制作及文档管理等功能，具体如下。

（1）事故跳闸自动记录功能，有关跳闸参数（如时间、电流、保护种类等）的自动生成。

（2）供电系统事故速报。

（3）天窗兑现统计表。

（4）远动操作记录。

(5) 牵引供电事故抢修抢险预案。
(6) 变电所倒闸卡片内容编制及修改。
(7) 检修、维修作业计划的接收与批复。
(8) 设备管理。设备管理模块包括设备的录入、修改及查询。设备的查询以站名和设备名两种方式进行。另外，该模块还包括设备检修记录等。设备检修记录包括：设备检修情况（检修开始及检修结束时间、检修时间、损失电能量）；该设备累计年检修时间、次数、损失电能量。
(9) 统计报表制作。统计报表可随时生成，信息可从实时数据库、历史数据库及统计数据库中取出。
(10) 文档管理。文档管理包括上级通过 e-mail 发送的文件、由管理人员录入的文档及由扫描机扫入的文档。

6.3.2 系统维护管理功能

1. 数据库管理功能

1) 实时数据库

APCS2000TD 实时数据库具有以下特点。

(1) 具有良好的实时性并具有相关数据库特点。

(2) 采用实时数据库在线运行时，存储器驻留数据区段的最佳访问。为了满足系统控制对响应时间的要求，APCS2000TD 系统采用特殊的数据库访问方法。

(3) 程序和数据严格分段。

(4) 在线数据库维护的过程不会丢失现存数据，并不影响系统的在线运行。

2) 历史数据库

历史数据库采用 SYBASE 标准商用数据库。针对不同的应用界面，SYBASE 分别提供了不同的开发工具，以辅助程序的生成。用 SYBASE 工具开发出来的应用程序，具有良好的移植性，可方便地在不同硬件平台、网络环境、图形界面中移植。SYBASE 数据库具有完整的多媒体支持能力，为声音、图形、图像、动画等类型的数据提供了灵活多样的表现方式。

历史数据库的逻辑和物理结构及数据访问方法由数据格式和语义进行清晰的定义。

历史数据库对每一个实时数据库中的点，可以以秒、分、小时等选定周期并在线进行修改，实现历史数据记录，并可随时查询和使用，以形成数据表、趋势曲线，用于统计分析。

3) 面向对象的实时数据库

APCS2000TD 在关系数据库面向记录的数据模型上，利用关系数据库支持面向对象的特性，增加一层面向对象的实时数据模型。这些实时数据部分，经关系数据库管理系统初始化后即常驻内存，形成完整的、面向对象的实时数据库，以支持各种实时应用并作为 OPC 服务器，可以为同样作为 OPC 客户端的操作员、维护员等工作站服务。数据的定义、存档、记录及所有相关的非远动的数据，统一建立关系数据库，并由关系数据库管理模块统一管理。实时数据的变化将按照定义的采集周期实时更新关系数据库，以保持数据的完整性，提供各种离线应用（如报表等），并定时自动生成历史数据库。对数据库的访问，包括实时数据库在内，统一使用标准的 SQL 查询语言。

实时数据库保存的是从 RTU 采集上来的数据，其数据在每次系统扫描周期之后被刷新一次，在实时数据库中可以保存模拟量、数字量、脉冲量、控制量、计算置、虚拟量等许多类型的点。用户可生成、查询、修改实时数据库。

系统还提供在线监视、管理、统计、维护等工具。

数据输入和修改采用在线方式。

数据库的生成采用交互方式，允许增加、删除被控站、被控站各种类型的数据点。

数据库的预留容量用于将来的扩展。

数据库的内容分为：RTU 采集的实时数据；配电所、车站主要电气设备的参数；作为历史资料长期保存的数据；经程序处理和修改的数据等。

4）数据库管理功能

APCS2000TD 数据库管理模块可以快速访问常驻内存数据和硬盘数据，在并发操作下能满足实时响应的要求。允许不同程序对数据库内的同一数据集进行并发访问，保证在并发方式下数据库的完整性和一致性。

数据库管理模块具有良好的可扩性和适应性，满足数据规模的不断扩充及应用程序的修改。

在线生成、修改数据库，对任意数据库中的数据进行修改后，数据库管理系统将对所有工作站上的相应数据同时都进行修改，从而保证数据的一致性。计算机系统故障消失后，系统可以自动恢复到故障前的状态。可以用同一数据库定义生成多种数据集，如培训用、研究用、计算用。数据库管理系统保证了对数据库访问的实时性、灵活性和数据的一致性，以及数据库的可维护性和可恢复性。

历史数据能根据用户事先定义的时间段定时写入光盘、磁带中，也可以由操作员在线操作将历史数据库的内容写入光盘作为备份；事后可以将写入光盘的数据考入系统，提供给操作员进行查询、显示、打印等功能。

通过系统的数据库管理工具，可以提供方便快捷的管理查询功能。

2. "1+N" 冗余功能

APCS2000TD 系统具有 "1+N" 冗余功能，网络上任何一台计算机，都能实现与 RTU 的通信，当某一台计算机故障时，系统中会有另外一台计算机接替故障机实现正常的监控操作，直到最后一台计算机故障为止。

3. 远程诊断功能

为提高系统可用率和便于维护，APCS2000TD 系统均选用技术成熟、符合现代工业标准、具有相当生产实力并在世界计算机领域占有一定比例的标准产品。系统投入运行后，保证提供方便可靠的维修服务。本公司建立有远程维护中心，此中心与所有的用户系统通过公共电话网联网，这样就能及时方便地维护用户系统，如在线进行修改配置、诊断和调试系统、升级新的版本等维护操作。同时，系统支持远程浏览（WEB 浏览）、监视系统画面、报警等。

4. 系统自检功能

（1）本系统前置机作了双重配置，两台设备互为热备用，一台在线运行，另一台处于备用状态。当在线机故障或手动请求切换时，系统将备用设备投入运行，切换过程无扰动、无数据丢失。系统的任何节点都保存有设备运行状态显示画面，系统中每台设备的运行状态都用颜色明显地表示出来，使 RTU 设备的运行显示、自检标志达到板级。

（2）对各种重要命令和操作系统具有"超时监视""计次重执"等功能。当出现超时时，系统给出相应的提示；当出现多重选择时，系统自动取消选择，并显示"多重选择"。

（3）系统可在线设置和修改 RTU 与控制端间通信故障重发的次数，当重发次数达到所设定的值时（最少3次），系统认为传输失败。

（4）系统在复电或从严重故障中恢复时，能自动启动。

（5）在所设计的系统中，通信处理机的通信通道为双重化配置。当控制站设备与 RTU 通信失败时，则计次重发。当重发次数达到预先设定的次数而通信仍然失败时，系统认为该通道故障，此时系统可自动切换到备用通道进行通信。切换可按群切换，也可单通道切换。APCS2000TD 系统具备手动切换的手段，可由操作员发出切换命令，也可硬件手动切换。

5. 机器同步状态监视功能

APCS2000TD 系统能够实时监视网络中各台计算机的动态同步情况及网络信息，可以用不同的颜色分别表示机器正在同步、已同步和失步等状态。

6. GPS 时钟同步及监视功能

为保证整个远动装置的时钟同步，本系统在电调所和变电所、分区亭的被控站内均设有 TD-2000 型 GPS 卫星时钟系统，所有主站设备和 RTU 的时钟都与 GPS 信号接收器对时，以保证所有设备的时钟同步。定时精度为 $\pm 1\ \mu s$。系统能够监视 GPS 的状态，并显示卫星通信状态等信息。

7. 时钟显示功能

APCS2000TD 系统在控制站以 GPS 作为系统主时钟，CVDU 画面及模拟盘时钟上可以显示年、月、日、时、分、秒信息，并能设置显示牵引供电系统安全运行天数。

当某一被控站供电设备发生故障时，模拟盘上的时钟自动停止，系统按预设的时间间隔（如每隔 5 min），以文本显示方式报告故障累计停时，直到故障处理完毕后复归。

8. 用户登录监视

APCS2000TD 系统提供每一台计算机的用户登录情况，同时数据库将保留每一个用户登录的记录，以供随时查询。

9. UPS 监视功能

APCS2000TD 系统具有对 UPS 监视的功能，监视内容包括 UPS、蓄电池、输入电源的工作状态。通过 UPS 的智能化接口，可以完成状态显示、报警、远程监视功能。当 UPS 出现异常时，可以进行报警。

10. 系统存储介质状态显示功能

APCS2000TD 系统支持 CD-RW、磁带机等存储介质用于备份数据库，当备份介质容量已满时，能够进行报警，提醒用户更换介质。同时，CD-RW、磁带机的数据能够恢复到数据库，以便用户进行数据库查询。

11. 系统维护、修改和扩展服务功能

APCS2000TD 系统为全组态监控系统，具有良好的在线修改和扩充能力，可对各种用户画面和数据库进行在线修改、编辑和定义，包括数据库生成、画面生成、控制监视测量点参数的修改和删除、调度任务的生成和修改等。当用户生成或修改数据库时，如果输入了一些非法数据，数据库能给出错误信息提醒用户。系统组态及在线修改工作采用人机对话表格输入方式，不需编程经验和知识，完全满足远动系统的要求。

同时，APCS2000TD 具有良好的开放性，网络结构灵活方便，随着系统的发展，可实现系统的"即插即用"。新设备（包括控制中心和被控站设备）接入系统并经组态定义后，即可投入运行。

APCS2000TD 系统具有良好的人机界面，并具有符合国际标准的开放式接口，用户根据需要可增加硬件（如终端、打印机等）和通过开发程序增加一些其他功能等。

APCS2000TD 系定时检查各网络设备及软件模块等的运行状况，一旦发现有故障情况立即做出相应的处理，并报警，提醒操作人员注意。

此外，系统支持远程维护功能，通过配置拨号 modem，借助电话线实现对系统的远程在线诊断维护。

12. 培训功能

虽然 APCS2000TD 系统功能丰富、技术先进，但它对使用者而言是非常简单的，系统的建立和维护等工作都是在形象的图形工具、简单的对话框、列表框等友好的用户界面环境中完成，并且提供详细的在线帮助。此外，系统还提供完整的自学教程软件。系统可对远动系统及牵引供电系统进行演示、仿真，提供培训功能。通过系统提供的各种手段，可以使现场操作值班员掌握整个系统的操作使用和日常维护方法。

13. 系统安全功能

APCS2000TD 系统具有双重的安全保护策略，除可以给每位操作人员分配不同的操作权限外，还可限定其现场操作范围（安全区域）。同时，系统能实时跟踪每位进入系统的操作人员的进入时间、退出时间及进入系统期间所做的每项操作，并在相应计算机上留下记录。此外，系统还具有安全环境保护功能，使操作员只能在预先设定的操作环境中工作。

6.3.3 监控系统的复示功能

远动装置的复示接口设备可发送控制站接收的所有遥测、遥信数据及报警信息，也可接收来自供电段复示终端设备的控制命令等。由于该设备与复示终端设备都安装了完整的 APCS2000TD 系统软件，因此可共享控制站系统的所有信息。由于 APCS2000TD 复式终端系统采用的是网络数据共享，因此可保证数据传输的安全性、可靠性和高效性。同时，由于复示设备具有 APCS2000TD 系统方便灵活的特点，使得复示系统可实现对所管辖范围内牵引供电系统设备的监视功能，包括开关位置遥信、故障列表、遥测、历史数据统计、存档、报表等功能。

思 考 题

1. APCS2000TD 系统具有哪些特点？
2. APCS2000TD 牵引供电远动系统的结构包括哪些组件或模块？
3. APCS2000TD 牵引供电远动系统可实现什么功能？
4. 试比较 APCS2000TD 牵引供电远动系统与其他类型牵引供电远动系统的区别。

7 远动装置运行维护常识

7.1 运行管理

7.1.1 工作人员配置及其职责

1. 电力调度员的配置

原电力部颁发的《调度管理规程》规定:"电力系统调度管理的任务是领导系统的运行和操作",电调"为系统运行和操作指挥员"。因此,在变电所未实行无人值班时,电调的人员配置可按每班为一人值班来考虑。但在实现无人值班后,由于变电所所有能够实行"四遥"的设备运行操作及监控全部由电调来完成,因此电调的任务不只是系统运行和操作的指挥人,而且还是系统运行和操作的执行人,即将电调从后台推到了前台。此时电调的值班制度应重新安排,宜安排每班二人值班。当供电系统有操作任务时,必须做到一人操作,另一人监护。

2. 电力调度员的职责

(1) 负责所辖范围内的供电生产工作,保证整个牵引供电系统安全运行和连续供电。

(2) 认真贯彻执行有关规章、制度、命令和上级指示。

(3) 执行供电协议有关条文,负责轨道交通与地方供电部门间供电范围内的有关工作协调与联系。

(4) 执行供电系统的运行方式,制定故障下系统的紧急运行模式。

(5) 对电调管辖范围内的设备在电力调度中心远方直接进行设备停启、运行方式转换的操作;对电调不能进行遥控的设备,电调负责编写操作票发令到变电所值班员当地操作。

(6) 审核所辖设备的检修计划,根据批准的计划要求,组织设备的检修和施工,并负责对施工安全进行把关,对施工过程进行监控。

(7) 指挥供电系统内的事故处理,参加事故分析,制定系统安全运行的措施。

(8) 负责对供电系统的电压调整、继电保护、安全自动装置设备进行运行管理;执行继电保护及自动装置的运行、更改方案。

(9) 收集整理本系统的运行资料并进行分析工作,总结交流调度运行工作经验,不断提高系统调度运行和管理水平。

3. 调度端管理原则

1) 任务和职责

(1) 电调是整个供电系统的运行监控指挥人和操作执行人。

(2) 当班电调必须认真监视各站的运行情况,并详细填写《运行日志》。

(3) 交班时，须认真仔细交接，并试验警报音响是否正常。将本班中存在的问题和缺陷（包括远动系统）向下一班交代清楚，重大问题向直接领导直至上层主管领导汇报。

(4) 操作时，一人操作，另一人监护，认真核实操作设备无误后再执行，并注意主机的一次系统图设备位置显示及参数变化是否正确。如有疑问，应派变电值班巡视人员到现场检查开关设备的实际位置及设备状况。

2) 设备异常及事故处理

(1) 按"先通后复"的原则，用一切可能的方法（包括改变运行方式和动用设备的过负荷能力）尽力保证对接触网等重要负荷的供电。

(2) 在遥控操作及断路器跳闸或重合闸后，应立即检查遥信、遥测及打印记录是否正常。如有疑问，应派变电值班巡视人员到现场检查。

(3) 遥控操作时，若发生拒动或遥测、遥信异常等情况时，应按下列步骤进行检查：检查调度端控制室设备及远动通信是否正常工作；派变电值班巡视人员到现场检查站端设备是否正常，判明是否远动终端装置异常或变电所一、二次设备故障，根据情况分别进行处理。

(4) 遥信动作后，应首先检查屏幕显示与打印记录是否相符，否则应另行做好记录，然后根据具体情况分别对待复归信号。复归信号一般按下列规定进行，即对主设备的主保护动作跳闸，必须待处理人员到达现场检查后，根据技术条件由电调遥控复归或由现场人员奉令复归保护的动作信号；无需派人到现场检查处理可恢复供电的或已恢复供电的，可用遥控复归。

4. 电力监控系统（SCADA）运行、检修人员的配置原则

对于电力监控系统（SCADA）运行、检修人员的配置，根据实际需要，可专门成立SCADA工班，工班至少需设置1名工班长及数名技工。考虑到与受控设备及站端设备的关系，也可将SCADA工班与二次设备工班合并。在SCADA工班与二次设备工班合并的情况下，对工班人员的素质要求较高，但可起到减员增效的作用，实现一专多能。

7.1.2 电力监控管理规程和制度

1. 安全及检查制度

针对全线的设备，SCADA工作人员的基本安全生产制度和作业纪律是必须认真执行"三不动""三不离""三不放过""三预想""三懂三会""三级检查制度"等安全措施，以及牵引供电系统的有关安全规章制度。

"三不动"是未联系登记好不动；对设备性能、状态不清楚不动；未经授权的人员对正在使用中的设备不动。

"三不离"是检查完不复查试验好不离；发现故障不排除不离；发现异状、异味、异声不查明原因不离。

"三不放过"是事故原因分析不清不放过；没有防范措施不放过；事故责任者和其他人员没有受到教育不放过。

"三预想"是工作前，预想联系、登记、检修设备、预防措施是否妥当；工作中，预想有无漏检、漏修和只检不修造成妨害的可能；工作后，预想是否检修都彻底，复查试验、加封加锁、消点手续是否完备。

"了解事故要三清"是时间清、地点清、原因清。

"三懂三会"是懂设备结构、会使用；懂设备性能、会维修；懂设备原理、会排除故障。

"三级检查制度"是部门每半年对管内主要设备检查一次；工班每季对管辖内的主要设备检查一次；SCADA 专业人员每月对管辖内的主要设备检查一次。各种检查后，均应有详细的设备运行记录。凡进行危险性较大、影响行车及安全的工作时，必须事先拟定技术安全措施，由专人负责执行。对维护工具及安全防护用品，在出工前必须进行检查，禁止使用不良工具和防护用品。未授权的任何人员严禁对本系统所有应用软件作任何改动。电调人员应严格按照有关操作程序进行操作和控制，并对自己的操作负责。SCADA 专业维修人员应严格按照操作维修规程进行维修作业，同时要遵守运营部门有关保密制度和规定。

2. 设备的日常维护与巡视制度

按照规定的时间、周期和项目，对全线 SCADA 设备进行检查并记录。进行 SCADA 维护作业按下列规定执行。

（1）凡有计划对设备进行拆卸、更换、移位、测试等工作，需中断设备使用时，应填写施工要点申请计划表报生产调度，施工前应按调度命令，在设备检查登记表中登记，经车站值班人员同意并签认后，方可作业，但作业前应告知 SCADA 值班人员。

（2）临时对 SCADA 设备进行拆卸、更换、移位、测试等工作，必须在设备检查登记表上登记，经车站值班员同意签认后，方可作业，但作业前应告知 SCADA 值班人员。若作业影响到相关专业设备，必须取得相关专业人员认可后，在相关专业的监护下方可作业。

（3）不松动电气节点，不拆断电气连线，不更换零配件和不分离机械设备的一般性检查，可不登记，但应加强与车站值班人员和 SCADA 值班人员的联系。

（4）检修作业联系、请点和登记的要求如下。

① 联系、请点前，必须核对准确检修作业地点、需要检修的设备、检修内容及对其他设备的影响范围。

② 联系、请点和登记工作，由 SCADA 检修人员负责办理。

③ 登记的时间、地点、作业性质、设备编号和影响范围等内容，一经车站值班员同意签认后，任何人不得涂改。

④ 登记请点的维修作业，一般应在给定的时间内完成，遇有特殊情况需延长时间时，必须重新办理登记手续。

3. 设备故障处理制度

（1）为迅速进行事故障碍的处理，同时便于 SCADA 设备故障的管理及考核，要建立完善的故障受理制度。

（2）SCADA 检修人员应从生产调度处受理 SCADA 故障，故障受理要按要求填写故障受理表格。

（3）SCADA 设备发生故障，有关维修人员应及时准确地作出判断（判明故障位置、故障原因等），积极组织修复，并把故障时间及影响控制在最小范围内。若无法维修，应及时上报。

（4）故障处理时限为在接到故障报告时的当班内应赶到现场，如果是仅需在线维修的设备，维修应在当班内完成，当班完成不了的，应报维修中心生产调度，并做好现场保护措施和下一步的维修计划；对必须离线维修的设备，在设备离线前，做好设备更换，经复查、检验及运行恢复正常后，才离开现场，离线设备的维修应有计划和维修期限。

（5）SCADA 维修人员在故障处理完毕后，应对维修现场进行清理，恢复到原来状态，并及时消点。

（6）SCADA 维修人员应及时填写故障处理台账，记录故障情况及处理时间、结果，归档备查，对一时无法处理的故障要及时上报。

（7）严格事后检查制度，由 SCADA 班组对维修情况作核查，确保维修质量。

（8）故障处理时，不能影响接口专业的运作，涉及接口的维修，应先与其他专业协调，在其他专业监护下进行。

（9）故障处理要按故障处理程序进行，处理要做到三清，即时间清、原因清、地点清。部门对 SCADA 维护班组按月考核"三清率"。

7.1.3 电力监控管理工作应备的记录和技术资料

1. 各种记录簿及其填写的要求

1）SCADA 软件修改记录表

SCADA 软件修改记录表的目的是追踪记录专业软件的版本升级、数据库的修改等情况。其格式可参考表 7-1。

表 7-1　SCADA 软件修改记录表

修改人		确认人	
修改日期			
修改名称			
修改地点			
修改原因			
修改内容			
修改后运动情况			
备注			

2）SCADA 设备维修记录表

SCADA 设备维修记录表的目的是追踪记录设备故障原因、维修过程等情况，以便日后进行整理、分析，逐渐找出各种设备故障的规律及维修方法。其格式可参考表 7-2。

序号用阿拉伯数字 1、2、3 等填写；设备名称填写分解到能更换的最小设备，如主控制盘（RTU）的 FSP 等；故障原因主要指发生故障的现象经过，如多次发生通道故障、PG 或 PC 显示颜色与实际开关位置不符合等；故障处理过程指实际操作过程，如更换故障模块等；故障发生时间，如 2011 年 6 月 20 日表示为"2011,6,20"；故障处理时间，如 2011 年 6 月 20 日表示为"2011,6,20"；处理人员为故障处理过程中的实际操作人员；检查人员为故障处理时的具体操作人员之外的其他人员，当操作时只有一个 SCADA 人员在场，则检查人员为工班长；备注记录故障处理过程中发生的其他一些相关现象。

表 7-2 SCADA 设备维修记录表

序号	设备名称	故障原因	故障处理过程	发生故障时间	故障处理时间	处理人员	检查人员	备注

3) SCADA 设备更换记录表

SCADA 设备更换记录表的目的是追踪记录设备更换情况。对设备更换情况进行统计与归类，有利于判断 SCADA 系统可能发生故障的重点部件，从而为维修、保养等工作提供参考与帮助。其格式可参考表 7-3。

序号用阿拉伯数字 1、2、3 等填写；部件名称填写分解到能更换的最小单位的备件，如模拟屏 PLC 的 CPU 的 EPROM 等；部件编号为备件管理中所有备件或在线设备的部件编号，如 FSP-001 等；更换时间如 "2011，6，20"；更换前地点指部件发生故障时的所在地，如某站 B 所；更换后地点指故障部件存放地点，一般为控制中心备件房；新部件名称指代替故障部件的新部件名称，可以与故障部件相同，也可不同，如用交流 220V 主控制盘（RTU）电源代替直流 110V 主控制盘（RTU）电源，则该栏填交流 220V 主控制盘（RTU）电源，新部件编号如 FSP-001；故障现象及更换原因如多次发生通道故障等；更换人员指具体操作人员；检查人员为更换操作时的具体操作人员之外的其他人员，当操作时只有一个 SCADA 人员在场，则检查人员为工班长；备注栏则记录更换过程中发生的其他一些情况、故障备件或新部件曾经在其他地点用过等。

表 7-3 SCADA 设备更换记录表

序号	部件名称	部件编号	更换时间	更换前地点	更换后地点	新部件名称及编号	故障现象及更换原因	更换人员	检查人员	备注

4) 控制中心交接班记录

当需要在控制中心值班，对设备日常巡检、保养及故障处理，须在值班室设有交接班记录表。其格式可参考表 7-4。

控制中心交接班记录的填写由交班人员和接班人员共同完成，在交接班前 15 min 内共同检查各设备、各记录及各种表格等，并作好签名记录。

表 7-4 控制中心交接班记录

序号	检查项目		各种发生情况的次数				
1	故障记录	主、备机故障	突然出现错误提示，需重新启动	网络故障（主、备机联系中断）	正常操作中没有任何错误提示后重启动	电调错误操作	其他
		主控制盘（RTU）故障	主控制盘（RTU）自动复位	主控制盘(RTU)人工复位	主控制盘（RTU）L2 错误	原因不明	其他
2	归档程序		各种情况确认			备注	
			日报表是否及时生成	电度值是否正常	Transfer Data 是否正常		
3	各种硬件设备情况		各种硬件情况确认			备注	
			良好	一般	差		
		打印机					
		主、备机					
		TCI					
		UPS					
		归档、信号、维护机					
		模拟屏					

交班人签名： 接班人签名： 日期： 年 月 日

2. 技术资料

电力监控管理工作应备有以下技术资料。

(1)《电力监控系统（SCADA）合同附件》。
(2)《SCADA 部件操作手册》。
(3)《电力监控系统操作手册》。
(4)《电力监控系统应急预案》。
(5)《电力监控系统远程控制接口柜维修手册》。
(6)《电力监控系统远程控制终端柜维修手册》。
(7)《电力监控系统不间断电源柜维修手册》。
(8)《电力监控系统设备检修周期与工作内容》。

7.1.4 电力监控系统（SCADA）应备的工具和备件

1. 工具

电力监控系统应备的工器具分为专用工具、普通工具两类，如表 7-5 所示。

表 7-5 SCADA 应备的工器具

序号	名称	数量	备注
1	特殊接头指针万用表	1个以上	
2	LIAN 接收线	1条以上	监视通道情况时用
3	模拟屏安装器	1个	
4	弱电接线工具箱	1箱	
5	接线工具箱	1箱	
6	FSP 参数线	2条	修改参数时用
7	NML 参数线	2条	修改参数时用
8	集成块起拔器	1个以上	用于拔集成芯片
9	普通万用表	若干	每次巡检、作业、检修时必备
10	一字螺钉旋具	若干	
11	十字螺钉旋具	若干	
12	镊子	1个以上	
13	手电筒	若干	
14	尖嘴钳	若干	
15	剥线钳	若干	
16	六角匙	若干	
17	钢丝钳	若干	
18	焊锡器	若干	

2. 备件

电力监控系统应备的备件分为特殊备件、普通备件两类，如表 7-6 所示。

表 7-6 SCADA 备件一览表

序号	名称	数量	备注
1	工控机（带专用通信口）	1台以上	专用备件
2	FSP 模块	1个以上	专用备件
3	模拟屏指示灯	1个以上	专用备件
4	主控制盘（RTU）电源模块	1个以上	专用备件
5	通信模块	1个以上	专用备件
6	时钟模块	1个以上	专用备件
1	以太网线	6米以上	普通备件
2	稳压器	1个以上	普通备件
3	打印机	1台以上	普通备件
4	显示器	1台以上	普通备件
5	计算机电源	1个以上	普通备件

7.2 电力监控设备的运行与巡视

7.2.1 电力监控中央级设备巡视的要求和内容

1. 中央设备日巡视的要求和内容

1）中央设备日巡视的要求

（1）控制中心设备日巡视时必须依照各项相关的维修手册或操作手册的规定，对表 7-7《SCADA 中央设备日巡视记录表》中的各项要求进行认真检查。

（2）对于要进行设备更换或对整个系统有影响的巡检操作，必须事前知会电调并征得其同意，方可进行。

（3）控制中心各设备的日常巡视由 SCADA 专业人员每天进行 1 次。

表 7-7　SCADA 中央设备日巡视记录表

序号	检查对象	设备名称	检查内容	检查结果					备注
				8：30	10：30	12：30	14：30	16：30	
1	前置机柜	通道插箱	检查接收及发送信号灯工作情况						
			检查电源模块工作情况（观察指示灯）						
			检查 STAT 灯工作情况						
		通道切换装置	检查信号灯工作情况						
			检查 RUN 灯运行情况						
			检查 ST 灯运行情况						
			检查电源模块工作情况（观察指示灯）						
			检查目前运行的是主通道还是备用通道						
		终端服务器	检查电源						
			检查接收和发送信号灯显示						
			检查 10BASE-T 灯是否闪烁						
		风扇	检查电源						
			检查散热风扇运行情况						
2	主、备服务器柜		检查主备服务器的运行情况						
			检查 HUB 信号灯的工作情况						
			检查散热风扇的运行情况						
			检查路由器的工作情况						
3	控制中心工作站	前置机、维护机、电调操作机	检查操作站的工作情况，杜绝非法操作						
			检查日报表的生成情况						
			检查时间是否是同步时钟						
4	大屏幕		检查大屏幕的服务器 DIGICOM 工作情况						
			检查大屏幕灯泡的运行情况						
			检查大屏幕上的主接线图与工作站上的是否一致						
5	UPS 系统		蓄电池总电压（V）						
			检查 LC 显示屏上有无故障码显示						
			检查配电柜的工作情况						
			填表人：			填表日期：			
注：状态记录方式采用"√"和"×"。"√"表示正常，"×"表示不正常				审核：					

注：表格的状态记录方式采用"√"（表示正常）和"×"（表示不正常）。参数记录方式采用数值填写方式。

2)中央设备日巡视的内容
(1)检查前置机柜外观及柜内每个模块的运行情况。
(2)检查 UPS 系统运行情况,蓄电池是否有漏液或膨胀的情况。在 LC 显示屏上读出蓄电池输出电压和逆变器输出电压等。
(3)检查模拟盘外观及模拟盘内各部件的工作情况。
(4)检查各控制中心操作站的运行情况,是否有非法操作。
(5)检查归档机是否正常生成报表,归档数据是否完整。
(6)认真填写巡检表格。

2. 前置机柜月度巡视的要求和内容

(1)每月巡视 1 次,一般在月初进行。
(2)对前置机柜的巡视应遵守《前置机柜维修手册》。如果有 PAK 复位的情况,必须认真填写《PAK 通道手动复位记录》,如果有设备更换情况的,还须认真填写《设备更换记录(前置机)》。
(3)前置机柜月度的巡视按表 7-8 所示的记录表中的内容进行。

表 7-8 前置机柜月度巡视记录表

填表人:		填表日期:		
设备名称	项目名称	内容	结果	备注
前置机柜	VES 通信接口模块	1. 检查接收及发送信号灯的工作情况		
		2. 观察接收和发送跳线的连接情况		
		3. 检查 VES 板的连接情况		
		4. 清洁模板表面		
		5. 检查 VES 通信板的工作电压		
		6. 检查并清洁 VES 通信板插卡		
	CP1470 通信处理模块	1. 检查信号灯的工作情况		
		2. 检查 CP1470 通信板的连接情况		
		3. 检查 H1 的 D 形插座的连接情况		
		4. 清洁模板表面		
		5. 检查 CP1470 运行档的设置(设在"RUN"状态)		
		6. 检查 CP1470 板其他档位的设定情况		
		7. 检查并清洁 CP1470 板插卡		
	FSP 主通信处理模块	1. 检查 2 个 CPU 处理器信号灯的工作情况		
		2. 检查接收和发送信号灯显示		
		3. 检查 FSP 主通信板的连接情况		
		4. 清洁模板表面		
		5. 读取 EPROM 中的参数,检查参数是否完整		
		6. 检查 FSP 板"Reset"功能键的功能		
		7. 检查 FSP 运行档的设置(设置在"ON"位)		
		8. 检查 FSP 主通信板其他设置档的设定情况		
		9. 检查并清洁 FSP 板插卡		

续表

填表人：		填表日期：		
设备名称	项目名称	内容	结果	备注
前置机柜	GTS 功能监控模块	1. 检查各信号灯的工作情况		
		2. 检查 GTS 功能监控板的连接情况		
		3. 检查并清洁监控板插卡		
		4. 检查监控板的工作电压		
		5. 检查"general check"功能键功能是否正常		
		6. 抽查监控板的其他功能		
	电源模块	1. 检查电源模块的工作情况（观察指示灯）		
		2. 清洁电源模块表面		
		3. 测量输入电压		
		4. 测量输出电压		
		5. 检查输入电压档是否设置在 AC 230V 档		
时钟同步模块	Siclock TM	1. 检查时钟同步模块是否与母时钟同步运行		
		2. 检查时钟同步模块的输入电压（工作电压）		
		3. 检查信号线连接		
		4. 检查信号线的 D 形接口连接（H1）		
		5. 测量信号电压是否正常		
	BUSCoupler 模块	1. 检查模块连接线是否松脱		
		2. 清洁模块表面		
	H1 及 Drop Cable	1. 清洁电缆表面		
		2. 检查电缆是否有损坏		
	RS232 及 RS422	1. 检查指示灯闪烁是否正常		
		2. 检查接线是否松脱		
		3. 测量输入电压（工作电压）		
		4. 测量信号电压是否正常		
		5. 清洁表面		
其他	其他	1. 清洁前置机柜表面		
		2. 检查前置机柜所有接线		
		3. 测量前置机柜的进线电压		
		4. 检查整个前置机柜的接地性能		
审核人：		审核日期：		

3. 模拟盘月度巡视的要求和内容

（1）每个月巡视 1 次，一般在月初进行。

（2）模拟盘的巡视应按《模拟盘维修手册》的规定进行，特别要注意整个模拟盘表面及内部的清洁卫生。如果有设备更换的情况，还须认真填写《设备更换记录（模拟盘）》。

（3）模拟盘的月度巡视按表 7-9 的内容进行。

7 远动装置运行维护常识

表 7-9 模拟盘月度巡视记录表

填表人：		填表日期：		
设备名称	项目名称	内容	结果	备注
模拟盘	模拟盘各部件	1. 检查 S5 各模块信号灯的运行情况		
		2. 检查模拟盘盘面各指示灯的运行情况		
		3. 检查模拟盘的卷闸门是否关上		
		4. 检查模拟盘移动地板是否密封好		
		5. 抽查信号灯的显示是否与实际相符		
		6. 检查 SIMATIC 电源模块的运行情况		
		7. 检查 SIMATIC 115 CPU 模块的运行情况		
		8. 检查 SIMATIC 115 CPU 模块的 EPROM 是否插好		
		9. 检查通信板 CP1430 及 I/O 接口板		
		10. 检查 CP1430 及 I/O 接口板的 EPROM 是否插好		
		11. 清洁 SIMATIC 电源模块表面		
		12. 清洁 SIMATIC 115 模块表面		
		13. 清洁通信板 CP1543 及 I/O 接口板表面		
	S5-115 系列模块：SIMATIC CPU 板、通信板 CP5431 板、SIMATIC 电源模块、I/O 接口板	1. 检查 I/O 接口板信号输入、输出点的连接情况		
		2. 测量 I/O 接口板的进线电压		
		3. 检查通信板 CP1543 板运行档位的设置		
		4. 检查通信板 SIMATIC CPU 板运行档位的设置		
	模拟盘电源模块、主模块、子模块、中继器及 RS485	1. 检查电源模块的进线电压和输出电压		
		2. 检查电源线的连接情况		
		3. 检查主模块与子模块的连接情况		
		4. 检查中继器与主模块的连接情况		
		5. 检查 RS485 的连接情况		
		6. 清洁主模块、子模块、中继器和 RS485 表面		
	DU 70 时钟显示模块	1. 清洁 DU 70 时钟显示模块表面		
		2. 检查 DU 70 时钟显示模块信号线的连接情况		
		3. 检查电源的连接情况		
		4. 测量输入电压		
	其他	1. 检查 L2 局域网的连接情况		
		2. 检查 H1 局域网的连接情况		
审核人：		审核日期：		

4. UPS 系统、操作站及其他设备月度巡视的要求和内容

（1）每月巡视 1 次，一般在月初进行。

（2）对于 UPS 的巡视须遵守《UPS 维修手册》的规定，巡检时特别要注意 UPS 柜体及整个 UPS 房的清洁，对电流、电压等值进行记录。如果有设备更换的情况，还须认真填写《设备更换记录（UPS）》。

(3) 对于操作站巡视应遵守《操作站维修手册》的规定。
(4) 对于归档系统的巡视必须遵守《归档系统维修手册》的有关规定。
(5) UPS 系统、操作站及其他设备的月度巡视按表 7-10 的内容进行。

表 7-10 UPS 系统、操作站及其他设备月度巡视记录表

填表人：　　　　　　　填表日期：

设备名称	项目名称	内容	结果	备注
UPS 系统、操作站及其他	UPS 系统	1. 检查 UPS 系统的运行情况，在 LC 显示屏上读出蓄电池的输出电压和逆变器的输出电压		
		2. 测量输入电压及输出电压		
		3. 清洁表面（包括蓄电池柜、UPS 柜和配电盘）		
	主 IPC、备用 IPC、信号 IPC、维修 IPC	1. 检查操作站的运行情况		
		2. 检查是否有非法操作		
		3. 阅读"记录"和"报警"，检查设备状况		
		4. 检查时间是否与同步时钟		
		5. 检查鼠标和键盘的连接情况		
		6. 检查信号线和电源线的连接情况		
		7. 清洁显示屏、键盘和鼠标等设备		
	归档 PC	1. 检查归档 PC 的运行情况		
		2. 检查是否有非法操作		
		3. 检查 transfer 程序是否在运行		
		4. 检查时钟与同步时钟是否相同		
		5. 制作各变电所的日报表		
		6. 整理数据，并拷贝到 MOD 盘		
		7. 清理硬盘，删除垃圾文件		
		8. 检查鼠标和键盘的连接情况		
		9. 检查信号线和电源线的连接情况		
		10. 制作月报表		
		11. 检查 MOD 盘是否已满，并标贴书签		
		12. 清洁显示屏、键盘和鼠标等设备		
	以太网及 H1 网	1. 检查所有操作站是否能互相访问		
		2. 检查 H1 网工作是否正常（检查系统图）		
	外围设备	1. 检查打印机及共享器的工作情况		
		2. 检查打印纸和墨盒、色带是否用完		
		3. 检查流水账打印机打印效果		
		4. 检查电源的连接情况		
		5. 检查打印机及共享器信号线的连接情况		

审核人：　　　　　　　审核日期：

7.2.2 电力监控站级设备巡视的要求和内容

1. 电力监控站级设备巡视的要求

(1) 在进行设备巡视前,应准备好巡视所必需的各种工具、各种消耗用品,同时须持作业令向作业辖区管理单位请点,并知会电调和电力监控在控制中心的值班人员,方能进行巡视作业。

(2) 主控制盘(RTU)设备巡视应达到的技术要求、功能及标准以《电力监控系统远程控制终端柜维修手册》为标准。

(3) 对于牵引变电所,除了按照下述的各项要求进行巡视外,还应按照站控计算机中的记录对该所出现的各种记录进行分析,以及时发现各种故障并采取相应措施。

(4) 主控制盘(RTU)的巡视,除了各种技术上的检查外,还应该进行各种设备的清洁工作,保持整个柜体外观整洁、干净;柜内各设备及各种电缆、电线布置有序。

(5) 对于主控制盘(RTU)可能出现的手动复位情况,除了在控制中心值班室进行集中统计外,电力监控专业还要求在每个变电所实行当地记录。

2. 电力监控站级设备巡视的内容

(1) 巡视时间间隔一般为每个月 2 次,其余时间由变电所值班人员负责监视,通报故障。

(2) 检查主控制盘(RTU)柜外观及主控制盘(RTU)柜接地是否正常等,整个母板架与柜体固定良好,无晃动,柜体绝缘良好(绝缘电压为:>2 500 V),柜体接地良好(接地电阻小于 4 Ω)。

(3) 检查 CP5430 通信处理模块的运行情况,对 CP5430 进行复位或冷启动均能导致电力监控系统对该所信息重新接收。

(4) 检查 FSP 主通信处理模块及 KMA 模块、FSP 模块的 "RESET" 功能工作是否正常,复位时站控机或控制中心计算机应显示电力监控系统对所有监控对象进行一次全面的 "general check"。FSP 模块能正确读取各种参数,用 SINPDC 进行参数化时,FSP 上的指示灯能对相应步骤正确指示。

(5) 检查 GTS 功能监控模块运行情况,测试 GTS 模块中的 "general check" 功能。

(6) 检查电源模块(SV)的输入电压范围是否正常(DC 110 V±15 V),输出电压等级及范围为 DC 5 V±5%、DC 15 V±5%、24 V±5%。

(7) 电源转换器(Q10)DC 110 V/DC 60 V 能正常地将 DC 110 V 电源转化为 DC 60 V,其输入端电压波动范围为 DC 110 V±15 V,输出端电压波动范围为 DC 60 V±10 V。

(8) 检查站控计算机是否有垃圾碎片,是否有非法操作,运行是否正常等。

(9) 检查打印机和不间断电源工作状态是否正常等。

(10) 认真填写表 7-11 所示的巡检表格。

表 7-11　SCADA 站级设备巡视记录表

填表人：　　　　　　　　　　填表日期：

设备名称	项目名称	内容	结果
主控制盘（RTU）柜	CP5430 通信处理模块	1. 检查信号灯的工作情况	
		2. 检查 CP1470 档的设置（设置在"RUN"状态）	
		3. 检查 CP1470 板其他档位的设定	
		4. 检查 CP1470 通信板的连接情况	
		5. 通信板的性能测试	
		6. 检查 L2 的 D 形插座的连接情况	
	FSP 主通信处理模块及 KMA 模块	1. 检查接收和发送信号灯显示是否正确	
		2. 检查其他信号灯的工作情况	
		3. 检查 FSP 运行档的设置（设置在"ON"位）	
		4. 检查 FSP 主通信板其他设置档的设定	
		5. 检查 FSP 主通信板的连接情况	
		6. 检查 FSP 模块中的"reset"功能	
		7. 检查读取模块参数，重装各参数文件	
	GTS 功能监控模块	1. 检查 GTS 功能监控板的连接情况	
		2. 检查指示灯的工作情况	
		3. 检查 GTS 模块中的"general check"功能	
	电源模块（5 V/15 V/24 V 输出）及电源模块（60 V）	1. 检查电源模块的工作情况（观察指示灯）	
		2. 测量输入电压	
		3. 测量输出电压	
	其他	1. 检查 RS232/422 指示灯的情况	
		2. 检查 RS232/422 的输入电压和输出电压	
		3. 主控制盘（RTU）柜接地是否正常	
站控计算机及外围设备	站控计算机	1. 检查操作站的运行情况	
		2. 检查是否有非法操作	
		3. 阅读"记录"和"报警"，检查设备状况，并与控制中心信号进行比较	
		4. 查鼠标和键盘的连接情况	
		5. 检查电源线的连接情况	
		6. 清洁主机、键盘和鼠标、显示屏内部	
		7. 测量主机内部电源的性能	
		8. 检查各通信接口的性能	
	外围设备	1. 检查打印机的工作情况	
		2. 检查打印纸和色带是否用完	
		3. 检查电源和打印线连接是否完好	
		4. 检查信号线和电源线是否有破损	
		5. 检查 UPS 性能，是否有输出电压等	
		6. 清洁打印机和不间断电源	

审核人：　　　　　　　　　　审核日期：

7.3 电力监控设备事故处理

7.3.1 SCADA 系统事故（故障）的特点

SCADA 系统的故障从对控制中心的集中控制、统一指挥的影响程度来看，具有以下一些特点。

（1）由于程序出错或 UPS 电源系统故障，引起主机、备用机同时不能正常接收信息，从而导致模拟屏黑屏，中断电调对全线变电所的控制和监视；或者 SCADA 系统故障导致供电系统发生事故（故障）。

（2）由于某些通道故障或主控制盘（RTU）故障（包括主控制盘柜输入电源引起的故障），引起 3 个以上变电所（包括 3 个）的通信中断，造成控制中心对这些变电所的监视和控制中断；或者 SCADA 系统故障导致供电系统发生事故（故障）。

（3）主控制盘（RTU）局部故障（包括主控制盘柜输入电源引起的故障），造成控制中心对这一变电所的监视和控制中断。

（4）由于某一变电所站控 PC 机故障，引起某个变电所站控级功能失效；或者由主控制盘（RTU）柜输入电源引起的 SCADA 系统故障，但并不影响控制中心级功能的实现。

一般情况下，在故障、事故处理过程中，如果发现有故障部件，在现场只作替换性维修，把有故障的器件都带回部门做统一登记处理。

7.3.2 主控制盘（RTU）柜故障的分析与处理

1. FSP 软件故障

FSP 软件的故障现象、原因及处理步骤如表 7-12 及表 7-13 所示。

表 7-12 FSP 软件的故障现象、原因及处理步骤

故障现象	原因	处理步骤
控制中心不能监控某站数据，该站主控制盘（RTU）柜 FSP 模块的 8085 的 LED1 或 80376 的 LED7 红灯亮，重新复位 FSP 模块后，故障依然存在	可能是 FSP 模块的系统参数出错，需要重写 FSP 模块系统参数（安装的内容对应程序如表 7-13 所示）	（1）DOS 环境下，启动 SINPDC 应用程序 （2）SINPDC 程序启动中，分别选用 "Parameterization" "Parameter in general" （3）程序运行后，选择命令 \FSP Status，显示 FSP 模块的运行数的状态 （4）选择命令 \FSP Restart，接着选择 \Offline，重写参数前，若要清除 FSP 模块中的运行参数，可以选择 \Clear-Offline （5）选择 \Load/Save Hexfile 及 \Load FSP （6）在 Mask 位置后键入所要安装文件的路径 （7）按下箭头使 "HEXoble File Name" 处出现所要安装的文件 （8）参数文件安装完后，用命令 \FSP Status，检查 FSP 模块的运行数的状态是否完全正确 （9）选择 \Save Shadow RAM，运行参数从 RAM 拷贝到 EPROM （10）选择 \FSP Restart 及 \Cold Start，参数安装完毕 （11）重新启动主控制盘（RTU）

表 7-13 重写 FSP 模块系统参数安装对应表

序号	元件或模块名	程序名	参数名
1	8085	6AA5.HEX	MEAAWF.HEX
2	80376	7BB3.HEX	MHSAWF.HEX
3	KMA-0	7AA5.HEX	
4	KMA-1	8AA1.HEX	
5	KMA-2	L2.HEX	
6	KMA-3	0000	

2. FSP 硬件故障

FSP 硬件故障的故障现象、原因及处理步骤如表 7-14 所示。

表 7-14 FSP 硬件的故障现象、原因及处理步骤

故障现象	原因	处理步骤
控制中心不能监控某站数据,该站主控制盘（RTU）柜 FSP 模块的 8085 的 LED1 或 80376 的 LED7 红灯亮,重新复位 FSP 模块后,故障依然存在;并且在重写参数后故障未消除	可能是 FSP 模块硬件故障,需要更换 FSP 模块	(1) 关掉主控制盘（RTU）的电源 (2) 小心拆出故障 FSP 模块 (3) 拿故障 FSP 模块与新的 FSP 模块对比,确保新旧模块的跳线设置完全一样 (4) 再按 FSP 软件故障所述步骤正确写入 FSP 的程序和参数

3. 主控制盘（RTU）和 PG740 通信中断

主控制盘（RTU）和 PG740 通信中断的故障现象、分析、原因及处理步骤如表 7-15 所示。

表 7-15 主控制盘（RTU）和 PG740 通信中断的故障现象、分析、原因及处理步骤

故障现象	分析	原因	处理步骤
主控制盘（RTU）柜运行正常的情况下,站控计算机运行程序 P500 后,本站设备图形颜色呈蓝色状态（未定义状态）,但复位主控制盘（RTU）柜,设备图形颜色不变	设备图形颜色成蓝色（未定义状态）,说明站控计算机和主控制盘（RTU）的通信中断	主控制盘（RTU）柜号码设置错误	主控制盘（RTU）号码=本变电所主控制盘（RTU）号码+10
		没有安装 Sorcus 卡,或安装方法不正确	(1) 打开 \Start \Windows NT Diagnostics \Resources \Devices,检查是否有 MLXDRV (2) 把 C:\P500LOCAL \SORCUS\DLL \ *.DLL (2 files) 拷贝到 C:\P500LOCAL (3) 运行 C:\P500LOCAL \ SORCUS \ WIN32 \ INSTDRV.EXE 选择 "Install",设置"Board 0"; 设置 "Modular 4/486","Base Address=380","IRQ=10"; "安装"并重启动 Windows NT,安装结束
		P500 参数设定错误	P500 参数设定错误时,会出现某些提示说明。譬如,在 P500 参数设置中,若主控制盘（RTU）的通信规约不是 Sorcus 3964R 或 PAK1 的通信规约不是 NetBios 时会出现提示"cannot open network connection FWA11" 当出现提示"project file *.p5m not found in the data directory"说明 LZSDATEN 数据库出错,可直接把 P500EDIT.EXE 所用的数据库下的文件拷贝至 LZSDATEN 下

4. 主控制盘（RTU）与 S5 通道故障

主控制盘（RTU）与 S5 通道故障的故障现象、原因及处理步骤如表 7-16 所示。

表 7-16 主控制盘（RTU）与 S5 通道的故障现象、原因及处理步骤

故障现象	原因	处理步骤
CP5430 模块的 CP fault 灯亮，Stop 灯亮。控制中心主、备操作站及站控计算机上的该变电所的设备图形颜色呈蓝色（未定义状态），遥测、遥信、遥控功能都无法实现	在 LIAN 应用程序中发现 1016 地址信息的第 26 位为 1，则说明 L2 有故障	使用逐级排除的方法。首先更换 CP5430 模块，接线好后，再运行主控制盘（RTU）。如故障仍然存在，可考虑更换 RS485。RS485 的接线方法如下所示： RS485 接线图 红蓝红蓝 电源线 到 S5-115（要接屏蔽线） 设定为 Bus Terminal 状态 RS-485

5. PLC 故障等原因导致的遥控开关失效

PLC 故障等原因导致的遥控开关失效的故障现象、分析、原因及处理步骤如表 7-17 所示。

表 7-17 PLC 故障等原因导致的遥控开关失效的故障现象、分析、原因及处理步骤

故障现象	分析	原因	处理步骤
当 PC 发一个分合信号到所在的开关，但开关没用执行，记录显示为超时	先看设备图的显示颜色，如开关颜色为蓝色	说明开关可能有故障	与供电技术人员一起检查开关本体
	确定主控制盘（RTU）正常运行的前提下，无法正常进行开关的合、分操作，这时可观察 PLC 柜，通过电调发送该开关的分、合命令时，观察 PLC 柜的 OUTPUT 指示灯是否闪烁	如 OUTPUT 灯闪烁，说明控制命令可从控制中心发送到 PLC，所以问题可能出在逻辑编程或开关柜的电动执行机构	与供电技术人员一起检查
	当 GTS 模块的 AN1 信号灯每隔一段时间，红灯亮一次，且用 LIAN 软件测得控制方向的 MSC＝31 时	可知主控制盘（RTU）的接收方向有问题，即 TCI 所发的命令无法传到主控制盘（RTU）；地址 1016 中的某字节置 1	在 TCI 柜的 VES 模块中，把故障通道的 RS232/RS422 的信号接线对调，若故障仍存在，说明 TCI 没问题 把主控制盘（RTU）柜到控制中心的两个通信信道对调（即两个 RS422 模块的接口对换）。若故障通道对调后，问题仍然存在，说明主控制盘（RTU）本身有问题，需要更换 FSP 或通信模块；若调换后，正常通道变成故障，而故障通道恢复正常，说明为 OTN 网有问题

7.3.3 TCI（前置机）柜故障的分析与处理

1. CP1470 模块故障

CP1470 模块的故障现象、原因及处理步骤如表 7-18 所示。

表 7-18　CP1470 模块的故障现象、原因及处理步骤

故障现象	原因	处理步骤
模块前端指示灯与模块工作状态不吻合，例如模块位置选择开关拨到"RUN"位置，而"RUN"指示灯不亮或闪烁（正常时，应该常亮）	当发现上述故障时，可通过按"RESET"对模块进行复位；若故障依然存在，则说明模块出了硬件故障，需及时更换。由于 CP1470 模块与 SHA 模块结合为一个整体，所以有可能两者之一或两者都同时出现故障，采用更换法，可以准确判断	(1) 首先把有故障的 CP1470 模块所处的 PAK 关掉电源，然后拧开 PAK 框架螺丝，小心从插槽取出模块，然后换上新的模块，再拧紧框架螺丝，合上 PAK 电源。注意：整个更换过程，要使用防静电工具，保证模块不受静电损坏。 (2) 新模块更换完毕，要对它进行参数化才可以使用。CP1470 模块参数化的步骤如下： ① 把 "RUN、STOP、AMD" 三位置的开关置于"STOP"位置，或拨出 H1 总线接口而把该三位置的开关置于"RUN"位置用参数化专用电缆把 PG740 的 COM1 口与 CP1470 的 PROG 口连接起来。 ② 打开 PG740，进入 MS-DOS 状态，正确进入 NML 目录，输入 NML 启动参数化程序。 ③ 选择 "Download" 和 "TTY→interface"，下载参数化程序。 ④ 选择 "Download" "either LED"。 ⑤ 选择 CP1470—Knoten。 ⑥ 若需更换的 CP1470 模块在 PAK1 里，则选择 PAK1；否则，选择 PAK2。 ⑦ 选择 "Grundmenu"，即完成参数化工作，退出该参数化程序。 ⑧ 把三位置选择开关置于"RUN"位置或把 H1 接口接上，重新启动 FSP。 ⑨ 此时 FSP 与 CP1470 就建立起了同步关系，可以进行相互通信。 ⑩ 再观察 CP1470 模块指示灯是否正常，PC 和 TCI 机通信是否正常，若正常，则更换模块成功。

2. 四频收发器 VES 故障

四频收发器 VES 的故障现象、原因及处理步骤如表 7-19 所示。

表 7-19　四频收发器 VES 的故障现象、原因及处理步骤

故障现象	原因	处理步骤
VES 系统指示灯闪烁不正常，或用 LIAN 软件接收监视方向的信息报文时，收到地址为 1016 的信息，其报文的第 12 位 bit 置 1	当出现上述故障现象时，一般都是 VES 模块硬件故障，应该马上关掉该模块所在的 PAK 的电源，然后更换新的 VES 模块	在更换新的 VES 模块前，首先要对其进行 DIP 开关设置，其设置情况如下： DIP 开关 模块更换完毕后，重新打开电源。此时，若指示灯闪烁正常，再运行 LIAN 软件，看看信号是否正常接收，若正常接收，则表示模块连接成功

3. 通用功能模块 GTS 故障

通用功能模块 GTS 的故障现象、原因及处理步骤如表 7-20 所示。

表 7-20　通用功能模块 GTS 的故障现象、原因及处理步骤

故障现象	原因	处理步骤
模块指示灯显示不正常，例如某个主控制盘（RTU）与控制中心之间的通道故障时 VES 模块中的故障红灯亮，而"AN4"指示灯不亮。按一下"GA"按钮，然后通过 LIAN 软件观察是否接收到地址为 521 的信息，若无，可以确定模块故障	当出现上述故障现象时，一般都是 GTS 模块硬件故障，应该马上关掉该模块所在的 PAK 的电源，然后更换新的 GTS 模块	(1) 关断该 GTS 模块所在的 PAK 的电源，小心拆出已坏的模块。 (2) 对新模块进行 DIP 开关的设置，设置时以坏模块的设置为准。 (3) 装上新的 GTS 模块，并合上相关的 PAK 电源。

7.3.4 SCADA 系统故障抢修卡片

为方便 SCADA 系统故障抢修，特制定抢修卡片供参考。

1. TCI 柜 VES 红灯亮或主控制盘（RTU）柜的 RS422 红灯亮

SCADA 系统故障抢修卡片 1 如表 7-21 所示。

2. SCADA 应用软件运行中突然中断，计算机屏幕变黑

SCADA 系统故障抢修卡片 2 如表 7-22 所示。

3. 电调在执行程控时发现程控步骤有误，或需增加新的程控

SCADA 系统故障抢修卡片 3 如表 7-23 所示。

表 7-21　SCADA 系统故障抢修卡片 1

事故描述	TCI 柜 VES 红灯亮或主控制盘（RTU）柜的 RS422 红灯亮
安全防护措施	在 MDF 架上作业时，请通信专业配合，注意保护其他专业 OTN 接线
抢修用工器具、备品备件	特殊接头指针万用表一个，普通数字万用表一个，连接硬电线两根及个人常用工器具
人员配备	至少 2 人，均熟悉万用表使用及传输网工作原理、SCADA 系统信号传输过程
详细步骤	（1）首先由电调在第一时间通知供电车间就近巡检人员，赶去事故地点，做好人工监视工作。 （2）SCADA 专业人员在控制中心通信设备房检测传输网（如为 OTN）信道有无问题。具体方法是：用专用指针万用表，设在直流电压 10 V 档位置，用专用接头断开 MDF 架下方连接主控制盘（RTU）的收、发两条线，这时正常应测到 OTN 送来的 4 V 电压信号，5 s 后，秒针微摆一次，否则说明 OTN 信道故障，马上通知 OTN 网值班人员。 （3）若 OTN 网正常，通过 SCADA 系统维护软件 LIAN 观察所参数，MSC 是否为 31，若 MSC 等于 31，说明车站发向控制中心这条线是好的，而控制中心发向车站主控制盘（RTU）的测试报文主控制盘（RTU）收不到，主控制盘（RTU）没有返回信号给 TCI。 （4）在 TCI 柜短接故障信道接收端或发送端回路，这时在控制中心 MDF 架上用万用表测这两条线间的阻值，正常电阻应接近零，若阻值很大，说明这一段线故障，更换备用线。 （5）若上述测量电阻接近零，这时需测车站通信设备房到车站主控制盘（RTU）之间的线路是否正常，方法同上。
现场恢复及最终检查	在 MDF 架上相应位置插好防雷器，检查控制中心主机及模拟屏相应站的画面是否正常并请电调确认，方可离开现场。

表 7-22　SCADA 系统故障抢修卡片 2

事故描述	SCADA 应用软件运行中突然中断，计算机屏幕变黑，并显示： The System has Hardware Malfunction NMI：Parity check/Memory Parity Error Verifying Kiobyte
安全防护措施	当以超级用户身份登录后，注意不能对画面中任何设备进行操作
抢修用工器具、备品备件	无需特殊工器具
人员配备	一名技术人员，必须熟悉计算机原理、Windows NT 4.0 及 SCADA 系统应用软件
详细步骤	（1）按"CTRL＋ALT＋DEL"键重新启动计算机。 （2）机器会自动启动 Windows NT 4.0 及 P500 软件。 （3）在 P500 菜单中，选择第一个菜单项，以超级用户身份登录。 （4）由 Administrator 中进入资源管理器。 （5）在资源管理器中进入 C:\P500\Lzsdaten，找出 Measvals.Tmp 和 Metervals.Tmp 这两个文件。 （6）删除上述两个 TMP 文件。 （7）关闭资源管理器，返回 P500 窗口。 （8）退出超级用户。
现场恢复及最终检查	检查开关状态是否正确，并等待一个信号送到 PC 机，在记录中确认收到方可离开现场

表 7 - 23　SCADA 系统故障抢修卡片 3

事故描述	电调在执行程控时发现程控步骤有误，或需增加新的程控
安全防护措施	对任何程控的修改或增加，均需供电专业负责人书面的意见
抢修用工器具、备品备件	无需特殊的工器具
人员配备	技术人员 1 名
详细步骤	(1) 在归档机上运行 SFOED.EXE，修改则打开需修改的程控名，新建则需选择新建命令。 (2) 在英文状态下，首先将 BEGIN 拖入，再拖入 STOP，其次根据电调写的程控卡片，将设备顺序拖入 COMMAND 内。 (3) 双击每个设备名，选择 SWITCH ON 或 SWITCH OFF。 (4) 经过确认和电调写的程控一致，存盘，关闭 SFOED。 (5) 运行 P500EDIT.EXE，将修改过的数据传到运行系统，目录为 Lzsdaten。 (6) 将修改后的 Lzsdaten 拷贝至主机。
现场恢复及最终检查	重新启动 P500 软件，请电调确认正常后方可离开现场

4. 主机、备机模拟盘均不能正常工作

SCADA 系统故障抢修卡片 4 如表 7 - 24 所示。

表 7 - 24　SCADA 系统故障抢修卡片 4

事故描述	主机、备机模拟盘均不能正常工作
安全防护措施	请供电专业做好各变电所人工监视工作
抢修用工器具、备品备件	无需特殊的工器具
人员配备	至少 2 人，均需熟悉 SCADA 应用软件和系统软件
详细步骤	(1) 以超级用户身份登录，看是否能拆除 P500 应用程序，若不能，用 "CTRL＋ALT＋DELETE" 键以 ADMINISTRATOR 登录，PASSWORD 为小写 p500，在增加新任务中增加 REGEDIT32，运行后查找 WINLOGON，找到 SHELL："P50032.EXE"，将其改为 "EXPLORER.EXE"，退出重新运行，进入资源管理器状态。 (2) 如果屏幕提示数据库已被破坏，这时先删除主机 D:\P500MAIN\LZDTEN*.*，再从文档机的 D:\P500ARCHIVE\LZEATEN 下拷数据到主机；若无数据库被破坏的提示，则可省去这一步。 (3) 重新启动 P500 SHELL，安装 P50032.EXE，启动 P500 软件。 (4) 主机正常启动后，模拟屏恢复正常，之后再启动备用机。
现场恢复及最终检查	请电调确认主机、备机、模拟屏均工作正常；填写好故障处理记录，作业完成

5. 某所控制中心级功能正常但站控级功能不正常

SCADA 系统故障抢修卡片 5 如表 7 - 25 所示。

表 7 - 25　SCADA 系统故障抢修卡片 5

事故描述	某所控制中心级功能正常但站控级功能不正常
安全防护措施	将站控级功能控制闭锁
抢修用工器具、备品备件	万用表及常用个人工器具 1 套
人员配备	至少 2 人，均具有上岗证

续表

事故描述	某所控制中心级功能正常但站控级功能不正常
详细步骤	(1) 对主控制盘（RTU）进行复位操作，若站控机仍然不能接收到正常信息，则拆除 P500 安装，重新启动 P500，启动 P500 时应选择正确站号。 (2) 重新启动 P500 后接收信息还不正确，则需通知工班长，派 1 名熟练技工去现场指导以下步骤： ① 重新安装 P500 软件。 ② 若正确安装后仍不能排除故障，则更换 SORCUS 卡，并重新运行 SORCUS 卡安装程序。 ③ SORCUS 卡安装后故障仍然没排除，则更换 KMA2 板。 ④ 故障仍然没排除，则更换 KMA2 到 PC 机之间的连接通讯线，直至故障消失。 ⑤ 整理好更换下的元件，留待回车间测试修理。 ⑥ 请变电所值班人员确认站控机信号接收正常，并填写好故障记录作业完成。
现场恢复及最终检查	检查控制中心主机及模拟屏相应站画面是否正常并请电调确认后方可离开现场

6. 变电所主控制盘（RTU）柜不断自复位，并伴有通道故障

SCADA 系统故障抢修卡片 6 如表 7-26 所示。

表 7-26 SCADA 系统故障抢修卡片 6

事故描述	在雷雨天气情况下，变电所主控制盘（RTU）柜不断自复位，并伴有通道故障
安全防护措施	在 SCADA 抢修人员到达前，请供电车间变电所值班人员监视好本所设备，注意知会 SCADA 专业人员
抢修用工器具、备品备件	万用表及常用个人工器具 1 套
人员配备	原则上按照设备负责人制度执行
详细步骤	(1) 电调在第一时间通知变电所就近巡检人员，赶去事故地点，做好人工监视工作，并知会责任工班。 (2) 专业人员在第一时间赶到现场，视具体情况做出抢修。若主控制盘（RTU）设备仍然不断自复位，则可暂时关闭主控制盘（RTU）电源，避开雷雨，再恢复主控制盘（RTU）运行，并知会电调。 (3) 检查站控机，确保与主控制盘（RTU）联系正常和正常接收信息，并记录所发生的现象及处理过程。
现场恢复及最终检查	检查控制中心模拟盘相应站画面是否正常并请电调确认后方可离开现场

7.4 电力监控设备的维修

7.4.1 安全注意事项

(1) 进入工作场所，应取得相关部门的许可和陪同。

(2) 进入工作场所或工作前，应着全棉工作服，扣好袖口，穿无铁掌底鞋，同时摘除手表、钥匙扣等金属物体。

(3) 在工作场所中，应注意各种警告、提示和标牌，除非工作必须，否则应与带电体保持足够的安全距离，并沿规定的安全线行走。

(4) 严格按操作票规定的程序和内容操作，不得擅自触摸、扳动或移动未经许可的任何设备、开关。

（5）进入规定佩戴安全帽的地点时必须佩戴安全帽。

（6）依据现场要求采取其他安全措施。

（7）现场不得单人从事带电工作，以免事故发生时无人协助处理，进而扩大事态。

（8）作业前，要仔细检查各带电体的电压、极性和线路走向，还要分析任何错误连接而导致的可能短路，制定特别的注意事项。

（9）选配适当的工具，工具要有严格的绝缘处理。

（10）特别注意要防止电压互感器短路、电流互感器断路的发生。

（11）处理故障应保持镇定，仔细检查，慎重操作。

（12）重大故障应及时汇报，解决不了问题时应及时请求支援。

（13）维护工作完成后，注意恢复现场的正确接线及其他参数设置，结束工作票。

7.4.2 维护操作注意事项

（1）屏柜应有良好、可靠的接地，接地电阻应符合设计规定。

（2）当使用交流电源的电子测量仪器对电路参数进行测量时，测量仪端子与电源侧应绝缘良好，仪器的外壳应与保护屏柜在同一点接地。

（3）检验或检修时，不宜用电烙铁。如必须使用时，应将电烙铁与屏柜在同一点接地。

（4）应尽量避免用手接触集成电路元器件的管脚。实在不能避免时，应有防止人身静电损坏集成电路的措施。

（5）断开直流电源后才允许插、拔插件。

（6）拔芯片时应使用专用起拔器。插入芯片时应注意芯片的插入方向，并注意管脚是否插入正确。插入芯片后，应经第二人核对后，才可通电检验或使用。

（7）测量绝缘电阻时，应拔出装有集成电路芯片的插件。

（8）各保护测控单元的地址（或编号）一旦确定，严禁随意变更。在更换备品备件时，要特别注意核对地址和编号，应保证与以前设置绝对一致。

（9）当微机保护在现场不能按照制造厂商提供的技术条件进行整定试验时，不允许用降低使用条件和技术指标的方法来完成整定试验，而应请制造厂商解决此类问题。

（10）微机保护的整组试验，应采取向微机保护的电流、电压和外部接点端子通入实际模拟的故障分量来考核微机保护的整定精度和动作行为，不允许用改变保护控制的方式进行微机保护的整组试验。

（11）现场宜用更换插件的方法进行检修，不允许使用电烙铁对微机保护进行检修，以免扩大插件的损坏程度或给装置留下隐患。

（12）变电站使用主计算机时，至少应留有计算机系统全部软件和数据备份一份，并保存在较为安全的地方。

（13）不得随意退出计算机监控应用程序，更不能利用变电所（站）主计算机做与该所（站）监控无关的事情。

（14）变电所（站）主计算机必须退出运行时，应按照计算机退出运行的操作顺序退出，严禁通过直接切断电源的方式强行退出。

（15）计算机使用的不停电电源，应定期进行检查、维护和充放电，保持其始终处于良好的工作状态。

（16）对远动通道，应有防雷及各种抗操作过电压的措施。

（17）应每天把最新的源程序及资料更新到 Source Safe 中去。

（18）调试机中只有一台连到内部网络上，用于程序 Debug，如其他调试机需 Debug 程序时，应从连到内部网络的调试机上拷贝，调试完成后需把源程序删除。

7.4.3 一般维护检查说明

（1）发现装置故障或异常时，应逐级检查相关各单元，确认装置故障或异常发生的所在单元。

（2）在确认故障或异常所在单元后，通过观察装置指示灯、替换板件、检查连接线等方法确认故障或异常点所在的板件。

（3）更换已确定有故障的板件。

（4）装置故障或异常情况常常是由于连接线松动、参数设置错误、通信线连接错误等原因造成，而非板件本身故障所致，故在维护时予以注意和考虑。

7.4.4 站级设备的维护保养

1. 中央信号屏

中央信号屏维修的工作内容与周期如表 7-27 所示。

表 7-27 中央信号屏维修的工作内容与周期

修程		检修工作的内容	周期
日常保养	T6 通信单元插箱	1. 检查 PW1 模块的工作情况（观察指示灯）	每月
		2. 检查通信接口板（SI01）模块的工作情况（观察指示灯）	
		3. 检查主 CPU 板模块的工作情况（观察指示灯）	
		4. 检查交直流屏通信接口板（CPU4）模块的工作情况（观察指示灯）	
		5. 检查 33KVGIS 通信接口板（CPU5）模块的工作情况（观察指示灯）	
		6. 检查 1 500 V 直流开关柜保护测控（profi-bus）通信接口板 CPU7 模块的工作情况（观察指示灯）	
	720 开入/模入插箱	1. 检查 PW2 模块的工作情况（观察指示灯）	
		2. 检查开入/模入 CPU 板的工作情况（观察指示灯）	
		3. 检查 DI1 开入板的工作情况（观察指示灯）	
		4. 检查 DI2 入板的工作情况（观察指示灯）	
		5. 检查 DI3 板的工作情况（观察指示灯）	
		6. 检查 DI4 板的工作情况（观察指示灯）	
		7. 检查 DI5 板的工作情况（观察指示灯）	
		8. 检查 DI6 板的工作情况（观察指示灯）	
		9. 检查 AI1 模入板的工作情况（观察指示灯）	
		10. 检查 AI2 备用模入板的工作情况（观察指示灯）	

续表

修程		检修工作的内容	周期
日常保养	710 控制/输出插箱	1. 检查 PW3 模块的工作情况（观察指示灯）	每月
		2. 检查控制/输出 CPU 板的工作情况（观察指示灯）	
		3. 检查 DO1 板的工作情况（观察指示灯）	
		4. 检查 DO2 板的工作情况（观察指示灯）	
		5. 检查 DO3 板的工作情况（观察指示灯）	
		6. 检查 DO4 板的工作情况（观察指示灯）	
		7. 检查 DO5 板的工作情况（观察指示灯）	
		8. 检查 DO6 板的工作情况（观察指示灯）	
	713 控制/输出继电器箱	1. 检查 PW4 模块的工作情况（观察指示灯）	
		2. 检查 PW5 模块的工作情况（观察指示灯）	
		3. 检查变送器（2 个）的接线情况	
		4. 检查各遥控继电器的工作情况	
		5. 检查加热器控制器的接线情况	
		6. 检查加热器的工作情况	
		7. 按下 SY 按钮，通过检查各开关的分合闸指示灯亮的情况来判断灯泡有无烧毁	
	TX-24DCF 风机插箱	1. 检查电源的工作情况	
		2. 检查风扇的运行情况	
	LCD	1. 检查屏幕是否闪烁，或是有老化现象的出现	
		2. 检查各按键是否灵敏	
	KG 开关箱	检查接线情况	
二次保养	US-268 爵士音箱	1. 检查音箱能否正常报警	每半年
		2. 清洁音箱表面	
	其他	1. 按正常保养	
		2. 各通信板的性能测试	
		3. 清洁各模板表面	
		4. 检查信号线和电源线是否有破损	
		5. 检查 RTU 柜的接地性能	
		6. 检查各种标识是否正确、齐全、清楚	
		7. 清洁整个 RTU 柜	
小修		1. 按二级保养	每年
		2. 检查各模块与 RTU 框架的连接	
		3. 检查各芯片的发热情况	
		4. 检查各模块内部的外观及发热情况	
		5. 清洁各模块的表面	
		6. 检查电源的发热情况	
		7. 检查各接线端子是否连接紧密	
		8. 检查各种缆线的外表及发热情况	
		9. 清洁并整理整个 RTU 柜的内部	
		10. 清洁 RTU 柜的外观	
		11. 做好各种标记	

2. 站控机

站控机维修的工作内容与周期如表 7-28 所示。

表 7-28 站控机维修的工作内容与周期

修程	检修工作的内容	周期
日常保养	1. 检查操作站的运行情况	每月
	2. 检查是否有非法操作	
	3. 阅读"记录"和"报警",检查设备状况,并与控制中心信号进行比较	
	4. 查鼠标和键盘的连接情况	
	5. 检查电源线的连接情况	
	6. 检查网线的连接情况	
	7. 检查 UPS 的运行情况	
	8. 检查 SQL 数据库是否在运行	
	9. 检查 NS2000 是否运行正常	
二级保养	1. 按日常保养	每半年
	2. 清洁主机、键盘和鼠标、显示屏内部	
	3. 测量主机内部电源的性能	
	4. 检查各通信接口的性能	
	5. 检查信号线和电源线是否有破损	
	6. 检查不间断电源(UPS)的性能,如是否有输出电压等	
	7. 清洁打印机和不间断电源	

7.4.5 中央级设备的维护保养

1. 前置机柜

前置机柜维修的工作内容与周期如表 7-29 所示。

表 7-29 前置机柜维修的工作内容与周期

修程		检修工作的内容	周期
日常保养	通道箱	1. 检查接收及发送信号灯的工作情况	每月
		2. 检查电源模块的工作情况(观察指示灯)	
		3. 检查 STAT 灯的工作情况	
		4. 检查 ALARM 灯的工作情况	
	通道切换板	1. 检查信号灯的工作情况	
		2. 检查 RUN 灯的运行情况	
		3. 检查 ST 灯的运行情况	
		4. 检查电源模块的工作情况(观察指示灯)	
		5. 检查目前运行的是主通道还是备通道	
	终端服务器	1. 检查电源	
		2. 检查接收和发送信号灯显示	
		3. 检查 10BASE-T 灯是否闪烁	
	风扇	1. 检查电源	
		2. 检查散热风扇的运行情况	

续表

修程		检修工作的内容	周期
二级保养	通道箱	1. 按日常保养	每半年
		2. 检查通道箱板的连接情况	
		3. 清洁通道箱模板的表面	
		4. 检查通道箱板的工作电压	
		5. 检查并清洁通道箱插卡	
	通道切换板	1. 按日常保养	
		2. 检查通道切换板的连接情况	
		3. 清洁通道切换板模板的表面	
		4. 检查并清洁通道切换板插卡	
	终端服务器	按日常保养	
		清洁终端服务器的表面	
	风扇	按日常一级保养	
		清洁风扇	
	其他	清洁前置机柜的表面	
		检查前置机柜所有的接线	
		测量前置机柜的进线电压	
		检查整个前置机柜的接地性能	
小修		1. 按二级保养	每年
		2. 清洁各个设备和散热风扇内部	
		3. 检查各种标识是否正确、齐全、清楚	

2. 主、备服务器及各工作站

主、备服务器及各工作站维修的工作内容与周期如表 7 - 30 所示。

表 7 - 30 主、备服务器及各工作站维修的工作内容与周期

修程		检修工作的内容	周期
日常保养	主、备服务器及各工作站	1. 检查主备服务器的运行情况	每月
		2. 检查工作站的运行情况	
		3. 检查是否有非法操作	
		4. 阅读"最新告警"和"警报",检查设备状况	
		5. 检查时间是否为同步时间	
		6. 检查所有操作站是否能互相访问	
		7. 看"系统配置图",检查整个网络工作是否正常	
	外围设备	1. 检查打印机的工作情况	
		2. 检查打印纸和墨盒、色带是否用完	
		3. 检查流水账打印机的打印效果	

续表

修程		检修工作的内容	周期
二级保养	主、备服务器及各工作站	1. 按日常保养 2. 检查鼠标和键盘的连接情况 3. 检查信号线和电源线的连接情况 4. 清洁显示屏、键盘和鼠标等设备	每半年
	外围设备	1. 按日常保养 2. 检查电源的连接情况 3. 检查打印机信号线的连接情况 4. 清洁打印机的表面	
小修	主、备服务器及各工作站	1. 按二级保养 2. 测量主机内部电源的性能 3. 检查各通信的接口性能 4. 整理一年所有的记录信息，并统一归档储存	每年
	外围设备	1. 按二级保养 2. 清洁及维护打印机等外围设备	

3. UPS 系统

UPS 系统维修的工作内容与周期如表 7-31 所示。

表 7-31 UPS 系统维修的工作内容与周期

修程	检修工作的内容	周期
日常保养	1. 检查 UPS 系统的运行情况 2. 在 LC 显示屏上检查有无故障代码 3. 测量蓄电池的端电压是否正常	每月
二级保养	1. 按日常保养 2. 测量输入电压及输出电压 3. 清洁 UPS 系统的表面（包括蓄电池柜、UPS 柜和配电盘）	每半年
小修	1. 按二级保养 2. 每半年进行一次充放电试验 3. 检查蓄电池接线和绝缘是否完好 4. 清洁蓄电池柜、UPS 柜和配电盘 5. 检查其他电源线是否破损	每年

4. 网络交换机 CISCO 和 DLINK

网络交换机 CISCO 和 DLINK 维修的工作内容与周期如表 7-32 所示。

表 7-32　网络交换机 CISCO 和 DLINK 维修的工作内容与周期

修程	检修工作的内容	周期
日常保养	1. 检查网络端口的接线有无松动 2. 检查网络端口相对应的灯有无闪烁	每月
二级保养	1. 按日常保养 2. 清洁 CISCO 和 DLINK 的表面	每半年
小修	1. 按二级保养 2. 检查水晶头并做好清洁工作	每年

5. 投影墙系统

投影墙系统维修的工作内容与周期如表 7-33 所示。

表 7-33　投影墙系统维修的工作内容与周期

修程		检修工作的内容	周期
日常保养	DIGICOM 投影墙控制器（一台）	1. 检查各信号灯的运行情况 2. 检查电源的运行情况 3. 检查各 LED 指示灯亮的情况 4. 检查各报警灯有无报警 5. 检查冷却风扇的运行情况	每月
	投影单元	1. 检查各投影单元的亮度是否一致 2. 检查各投影单元内的冷却风扇是否在运行 3. 检查各投影单元有无灯泡烧掉的 4. 检查投影单元上所反映的主接线图的停电显示是否正确	
	大屏幕管理控制 PC	1. 检查大屏幕管理控制 PC 有无启动 2. 检查大屏幕管理控制软件能否正确运行	
二级保养	DIGICOM、投影单元、大屏幕管理控制 PC	1. 按日常保养 2. 清洁 DIGICOM 投影墙控制器的表面 3. 清洁投影单元的背部 4. 清洁大屏幕管理控制 PC 5. 检查电源线的连接情况 6. 检查各大屏灯泡所剩的寿命	每半年
小修	DIGICOM 控制器（一台）、投影单元、大屏幕管理控制 PC	1. 按二级保养 2. 清洁投影单元内的风扇及其他部件 3. 清洁各个投影墙	每年

思 考 题

1. 电力调度员的职责是什么？
2. 远动设备异常及事故处理的基本原则是什么？
3. SCADA 工作人员必须认真执行的"三不动""三不离""三不放过""三预想""三懂三会""三级检查制度"等安全措施是什么？
4. 电调的各种记录簿包括哪些？
5. SCADA 系统的故障具有哪些特点？
6. 简述主控制盘（RTU）柜故障的分析与处理。

参考文献

[1] 柳明宇. 牵引供电综合自动化技术［M］. 成都：西南交通大学出版社，2007.
[2] 钱清泉. 电气化铁道微机监控技术［M］. 北京：中国铁道出版社，2000.
[3] 路文梅. 变电站综合自动化技术［M］. 北京：中国电力出版社，2007.
[4] 刘家军. 微机远动技术［M］. 北京：中国水利水电出版社，2001.
[5] 李敏. 远动技术基础［M］. 北京：中国铁道出版社，1999.
[6] 林生. 计算机通信与网络教程［M］. 2版. 北京：清华大学出版社，2004.
[7] 谢希人. 计算机网络［M］. 4版. 北京：电子工业出版社，2003.
[8] 谭浩强，王利. 计算机网络实用教程［M］. 北京：清华大学出版社，1989.
[9] 杨明福. 计算机网络技术［M］. 北京：经济科学出版社，2000.
[10] 夏素民. 计算机网络组建与标准教程［M］. 北京：清华大学出版社，2004.
[11] 欧阳，刘凡. 计算机网络应用基础［M］. 长沙：国防科技大学出版社，2004.
[12] 苏金树. 计算机网络应用基础［M］. 长沙：国防科技大学出版社，2000.
[13] 耿长清. 计算机网络［M］. 北京：化学工业出版社，2005.
[14] 何宗华. 城市轨道交通供电系统运营与维修［M］. 北京：中国建筑工业出版社，2005.